T0209060

Sammlung Metzler
Band 212

Jürgen Grimm

Molière

2., überarbeitete und aktualisierte Auflage

Verlag J.B. Metzler Stuttgart · Weimar

Die Deutsche Bibliothek – CIP-Einheitsaufnahme

Grimm, Jürgen:
Molière / Jürgen Grimm.
– 2., überarb. und aktualisierte Aufl..
– Stuttgart ; Weimar : Metzler, 2002
  (Sammlung Metzler ; Bd. 212)
  ISBN 978-3-476-12212-4

SM 212

ISBN 978-3-476-12212-4   ISBN 978-3-476-02799-3 (eBook)
DOI 10.1007/978-3-476-02799-3
ISSN 0558 3667

© 2002 Springer-Verlag GmbH Deutschland
Ursprünglich erschienen bei J.B. Metzlersche Verlagsbuchhandlung
und Carl Ernst Poeschel Verlag GmbH in Stuttgart 2002
www.metzlerverlag.de
info@metzlerverlag.de

Inhalt

Mon Dieu, l'embarras qu'un livre à mettre à / au jour!

Molière, 'Préface' zu *Les précieuses ridicules*

Ce n'est pas le message, l'idée, l'argument, dans ces œuvres, qui comptent le plus. Ce qui s'y passe est d'ordre alchimique et ne s'explique pas: c'est l'émission d'une incroyable masse de sens par le texte ou l'image; c'est l'infinité de façons dont ce sens rayonne dans l'esprit du spectateur; c'est la coexistence de deux propriétés pourtant inconciliables, l'opacité et la limpidité.

Michel Vinaver, *Monsieur de Molière, de face et de profil*

Vorwort zur ersten Auflage

Deutsche Einführungen in das Leben und Werk Molières sind nicht eben zahlreich. M. J. Wolffs *Molière* stellte zum Zeitpunkt seines Erscheinens (München 1910) eine herausragende wissenschaftliche Leistung dar; heute aber ist das Buch in vielen Punkten überholt und sein Molière-Bild höchst korrekturbedürftig. Von den drei vor rund einem halben Jahrhundert fast gleichzeitig erschienenen Monographien: C. S. Gutkind, *Molière und das komische Drama,* Halle 1928; W. Küchler, *Molière,* Leipzig/Berlin 1929; H. Heiss, *Molière,* Leipzig 1929, erfreut sich das letztgenannte eines hohen Ansehens, das in einem Reprint angemessen zum Ausdruck kommt (Darmstadt 1967; WBG); Gutkinds Darstellung bleibt nützlich zur Analyse einiger Aspekte von Molières Komik; Küchlers *Molière* teilt im wesentlichen das Schicksal der Studie von M. J. Wolff. Gemeinsam ist den genannten Darstellungen eine Konzentration auf die ›großen‹, ›klassischen‹ Stücke Molières, und wenn entsprechende Einzelanalysen auch eine gewisse Aktualität bewahrt haben, so hat doch eine mehr als 50jährige Forschung das Bild, das wir uns heute von Molière und seinem Theater machen, zum Teil entscheidend verändert.

Ab etwa 1930 bis heute ist in Deutschland eine Reihe anregender Interpretationen und förderlicher Aufsätze zu Einzelfragen erschienen. Der Versuch einer Synthese aber wurde kaum einmal gewagt. F. Hartaus *Molière in Selbstzeugnissen und Bilddokumenten* stellt leider eine unrühmliche Ausnahme dar. Die mit nützlichem Bildmaterial ausgestattete, für ein breites Bildungspublikum geschriebene Monographie ist voller Fehler, fragwürdiger Thesen und oft bedenklicher Interpretationen; sein Verfasser, ein erfahrener Theatermann, vernachlässigt die Ergebnisse der neueren Molière-Forschung, so daß sich in seinem Buch, einmal mehr, zwischen literaturwissenschaftlicher Forschung und theaterwissenschaftlicher bzw. -praktischer Perspektive eine nur schwer überbrückbare Kluft auftut. R. Baaders heterogener Sammelband *Molière* (Bibl. *154)* gibt eher einen inkohärent-unsystematischen Einblick in die Forschungsgeschichte, als daß er ein heutigen Erkenntnissen entsprechendes Molière-Bild zur Anschauung brächte (cf. meine Besprechung in ASNS 220,1983, 217-220).

Innerhalb der deutschsprachigen Gesamtdarstellungen Molières verdient dagegen die Vorlesungsnachschrift von E. Köhler (Bibl. *146)* besondere Erwähnung. In seinen lebendigen, suggestiven Interpretationen möchte Köhler das Werk Molières aus dem Zusammenhang »der Ereignisse [deuten], die in seinem öffentlichen und privaten Leben eine Rolle gespielt haben« (S. 11). Daraus resultiert das Bild eines Molière, der, besonders in seinen ›großen‹ Stücken, zu den wichtigen gesellschaftlichen Fragen seiner Zeit engagiert und entschieden Stellung nimmt. Die hier vorliegende Darstellung war zum Zeitpunkt des Erscheinens von Köhlers ›Vorlesungen‹ größtenteils abgeschlossen; doch konnten einige Anregungen noch aufgenommen werden. Ihr Ausgangspunkt ist demjenigen Köhlers sehr nahe; auch hier wird eine Würdigung von Molières Werk auf einem umfassenden zeitgeschichtlichen Hintergrund angestrebt. Denn Molières Theater ist tief im öffentlichen Leben seiner Zeit verwurzelt und erhält von dort die entscheidenden Impulse; und dies gilt nicht etwa nur für die bekannten ›klassischen‹ Stücke wie *Le Tartuffe* oder *Le misanthrope,* sondern ebenso für die zahlreichen Farcen, Hofballette und Ballettkomödien. Molières vielgestaltiges Werk bildet eine untrennbare, in ihrer Entstehungssituation begründete Einheit; sie zugunsten einer ausschließlichen oder bevorzugten Interpretation seiner ›großen‹ Stücke zu zerreißen, heißt zugleich, der komplexen Situation Molières als Komödienautor auf dem Höhepunkt der Absoluten Monarchie Ludwigs XIV. nicht gerecht zu werden.

Für unsere Darstellung folgt daraus, daß alle Stücke Molières, möglichst in chronologischer Abfolge, behandelt werden. Ein solches Vorgehen entspricht nicht nur der hier gewählten historischen Perspektive, sondern auch den Erfordernissen eines ›Realienbandes‹, in dem in erster Linie gesicherte Informationen vermittelt werden sollen. Doch bereits dies ist, angesichts einer kaum überschaubaren Sekundärliteratur, ein nur schwer zu erfüllender Anspruch. Die nach methodologischen Prämissen aufgebaute ›Auswahlbibliographie‹ gibt einen Eindruck von der Vielfalt der neueren Forschung zum französischen 17. Jahrhundert im allgemeinen und zu Molière im besonderen. Bedenkt man jedoch, daß die Bibliographie von O. Klapp (Bibl. *134)* allein für den Zeitraum nach Erscheinen von G. Coutons Forschungsbericht (Bibl. *267),* also für etwa ein Jahrzehnt, mehr als 900 Titel zu Molière verzeichnet, wird das Dilemma deutlich; alle Titel zu rezipieren und zu harmonisieren, übersteigt die Fähigkeit eines einzelnen Forschers. Es mußte also eine möglichst repräsentative Auswahl getroffen werden. Dabei wurden bevorzugt jene Arbeiten neueren Datums berücksichtigt, die sich mit zentralen Problemen der Molière-Forschung befassen, die verläßliche Informationen vermitteln und methodologisch neue Wege einschlagen, ohne jedoch den Boden gesicherter historischer Erkenntnisse zu verlassen. Werden darüber hinaus Arbeiten älteren Datums angeführt, so deshalb, weil sie auch heute noch wichtige, anders nicht zugängliche Auskünfte geben. Zusätzlich zu der fortlaufend numerierten ›Auswahlbibliographie‹ findet sich am Ende der einzelnen Kapitel eine thematische Bibliographie, die sich ausschließlich auf den Gegenstand des jeweiligen Kapitels bezieht. Die notwendigen Verweise auf entsprechende Werke der ›Auswahlbibliographie‹ erfolgen in Form kursiv gesetzter Zahlen.

Innerhalb der Darstellung selbst wurde großer Wert auf Lesbarkeit gelegt. Die Forschungssituation zu Molière, und insbesondere zu seinen ›großen‹ Stücken, ist derart, daß nahezu jeder Satz mit einer Anmerkung versehen werden könnte/müßte. Von dieser Möglichkeit/Notwendigkeit wurde nur zurückhaltend Gebrauch gemacht, und zwar vorwiegend dort, wo neue Kenntnisse vermittelt bzw. weiterführende Thesen aufgestellt werden, deren Verifizierung langwierige Nachforschungen erfordert hätte. In diesen Fällen erfolgen Verweise auf die ›Auswahlbibliographie‹ durch die Nennung des Autorennamens und die laufende Nummer der ›Auswahlbibliographie‹ und solche auf die thematische Bibliographie durch die Nennung des Autorennamens und der Jahreszahl der entsprechenden Publikation. Alle Zitate aus Molières Text werden nach der von G. Couton besorgten Ausgabe der *Œuvres complètes* in der ›Edition de la Pléiade‹ (Bibl. *186)* gegeben, ohne die heute ein Studium Molières unmöglich ist. Deutsche Übersetzungen des Gesamtwerkes und einzelner Stücke konnten aus Platzgründen weder in die ›Auswahlbibliographie‹ noch in die thematischen Bibliographien aufgenommen werden.

Abschließend sei der Wunsch geäußert, das vorliegende Buch möge nicht nur denen hilfreich und anregend sein, die sich, auf welchem Niveau auch immer, in literaturwissenschaftlicher Perspektive mit Molière befassen (müssen); der Verfasser möchte sich jedoch wünschen, daß auch Theaterwissenschaftler und -praktiker hier Anregungen finden und seine Darstellung zu einer erneuerten Beschäftigung mit Molières Theater führt.

Münster/Westfalen, April 1984 Jürgen Grimm

Vorwort zur zweiten Auflage

Die hier vorgelegte zweite Auflage des *Molière* ist in allen Aspekten dem neuesten Forschungsstand entsprechend aktualisiert. Dabei wurde die methodologische Option, die der ersten Auflage zugrunde lag, weitgehend respektiert. Sie kam im Titel der französischen Übersetzung von 1993, *Molière en son temps*, programmatisch zum Ausdruck und wurde sowohl von den deutschen wie auch den französischen Rezensenten begrüßt. Die Studie versteht sich als eine vorrangig auf Molières Text sich gründende Lektüre, die darum bemüht ist, das Werk des großen Dramatikers aus seiner Zeit heraus zu begreifen und es in seinen funktionalen Bezügen sichtbar zu machen.

Die Organisation der zweiten Auflage entspricht derjenigen der ersten. Das heißt insbesondere, dass die umfangreiche, das Gesamtwerk betreffende ›Auswahlbibliographie‹ durch zusätzliche Bibliographien ergänzt wird, die am Ende der einzelnen Kapitel die jeweils wichtigsten Neuerscheinungen zum Thema aufführen. In diese Ergänzungsbibliographien wurden vorzugsweise auch neuere französische (Taschenbuch-)Ausgaben zu den wichtigsten Stücken aufgenommen, die großenteils umfangreiche bibliographische Angaben enthalten und meist verlässlich den neuesten Forschungsstand reflektieren. Dadurch ist eine schnelle Orientierung sowie die Möglichkeit einer weiterführenden wissenschaftlichen Beschäftigung mit den unterschiedlichen Aspekten von Molières Werk sichergestellt. Deutsche Übersetzungen oder zweisprachige Ausgaben konnten nur in den seltensten Fällen berücksichtigt werden. Die umfangreichen Register ermöglichen des Weiteren eine schnelle und zuverlässige Information.

Für die umsichtige und engagierte Mitarbeit bei der Korrektur des Manuskripts und dem Erstellen der Register möchte ich Christine Brückner und Yseult Roch meinen herzlichen Dank aussprechen.

Münster, im Februar 2002   Jürgen Grimm

I. Molière in seiner Zeit

1. Das politische, gesellschaftliche und kulturelle Umfeld; die Ordnungsfunktion des molièreschen Theaters; Hinweise zur Rezeptions- und Forschungsgeschichte

Molières Leben (1622-1673) umfasst jenen Zeitraum der französischen Geschichte, den man als Vorbereitungsphase des Absolutismus und erste Dekade der Entfaltung der Absoluten Monarchie Ludwigs XIV. bezeichnet. Durch die Ernennung zum Ersten Minister des Königlichen Staatsrates wird Richelieu 1624 mächtigster Mann im Reich und verfolgt im Interesse des jüngeren Ludwig XIII. eine Politik, deren vorrangiges Ziel die Stärkung der Zentralmacht im Inneren wie nach außen ist. Nach dem Tode der beiden Staatsmänner überträgt die Königinmutter Anna von Österreich die politischen Geschäfte in Vertretung des minderjährigen Ludwig XIV. dem Kardinal Mazarin. Das wichtigste innenpolitische Ereignis seiner Regierungszeit (1643-1661) ist das letzte vergebliche Aufbäumen des Adels gegen eine endgültige politische Entmachtung in der Fronde (1648-1653). Als Ludwig XIV. (*1638 in Saint-Germain, 1643 zum König ernannt und 1651 für volljährig erklärt) nach Mazarins Tod den Entschluss fasst, von nun an selbst zu regieren, wird die Entscheidung von der großen Mehrheit der Franzosen mit Begeisterung aufgenommen: Mazarins Tod eröffnet die Chance, dass Frankreich nach rund einem halben Jahrhundert der Priester- und Fremdherrschaft wieder direkt von einem König regiert wird. Auch sehnt sich das Land nach den endlosen Kriegen unter Richelieu und Mazarin nach Frieden. Bereits 1659 hatte Mazarin durch die Heirat Ludwigs XIV. mit Maria Theresia von Spanien einen vierundzwanzig Jahre währenden Kriegszustand beendet. Die französisch-spanische Hochzeit (Juni 1660) und insbesondere der prunkvolle Einzug des jungen Paares in Paris (Aug. 1660) zeigen den Beginn einer neuen Epoche an. Die späteren ›großen‹, ›klassischen‹ Autoren Racine und La Fontaine, aber auch unzählige ›kleinere‹ feiern die Ereignisse in pompösen Versen und sind doch alle nur darauf bedacht, die Aufmerksamkeit des jungen Königs auf sich zu lenken, dessen Gunst Molière sich zu diesem Zeitpunkt bereits erfreuen konnte.

Auf die Übernahme der Regierungsgeschäfte folgt als zweite wichtige Maßnahme die Verhaftung des bisherigen Finanzministers Foucquet (Sept. 1661). Sein Sturz ist das letzte Glied in einer Kette von Ereignissen, die sämtlich auf die Entmachtung des Adels zielen. Der König ist traumatisch geprägt von den Erlebnissen der Fronde, die ihn selbst und Mazarin zur nächtlichen Flucht aus dem aufständischen Paris gezwungen hatten; er ist daher fest entschlossen, jede Form von Partikularinteressen und Autonomiebestrebungen einzelner Gruppen zu unterbinden. Auf politische Entscheidungen hat der Adel von nun an keinen Einfluss mehr; stattdessen wird er am Hof mit wohlklingenden, aber wertlosen Ämtern abgespeist. Da jedoch die Aufrechterhaltung der gesellschaftlichen Stellung am Hof mit aufwendigen Repräsentationspflichten verbunden ist und die Einnahmen des großenteils der Provinz entstammenden Adels mit den ständig wachsenden Repräsentationskosten nicht Schritt halten können, gerät er mehr und mehr in Abhängigkeit von der Gunst des Königs und dessen finanziellen Zuwendungen. Aus dem einst mächtigen Schwert- und Hochadel, der Jahrhunderte lang die Geschicke Frankreichs mitgeprägt hatte, wird unter Ludwig XIV. ein domestizierter Hofadel mit primär repräsentativer, ›parasitärer‹ Funktion.

Das wechselseitige Verhältnis von Adel und Königtum ist ambivalent. Denn trotz seiner Domestizierung bleibt der Adel notwendiger Bestandteil einer vertikal geordneten Gesellschaftshierarchie, an deren Spitze der König thront. Zugleich schafft er einen Abstand zwischen dem König und dem aufstrebenden Bürgertum, das aufgrund seiner beherrschenden Stellung in Handel und Wirtschaft im Besitz jenes Geldes ist, dessen der König zur Realisierung seiner ehrgeizigen Pläne dringend bedarf. Weil er diese wirtschaftspolitische Bedeutung erkennt und ein Gegengewicht zum alten Feudaladel schaffen will, ermöglicht er dem Bürgertum die Teilnahme am Gemeinwesen. In diesem Zusammenhang kommt der Ernennung des bürgerlichen Colbert zum Nachfolger Foucquets symbolhafte Bedeutung zu. In vielen Bereichen des staatlichen Lebens leitet Colbert wichtige Reformen ein. Allgemein bevorzugt der König bürgerliche Mitarbeiter, da ihm ihre Anpassungsfähigkeit, ihr Organisationsgeschick und Ordnungssinn als sicherer Garant einer nützlichen Tätigkeit im Dienste des Staates erscheinen. Doch die hierarchische Gesellschaftsordnung ist keineswegs undurchlässig; denn die Käuflichkeit der Ämter eröffnet dem wohlhabenden Bürgertum den Zugang zum Amtsadel, der ›noblesse de robe‹. Daher stellen Adel und Bürgertum auch keine scharf gegeneinander abgegrenzten homogenen sozialen Gruppierungen dar.

Die königliche Familie, der Hofadel und das zu einflussreichen Ämtern gelangte Bürgertum konstituieren das für die Epoche charakteristische Publikum von ›la cour et la ville‹, dessen moralische und ästhetische Werte zugleich die komische Perspektive der molièreschen Komödie darstellen. Und alles, was sich in Adel und Bürgertum deren Normen nicht anpasst, gibt sie mit Billigung des Königs rückhaltlos der Lächerlichkeit preis.

Die ersten Regierungsjahre des jungen Königs sind von einer gezielten ›Kulturpropaganda‹ begleitet. Da sich Ludwigs politische und religiöse Erziehung ganz im Gedanken des Gottesgnadentums der Monarchie vollzog, ist er immer darauf bedacht, persönliches Verhalten, Politik und Regierungsstil durch mythische Vorbilder zu legitimieren. Daher resultieren die unzähligen Vergleiche mit dem Sonnengott Apoll, mit Jupiter, Alexander, Augustus etc. Das aus solchem Selbstverständnis des Königs sich ableitende Selbstverständnis der Epoche wird am treffendsten mit dem geschichtsphilosophischen Konzept der *translatio studii et imperii* charakterisiert: Nach Athen und dem antiken Rom, aber auch nach dem Rom und Florenz der Renaissance und des Barock geht mit dem Regierungsantritt Ludwigs XIV. die politische und kulturelle Vorherrschaft endgültig auf Frankreich an den Hof des jungen Königs über. In allen politischen und kulturellen Aktivitäten Ludwigs ist diese Geschichtskonzeption implizit als Folie wahrnehmbar. Wenn Ludwig auf die Orientierung der Künste seiner Zeit einen Einfluss ausgeübt hat, so in dem Sinn, dass er den Künstlern entsprechende Prachtentfaltung auftrug. Das kunstvolle ›Schauspiel‹ seiner Regierung sollte auf die eigenen Untertanen ebenso wie auf das Ausland einen Prestige heischenden Eindruck »de magnificence, de puissance, de richesse et de grandeur« (35, 134) vermitteln. Seine allgemeine und literarische Bildung war allerdings eher mittelmäßig. Vorliebe empfand er für Musik, Tanz, Malerei und Architektur. Von Literatur verstand er herzlich wenig. Wenn er Molière im Kampf um den *Tartuffe* unterstützte, so weniger der literarischen Qualitäten dieses Stückes wegen als aus politischen Motiven. Und man kann sicher sein, dass er den ›großen‹ Komödien im Stil des *Tartuffe* und des *Misanthrope* anspruchslosere Hofballette wie *Les amants magnifiques* oder die ›tragédie-ballet‹ *Psyché* vorzog. Will man einen Eindruck vom literarischen Geschmack des Königs gewinnen, so tut man dies am besten durch die Lektüre einer der meist mit gewaltigem Aufwand an Maschinen konzipierten Hofballette oder Ballettkomödien Molières.

Die von Colbert betriebene ›Kulturpolitik‹ lässt sich am angemessensten mit dem Begriff der ›Gleichschaltung‹, ›la mise au pas‹, kennzeichnen. Wichtige Etappen sind hierbei zunächst 1660 der Tod Gastons von Orléans, des Bruders Ludwigs XIII., eines herausragenden Kunstkenners und Förderers zahlreicher Schriftsteller, dem Molière seit der Gründung des ›Illustre Théâtre‹ viel verdankt; und sodann auch hier der Sturz Foucquets, des wohl einflussreichsten Mäzens der Zeit. Sein Hof in Vaux-le-Vicomte war nicht nur ein politisches, sondern zugleich ein kulturelles und gesellschaftliches Zentrum. Die neue Kulturpolitik ist jedoch von Anfang an darauf ausgerichtet, den konkurrierenden Einfluss von Salons oder Kleinhöfen im Stil desjenigen Foucquets auszuschalten. An die Stelle privater Förderung tritt ab 1663 die jährliche Vergabe von Gratifikationen, die immer wieder Anlass zu heftigen Auseinandersetzungen gibt. Empfänger sind Künstler und Gelehrte aus Frankreich und ganz Europa, die bereit sind, ihre Tätigkeit in den Dienst des neuen Herrschers zu stellen und seinen Ruhm zu mehren. Molière gehört ab 1663 zum Kreise der Nutznießer solcher Gratifikationen.

Im Dienst einer zunehmend auf Straffung und Kontrolle bedachten Kulturpolitik steht auch eine Reihe anderer Maßnahmen. So hofft Colbert, die Effizienz der schon von Richelieu gegründeten ›Académie Française‹ durch die Einführung bezahlter ›Anwesenheitsmarken‹, ›jetons‹, zu steigern, und lässt neue Akademien gründen: die ›Académie des sciences‹ (1666), die ›Académie d'architecture‹ (1671) und die ›Académie de musique‹ (1672). Zusammen mit anderen sollten sie später zu einer ›Académie générale‹ vereinigt werden, in der staatlicher Einfluss ungeschmälert zu verwirklichen sei. Auch das Buchwesen wird einer verschärften Kontrolle unterworfen: Kein Buch darf gedruckt werden, ohne zuvor das ›Privilège du roi‹ zu erhalten; diese Druckerlaubnis wird nur dann erteilt, wenn im Manuskript nichts gegen die Religion und die Würde des Königs verstößt. Zur kulturellen ›mise au pas‹ kommt die Aufkündigung des religiösen Pluralismus: Trotz der im Edikt von Nantes garantierten Religionsfreiheit lässt sich schon unter Richelieu eine Reihe repressiver Maßnahmen gegen die Hugenotten beobachten; diese Tendenz setzt sich nach 1661 fort, und auch in Bezug auf die Jansenisten betreibt die Regierung eine Politik der Einschüchterung und Bedrohung.

Diesen Maßnahmen im kulturellen Bereich entsprechen Zentralisierungsbestrebungen in der Verwaltung (Schwächung der Provinzparlamente und des Pariser Parlaments), der Justiz (Erlass einer Fülle von Verordnungen, vor allem der Zivilprozessordnung von 1667), der Wirtschaft (Schaffung von Manufakturen, Gründung überseeischer Handelskontore) und den Finanzen (Änderung des Steuersystems, Rückkauf der Renten, Ernennung Colberts zum Generalinspektor der Finanzen). Insgesamt sind diese Maßnahmen Ausdruck eines unbändigen Machtwillens und einer Furcht zugleich, der Furcht eines Rückfalls in die Zeiten der Fronde; daher verfolgen sie auch nur das eine Ziel: die Straffung der Zentralgewalt durch Vereinheitlichung und Kontrolle.

Kaum eine Epoche der französischen Geschichte und Kulturgeschichte ist in ähnlicher Weise mythisiert worden wie die sog. Hochklassik zwischen etwa 1660 und 1685. Erst die neuere Forschung hat sich der Kehrseite des ›grand siècle‹ angenommen und ein differenzierteres Bild dieser Epoche entworfen. Daraus ergibt sich, dass das, was gern als glanzvolle und zeitenthobene Hochkultur dargestellt wird, mit der Not, dem Elend, oft auch der Ausbeutung und dem Tod Tausender, ja Hunderttausender von Menschen erkauft wurde. So haben die ehrgeizigen (kultur-)politischen Pläne Colberts eine wahre ›chasse aux écus‹ im Gefolge. Da aber das Steuersystem Adel und Geistlichkeit von der Steuer befreit und auch die Einwohner der meisten Städte Steuerprivilegien genießen, werden nur die untere Schicht des Bürgertums und die Landbevölkerung zur Kasse gebeten. Die oft gewaltsam eingetriebenen Steuern reichen indes zur Finanzierung der Vorhaben nicht aus. Kostspielig, ja ruinös sind finanziell und demographisch die endlosen Kriege (fast vierzig Kriegsjahre von rund fünfundfünfzig Regierungsjahren Ludwigs XIV.) sowie die ambitiösen Bauvorhaben (Versailles). Hinzu kommen Naturkatastrophen, die z. B. zwischen 1661 und 1664 zu einer ganz Frankreich heimsuchenden Hungersnot mit hoher (Kinder-)Sterblichkeit führen. Zahllos sind daher die Aufstände der Bauern und städtischen Unterschichten, die sich allerdings nicht gegen den König oder die Monarchie als Staatsform, sondern gegen die regionalen Autoritäten richten; sie werden mit unerbittlicher Grausamkeit niedergeschlagen.

Das Bild, das das erste Jahrzehnt der Regierungszeit Ludwigs XIV. vermittelt, ist daher widersprüchlich: Auf der einen Seite eine große Begeisterung über den Beginn einer neuen Ära, die geprägt wird durch die Integrationsfigur eines jungen Königs, der Ordnung und Frieden nach innen und außen zu garantieren scheint. Wie selbstverständlich geraten große Teile der Bevölkerung in den Sog der Faszination, die dieser Neubeginn ausstrahlt. Vor allem das Bürgertum, dem erstmals die Chance einer wenngleich begrenzten Teilhabe am Staat eröffnet wird, und auch die mehrheitlich dem Bürgertum entstammenden Künstler feiern begeistert diesen historischen Augenblick. Die Kehrseite aber ist die ständig wachsende Konzentration in allen Bereichen der Politik, Verwaltung, Wirtschaft und Kultur, und das heißt eine schnell wuchernde Unfreiheit, die ein Klima der Angst

erzeugt. Damit zeigen sich schon im ersten Jahrzehnt der Regierungszeit Ludwigs XIV. bedrohliche Tendenzen für das gesamte geistige
Leben der Epoche.

Ohne Zweifel hat Molière, von seinen Zeitgenossen als aufmerk-
samer Beobachter, ›contemplateur‹, charakterisiert, die epochalen Veränderungen seiner Zeit ebenso wie die scheinbar unbedeutenden Ereignisse des Alltags bewusst miterlebt, und selbstverständlich haben
sie in seinem Werk ihren Niederschlag gefunden. Um die Aktualität
seines Theaters zu begreifen, gilt es, sich zunächst die hohe Repräsen-
tationsfunktion des Theaters als literarischer Gattung zu vergegenwärtigen. Weit davon entfernt, ein gesellschaftliches und kulturelles
Randphänomen zu sein, besteht die Aufgabe des Theaters seit alters
her darin, Ordnungskonflikte der in ihre Zeit eingebundenen Individuen und gesellschaftlichen Gruppen zur Anschauung zu bringen. Es
repräsentiert, ja feiert Ordnungen und macht zugleich deren Gefährdung sinnfällig. Dabei werden im Allgemeinen jene die Ordnung in
Frage stellenden, störenden oder gefährdenden Elemente als gesellschaftliche Außenseiter diskreditiert und schließlich entweder vernichtet, neutralisiert oder der Lächerlichkeit preisgegeben. Insofern
ist jedes Theater entstehungsgeschichtlich tief in seiner Zeit verwurzelt. Allerdings versucht es, durch die propagierten Lösungen auf die
dargestellten gesellschaftlichen Antagonismen einzuwirken, und entwirft oft auch in die Zukunft weisende Modelle.

In ihren verschiedenartigen Ausprägungen tut auch die molièresche Komödie nichts anderes. In oft märchenhaft-mythisch verfrem-
deten Begebenheiten und höchst turbulenten und verwirrenden
Handlungen vermittelt sie das Bild einer gesellschaftlichen Ordnung
und ihrer Gefährdung; doch indem sie den Außenseiter als ›Narren‹
oder ›Kranken‹ lächerlich macht und letztlich immer der Ordnung
zum Sieg verhilft, ist sie Abbild und Wunschbild zugleich und bindet
den Zuschauer mittels seiner Identifizierung mit dem positiven Helden in die vorgeschlagene Lösung ein, befreit ihn von Ängsten, gibt
ihm Sicherheit und orientiert sein Handeln. Der Bezugspunkt der in
Molières Theater obsiegenden Ordnung ist aber in allen Fällen die
von der jungen Monarchie Ludwigs XIV. geprägte Höfische Gesellschaft und ihre Normen. Wir dürfen davon ausgehen, dass Ludwig
XIV. ein Gespür für die gesellschaftliche Ordnungsfunktion des Theaters besessen hat. Nur so findet seine Begeisterung für das Theater
eine befriedigende Erklärung. Durch das Theater, ›spectacle‹, so
schreibt er, »nous tenons l'esprit et le cœur (de nos sujets), quelque-
fois plus fortement peut-être, que par les récompenses et les bienfaits«
(*35*, 134). In Molière begegnete er jenem Künstler, der bereit war, im

Medium des Theaters die neue Ordnung der jungen Monarchie ästhetisch gefällig und daher umso wirksamer zu verherrlichen.

Molières Werk hat die Epoche seiner Entstehung überdauert, und sein Autor nahm 1982 lt. einer Meinungsumfrage *(Lire* Okt. 1982) hinter Victor Hugo den zweiten Rang »unter den größten französischen Autoren aller Zeiten« ein. Lt. *Quid 2001* steht er mit rund 32.000 Aufführungen zwischen 1680 und 1998 uneinholbar an der Spitze aller in der ›Comédie-Française‹ aufgeführten Autoren, gefolgt von Racine mit ca. neun-, Corneille mit sieben- und, weit abgeschlagen, Hugo mit dreitausend Aufführungen! Die verschlungenen Pfade einer mehr als 300-jährigen Wirkungsgeschichte sind in Monographien und Forschungsberichten umfassend dargestellt worden, so dass hier einige kurze Hinweise genügen können.

Eine erste, bis weit ins 18. Jh. reichende Rezeptionsform wird von Boileau bestimmt. In seinem ein Jahr nach Molières Tod veröffentlichten *Art poétique* stellt er in einer berühmt gewordenen Periphrase den ›auteur du *Misanthrope*‹ dem Autor der *Fourberies de Scapin* gegenüber; statt seine Modelle in ›la cour et la ville‹ zu suchen und allein für dieses Publikum zu schreiben, habe Molière, ›trop ami du peuple‹, mit seinen Farcen auch das ›niedere Volk‹ zu belustigen versucht (III 391 ff.). Vor dem Hintergrund einer aus der Antike stammenden Gegenüberstellung des (›bürgerlich-)schicklichen‹ Terenz und des (›volkstümlich-)grobschlächtigen‹ Plautus wird Molière von nun an zu einem ›Térence français‹ stilisiert. La Bruyère und Fénelon schließen sich in einflussreichen Stellungnahmen dieser Einschätzung an, die bürgerlichen Schicklichkeitsvorstellungen in zunehmendem Maß entgegenkommt. Sie bedeutet zugleich eine bis ins 20. Jh. reichende Abwertung der Farce, und da mit fortschreitendem Verfall des höfischen Publikums auch der Primäradressat von Molières Ballettkomödien verschwindet, reduziert sich sein Werk schnell auf einige wenige ›zeitlos klassische Meisterwerke‹.

Die ›Philosophen‹ des 18. Jh.s (Voltaire, Diderot, Vauvenargues u. a.) werden diese Bewertung im Wesentlichen übernehmen. So stellt Voltaire einem dem ›goût du peuple‹ sich anpassenden Molière den ›législateur des bienséances du monde‹ gegenüber. In heftiger Kritik wendet sich Rousseau gegen eine solche Sicht Molières und wirft ihm vor, in Alceste die Tugend lächerlich gemacht und das in Wahrheit Tragische komisch verzerrt zu haben. Rousseaus Verurteilung ist die laizisierte Ausprägung jenes theologischen Bannstrahls, den Bossuet Ende des 17. Jh.s gegen das Theater (Molières) geschleudert hatte; unter der Revolution findet sie in Fabre d'Eglantines *Le Philinte de Molière ou La suite du Misanthrope* eine zeittypische dramaturgische

Ausgestaltung. Facettenreicher wird das Bild im 19. Jh. Das Publikum der Restauration sieht in Molière, vor allem dank dem *Tartuffe*, ein Symbol des Widerstandes gegen klerikale Unterdrückung; auch Stendhal hebt ihn zu revolutionärer Begeisterung, ebenfalls aufgrund des antiklerikalen *Tartuffe*, auf den Rang eines Shakespeare; für Hugo ist Molière Libertin und Genie zugleich, der sich aber seiner Zeit nicht unterworfen habe. Jetzt kommt auch, in Fortsetzung von Rousseaus Alceste-Interpretation, die folgenreiche Vorstellung eines ›melancholischen‹, ›finsteren‹, ja tragischen Molière auf, der die Bitterkeit seiner persönlichen Erfahrungen in einem zwiespältigen Lachen gelöst habe. Gegenüber solchen im Grunde immer nur auf den *Tartuffe* und den *Misanthrope* sich berufenden Stellungnahmen besteht das zunächst allerdings folgenlose Verdienst Gautiers darin, endlich wieder die Aufmerksamkeit auf Molière als den Autor von Farcen und Ballettkomödien gelenkt zu haben.

Das 19. Jh. markiert jedoch in erster Linie den Beginn einer wissenschaftlichen Beschäftigung mit Molière. Drei Orientierungen lassen sich ausmachen: eine *textphilologische,* die sich zum Ziel setzt, zunächst einen verlässlichen, ›kritischen‹ Text zu erstellen; sie findet in der dreizehnbändigen Ausgabe der ›Grands Ecrivains de la France‹ von E. Despois und P. Mesnard ihren Niederschlag; eine *biographisch* ausgerichtete, die unter Zuhilfenahme aller verfügbaren Dokumente ein zuverlässiges Bild Molières als eines in konkrete Lebensbedingungen verwickelten Menschen und Künstlers entwerfen möchte; hier leistet Mesnards ›Notice biographique‹ in Band X der ›GEF‹ Pionierarbeit; eine *weltanschaulich* ausgerichtete, die vor allem von Brunetière geprägt wird. Für ihn ist Molière ein direkter Nachfahre Rabelais' und Montaignes, der sich, insbesondere in seinen ›großen‹ Komödien, gegen den intellektuellen, religiösen, moralischen und künstlerischen Konformismus des 17. Jh.s zur Wehr gesetzt habe. Folglich sieht er in Molières Theater den Niederschlag einer libertinistisch geprägten Naturphilosophie. Diese sich aus dem laizistischen Geist der 3. Republik herleitende Sicht eines ›philosophischen‹ Molière wird lange Nachwirkungen zeitigen. Das nach 1870 neu erwachende Interesse eines breiten Publikums an Molière, von Albanese (*483-484*) erklärt als Rekurs auf eine kulturelle Autorität zum Zwecke einer moralischen und intellektuellen Stärkung im Dienst einer bürgerlichen nationalistischen Ideologie, bezeugt die ›Collection moliéresque‹ (*490*), eine Sammlung von Texten des 17. Jh.s, die zu Leben und Werk Molières in mehr oder minder erhellendem Zusammenhang stehen; und weiter die Monatszeitschrift ›Le Moliériste‹ (*502*), ein Diskussionsforum aller Molière betreffenden Fragen, das sich allerdings häufig in der Erörterung von Quisquilien verliert. Ab 1994 hat ›Le Moliériste‹ in dem Jahrbuch ›Le Nouveau Moliériste‹ eine Fortsetzung gefunden; die bisher vorliegenden Bände informieren umfänglich über Tendenzen und Ergebnisse der aktuellen Molièreforschung (285).

Zu einer einflussreichen Synthese gelangen die verschiedenen Strömungen der Molièreforschung des 19. Jh.s in G. Michauts dreibändiger Monographie *La jeunesse de Molière. Les débuts de Molière à Paris. Les luttes de Molière (375)*. Sie sind nach Mesnard das erste großangelegte Unterfangen einer philologisch-akribischen Prüfung aller auf Molière bezogenen Dokumente und führen zu einer ›Entmythisierung‹ des bis dahin erarbeiteten Molièrebildes. Für Michaut ist Molière weder Libertin noch Philosoph, noch Theoretiker, noch Anhänger Ludwigs XIV., sondern vor allem ein aufs höchste begnadeter Komödienautor. Michauts Darstellung hat die Molièreforschung in doppelter Weise beeinflusst. Seine These eines ›reinen‹ Künstlers Molière findet in den grundlegenden Arbeiten von W. G. Moore *Molière. A new criticism (380)* und R. Bray *Molière. Homme de théâtre (336)* eine Fortsetzung und Ergänzung. Beide sehen Molière in erster Linie als Künstler und interessieren sich mehr für den materiellen als den ideellen Aspekt seines Theaters. Andererseits hat Michauts Monographie zu einer intensiveren Beschäftigung mit dem Menschen Molière veranlasst. Das Interesse am Leben und Werk Molières hatte bereits kurz nach seinem Tode eingesetzt. So findet sich in S. Chappuzeaus *Le théâtre français* (1674) nicht nur eine erste Würdigung Molières als Schauspieler und Theaterdirektor, sondern auch ein emphatisches Porträt des Menschen Molière; Vivot/La Grange und Grimarest (cf. S. 28 f.) hatten wenig später ein nüchterneres Bild entworfen. So unterschiedlich die Texte dieser Autoren auch sind, stellen sie doch erstmals die Frage nach der Persönlichkeit Molières, eine Frage, auf die angesichts der Kargheit entsprechender Dokumente die Kritik des 20. Jh.s auf ihre Weise eine Antwort zu geben bemüht ist. So versuchen R. Fernandez (*Vie de Molière, 353*) und insbesondere P. Brisson (*Molière. Sa vie dans ses œuvres, 337*) Molières Persönlichkeit aus der inneren Entwicklung seines Werkes zu erfassen; andere Biographen (Simon *383-385*; Thoorens *388*; Bordonove *334*; Mallet *374*) haben vergleichbare Wege eingeschlagen.

Doch ist dies nur ein Aspekt einer ungleich differenzierteren wissenschaftlichen Beschäftigung mit Leben und Werk Molières, über deren Orientierung, Methoden und Ergebnisse zahlreiche Monographien und Forschungsberichte Rechenschaft ablegen. Gegen jede einseitige Festlegung Molières, insbesondere als eines nur artistischen

›homme de théâtre‹, hat als erster A. Adam polemisiert. Seine umfassende Darstellung Molières galt lange als die wichtigste neuere Gesamtinterpretation; sie wird durch das Bemühen gekennzeichnet, Molière in den historischen Kontext seiner Epoche zurückzuversetzen. Dabei geht Adam von der Prämisse aus »[que] les chefs-d'œuvre de nos écrivains n'ont pas été écrits dans une atmosphère de sérénité, mais parmi les périls. Ils furent des affirmations de liberté au cœur d'une société qui se ruait dans la servitude« (*331*, 47). Eine solche Sicht hat zur Folge, dass insbesondere die Ballettkomödien bei ihm nur beiläufig berücksichtigt werden. Dies gilt auch für E. Köhler (*146*), dessen Ausgangsposition sich von derjenigen Adams nicht grundsätzlich unterscheidet. Historisch-philologisch orientiert sind auch R. Jasinski (*365*) und insbesondere G. Couton in seiner für jede wissenschaftliche Beschäftigung mit Molière unverzichtbaren Pléiadeausgabe (*186*). Die jüngst erschienenen Monographien von C. E. J. Caldicott (*340*) und R. Duchêne (*350*) sehen Molière primär als zielstrebigen, karriereorientierten ›homme de théâtre‹, für den der künstlerische und materielle Erfolg des Werkes Vorrang hat gegenüber jedem wie auch immer gearteten gesellschaftlichen ›Engagement‹. Für Caldicott ist Molières Karriere das Ergebnis eines Spannungsfeldes, das aus Gönnern und Mäzenen einerseits und mehr oder minder skrupellosen Verlegern andererseits besteht, aus dem sich der Dramaturg als einer der ersten ›écrivains‹ im neuzeitlichen Sinn des Wortes befreit habe. Duchênes Monographie ist, nach Mesnard und Michaut, der erste Versuch, unter Auswertung aller heute verfügbaren Dokumente ein von Mythen und Legenden befreites Molièrebild zu vermitteln. Dank ihrer zahlreichen Abbildungen, Tabellen und Register besitzt diese Monographie zugleich den Rang eines unverzichtbaren Arbeitsinstruments. Duchêne zeigt einen ›postmodernen‹ Molière jenseits jeden sozialen, politischen oder ähnlichen ›Engagements‹, der sich nur seinem Theater verpflichtet fühlt. Auf dem Höhepunkt seiner Karriere sieht Duchêne in ihm einen zugleich umjubelten und gehassten Publikumsstar, ›la première *idole* moderne‹. Dass Molière indes auch ›contemplateur‹ der sozialen und geschichtlichen Wirklichkeit seiner Zeit ist, sein Bewusstsein und notwendigerweise auch sein Werk also dadurch mit geprägt werden, kommt in den Arbeiten von Caldicott und Duchêne weniger zum Tragen. In Anknüpfung und Fortsetzung der sich von A. Adam herleitenden wissenschaftlichen Tradition versteht sich die folgende Darstellung als eine Würdigung des gesamten molièreschen Theaters in seiner entstehungsgeschichtlichen Bedingtheit.

Bibl.: *1-126; 140; 333-337; 340; 350; 352-353; 374-375; 380; 383-385; 388; 392-394; 483-508.* – *J. Cornette*, L'histoire au travail. Le nouveau ›Siècle de Louis XIV‹: un bilan historiographique depuis vingt ans (1980-2000). In: *8*, 561-620; mit ausführlicher Bibliographie. *G. Sabatier*, La gloire du roi. Iconographie de Louis XIV de 1661 à 1672. In: *8*, 527-560.

2.   Leben und Werk Molières

2.1   Familie, Kindheit, Jugend, Ausbildung

Trotz einer Fülle zeitgenössischer Dokumente und Zeugnisse, die die neuere Molièreforschung zu Tage gefördert hat (M. Jurgens/E. Maxfield-Miller *366*; Mongrédien *377*), bleiben wichtige Ereignisse und Phasen von Molières Biographie kontrovers, und insbesondere liegt seine Persönlichkeit im Dunkeln.

Getauft wird er am 15. Januar 1622 auf den Namen Jean. Da die Kinder wegen der hohen Kindersterblichkeit oft noch am Tage der Geburt oder möglichst kurze Zeit danach getauft werden, kommt als Geburtsdatum nur der 13. oder 14. Januar in Betracht. Sein Vater, Jean Poquelin, fünfundzwanzig Jahre alt, ist ›marchand tapissier‹, d. h. Inhaber eines Dekorationsgeschäfts; die Familie Poquelin ist seit drei Generationen in diesem Beruf tätig; seine Mutter, Marie Cressé, zwanzig Jahre alt, entstammt dem gleichen Milieu; doch kann die Familie Cressé auf eine längere Zugehörigkeit zum Bürgertum verweisen als die Poquelins. Jean wird noch drei Brüder und zwei Schwestern haben, die alle vor ihm sterben. Zur Unterscheidung von seinem jüngeren, ebenfalls Jean genannten Bruder (*1624) nennt man ihn Jean-Baptiste.

Die Familie Poquelin wohnt im Hallenviertel. Das Geschäft des Vaters befindet sich in der Rue Saint-Honoré, einer der ältesten Straßen von Paris, die fast ausschließlich von Tuch-, Stoff- und Kurzwarenhändlern, Schneidern, Optikern, Juwelieren bevölkert wird. In unmittelbarer Nähe befinden sich der Palais-Royal und die aristokratischen Hôtels des Marais, aber auch die Markthallen, Lebensbereich des Handel treibenden Bürgertums, sowie der Pont-Neuf mit seinen Schaustellern und Gauklern. Dank bürgerlichem Ordnungssinn und unternehmerischem Wagemut floriert das Geschäft des Vaters, der 1631 das Amt eines ›tapissier et valet de chambre ordinaire du Roi‹ erwirbt. Nur ein tüchtiger Vertreter seiner Zunft kann zu diesem begehrten Amt aufsteigen, das seinen Träger in den näheren Umkreis des

Königs führt. Seine Aufgabe besteht darin, jährlich drei Monate lang mit zwei Dienern das Bett des Königs zu machen und sich um Pflege und Erhalt des königlichen Mobiliars zu kümmern. Erschöpft durch die rasch aufeinander folgenden Schwangerschaften stirbt Marie Cressé im Mai 1632. Auch Jean Poquelins zweite Frau, die er im April 1633 heiratet, stirbt nach wenigen Jahren (Nov. 1636); der Vater heiratet nicht noch einmal, so dass Jean-Baptiste ab seinem fünfzehnten Lebensjahr Halbwaise ist. Er dürfte vermutlich zunächst den Beruf des Vaters erlernt haben; jedenfalls erwirbt dieser im Dezember 1637 für seinen ältesten Sohn die ›survivance‹, d. h. die Vererbung des Amtes. Wollte Jean-Baptiste ernsthaft ›tapissier‹ werden, oder handelt es sich um eine Vorsichtsmaßnahme des Vaters, um zu verhindern, dass im Fall seines frühzeitigen Todes das Amt verloren geht? Wie in vielen anderen Fällen gibt es auch hier keine eindeutige Antwort.

Im Herzen von Paris also, wo sich, in unmittelbarer Nähe des Hofes, die Lebensbereiche von Adel, Handel und Handwerk treibendem Bürgertum und ›niederem‹ Volk oft berühren und überschneiden, verlebt Jean-Baptiste seine Kindheit und Jugend. Das häusliche Milieu vermittelt ihm einen ausgeprägten Sinn für Ordnung und Wohlstand. Das Inventar, das Jean Poquelin beim Tod seiner ersten Frau erstellen lässt, gewährt Einblick in die bürgerlich geordneten und durchaus vermögenden Verhältnisse, in denen Jean-Baptiste aufwächst (Jurgens/M.-M. *366*, 215; Duchêne, *350*, 29ff.). Hinzu kommt jedoch der Dekorcharakter des väterlichen Geschäftes; hier erlebt Jean-Baptiste, wie die verschiedenartige Anordnung der gleichen Gegenstände gänzlich verschiedene Wirkungen und neue Welten erzeugt, und zugleich bietet ihm die wechselnde Kundschaft ein reichhaltiges Beobachtungsfeld, das seinen Blick für absonderliche Verhaltensweisen, für Eitelkeit und Dummheit schärft. Von besonderer Wichtigkeit ist aber vermutlich der väterliche Kontakt zum Hof und das blendende Schauspiel, das sich auch dem jungen Jean-Baptiste dort bietet. Diese Erfahrung seiner kleinen Welt als eines faszinierenden Schauspiels ist eine wichtige Etappe des Weges, der später zum Theater führen wird. Andere Impulse kommen hinzu. Grimarest berichtet, die Theaterleidenschaft sei dem jungen Jean-Baptiste durch seinen Großvater mütterlicherseits, Louis Cressé, vermittelt worden, der ihn oft ins ›Hôtel de Bourgogne‹ geführt habe. Danach sei er nur unwillig, ›avec chagrin‹, im väterlichen Geschäft geblieben. Weiterhin stammt sein Vater, wiederum mütterlicherseits, von der bekannten Musikerfamilie Mazuel ab, deren Nachfahren als Violinisten noch 1670 an der Aufführung des *Bourgeois gentilhomme* und 1671 an der von *Psyché* beteiligt sein werden. »Molière a vécu son enfance dans un milieu où les arts du spectacle et particulièrement la musique occupaient une grande place« (Duchêne, *350*, 19). Andere Quellen, aus denen sich später Molières Kunst herleiten wird, sind die derbe Komik der Jahrmarktsgaukler des Pont-Neuf und der zahlreichen Straßentheater sowie insbesondere die italienischen Theatertruppen. Um sich einem französischen Publikum verständlich zu machen, suchen sie Wirkung und Erfolg in Mimik, Gestik und situationsbedingter Komik, und gerade diese Elemente werden ein wichtiger Bestandteil von Molières Theater sein.

Über die weitere Ausbildung des jungen Poquelin liegen widersprüchliche Informationen vor. Unklar ist, ob er seinem Vater die Erlaubnis zu literarischen und philosophischen Studien abringen musste oder ob der väterliche Ehrgeiz seinen Sohn zu Höherem bestimmte. Gesichert erscheint lediglich, dass Jean-Baptiste von 1631/32 bis 1639 das von den Jesuiten geleitete, hoch angesehene ›Collège de Clermont‹, das heutige ›Lycée Louis-le-Grand‹, besucht. Mit Sicherheit werden hier die ersten soliden Fundamente seiner immensen literarischen Bildung gelegt. Wahrscheinlich schließt er hier auch jene Freundschaften, die für die libertinistische Orientierung seines späteren Lebens bedeutsam sein werden. Am heftigsten umstritten ist in diesem Zusammenhang die Frage, ob der junge Jean-Baptiste ein direkter Schüler des Philosophen Gassendi war. Seit Grimarests *Vie de Molière* zieht sich diese These beharrlich durch alle Molièreliteratur. Erst Michaut hat sie mit plausiblen Argumenten erschüttert, und auch sein neuester Biograph Duchêne steht ihr skeptisch gegenüber. Doch erwirbt sich Molière in diesem Umkreis Freunde, die nachhaltig geprägt sind durch die auf Epikur und Lukrez zurückgehende atomistisch-hedonistische Philosophie Gassendis. So den Atheisten und Libertin Chapelle, den Arzt, Forschungsreisenden und Philosophen François Bernier, den Schriftsteller Cyrano de Bergerac. Welches auch die persönlichen Beziehungen zwischen Gassendi und dem jungen Poquelin gewesen sein mögen, so hat dieser sich doch von dessen Philosophie eine umfassende Vorstellung verschaffen können.

Der überzeugendste Beweis liegt in der verloren gegangenen Übersetzung von Lukrez' philosophischem Lehrgedicht *De rerum natura,* die Molière zu einem nicht genauer bekannten Zeitpunkt seines Lebens anfertigt. Natürlich ist sie nicht Folge eines philologisch-humanistischen Interesses, sondern Ausdruck einer grundsätzlichen Sympathie für die sicherlich kühnste philosophische Bewegung der Zeit, den ›libertinage érudit‹, und das heißt letzten Endes für einen atheistischen Materialismus, der, paradoxerweise, den Glauben an die Existenz von Göttern keineswegs ausschließt. Unsicherer noch als die Auskünfte über die Schulausbildung sind diejenigen über ein anschließendes Jurastudium in Orléans, wo er den Doktorgrad erworben haben soll. Möglicherweise hat Jean-Baptiste sogar kurzfristig den Advokatenberuf ausgeübt. Zahlreiche Passagen der Komödien setzen jedenfalls eine genaue Kenntnis juristischer Bestimmungen und Verfahren voraus.

Bibl.: *245*, 274-284; *331; 333; 342-344; 350*, 7-43; *351; 365-366; 371; 374; 376-377; 379; 383-385; 388.* – G. Bordonove, La vie de Molière. In: *282*, 7-41. *L. Chancerel*, Les années d'apprentissage ou De Paris à Paris (1622-1658). In: *291*, 29-62. *G. Couton*, in *OC* I, XIII-LIX. *E. Dubois*, L'éducation de Molière au collège de Clermont. In: *285* II, 21-33.

2.2 ›L'Illustre Théâtre‹

Eine entscheidende Wende nimmt das Leben des jungen Poquelin zu Beginn der 40er Jahre: 1643 erfolgt Jean-Baptistes endgültiger ›Bruch‹ mit der bürgerlichen Existenzform eines am Hof akkreditierten ›tapissier‹ und die folgenreiche Hinwendung zum Theater. Bei genauerer Betrachtung erscheint der Bruch jedoch weniger radikal, als häufig dargestellt.

Zwischen den Poquelins und der theaterbegeisterten Familie Béjart bestehen bereits seit mehreren Jahren geschäftliche Beziehungen. Aus Liebe zu deren ältester Tochter Madeleine (*1618), einer bekannten Schauspielerin, soll Jean-Baptiste sein Studium abgebrochen haben und ihr gefolgt sein. Gesichert ist, dass er Anfang 1643 eine Erbschaftsauszahlung von 630 Pfund erhält und (vermutlich) gleichzeitig zugunsten seines jüngeren Bruders auf die Amtsnachfolge verzichtet. Bei dessen Tode (1660) geht das Amt bezeichnenderweise wieder auf Molière zurück, der übrigens auch zwischenzeitlich nicht auf den nützlichen Titel eines ›valet de chambre ordinaire du Roi‹ verzichtet. Wenn der Vater im Augenblick die Entscheidung seines Sohnes auch nicht billigt, so widersetzt er sich ihr auch nicht. Eine der zahllosen Legenden will im Harpagon des *Avare* sein Porträt erkennen. Die insgesamt spärlichen Dokumente bezeugen jedoch zwischen Vater und Sohn eher ein auf Wohlwollen und gegenseitiger Achtung gründendes Verhältnis. Der erfolgreiche Kaufmann unterhält zu seinem ›abtrünnigen‹ Sohn regelmäßige Beziehungen und unterstützt ihn mehrfach, gelegentlich auch finanziell.

Aus der Begegnung mit den Béjarts geht noch 1643 das ›Illustre Théâtre‹ hervor. Die Gründungsakte wird am 30. Juni unterzeichnet.

Der Anwalt und Dramenautor André Mareschal bezeugt die Unterschrift des nach damaligem Recht noch minderjährigen Poquelin, der die gerade geerbten 630 Pfund als Startkapital einbringt. Er ist also in die Theaterlaufbahn nicht ›hineingeschlittert‹; schon sein erster Schritt ist überlegt und entschieden. Zur Truppe gehören insgesamt zehn junge Leute aus bürgerlichen Familien, die sich um Madeleine und Jean-Baptiste gruppieren. Einige haben bereits Theatererfahrung; alle werden von Theaterleidenschaft getragen. Der Zeitpunkt scheint einer solchen Gründung günstig zu sein. Durch Richelieus aktive Förderung hatte das Theater an literarischem, sozialem und politischem Prestige gewonnen; es sollte eine Schule der ›honnêteté‹ werden und der Ort der sinnfälligen Repräsentation einer staatlich sanktionierten Ideologie. Zu diesem Zweck hatte ein Erlass Ludwigs XIII. vom April 1641 die Darstellung von ›actions malhonnêtes‹ untersagt, sich zugleich aber eindeutig gegen eine soziale Diskriminierung der (zwar auch weiterhin exkommunizierten) Schauspieler ausgesprochen. Der ›Bruch‹ mit dem Elternhaus macht den jungen Poquelin also keineswegs zu einem gesellschaftlichen Außenseiter. Das gesteigerte soziale Ansehen der Schauspieler und die dem Theater neu zugewiesene gesellschaftliche Funktion verleihen dem Enthusiasmus Jean-Baptistes ebenso wie der Gründung des ›Illustre Théâtre‹ eine höhere gesellschaftliche Legitimation.

Dem ›Illustre Théâtre‹ ist eine nur etwa zweijährige Lebensdauer beschieden. Zwei Phasen gilt es zu unterscheiden: Sommer 1643 bis Sommer 1644 im Faubourg Saint-Germain (›Jeu de paume des Métayers‹; heute 10-12, rue Mazarine). Die Truppe, die zusätzlich vier Musiker engagiert hat, startet erfolgreich mit aufwendigen Aufführungen, hat sich finanziell aber übernommen. Im Dezember 1644 erfolgt dann ein teurer Umzug (höhere Miete, neue Installationen, kostspielige Kostüme, Engagement eines Tänzers) auf die Rive droite (›Jeu de paume de la Croix noire‹; heute 32, quai des Célestins). Hier erhofft man sich einen lebhafteren Zuspruch des aristokratischen Publikums des Marais, in Wahrheit aber herrscht wegen der unmittelbaren Nachbarschaft des ›Hôtel de Bourgogne‹ und des ›Théâtre du Marais‹, in dem Corneille seine großen Triumphe feiert, ein ungleich größerer Konkurrenzdruck. Die Zuschauer bleiben aus; dementsprechend wachsen die Schulden. Molière als der Hauptbürge (er allein in der Truppe besitzt einen ›bürgerlichen‹ Beruf) wird zeitweilig auf Betreiben von Gläubigern inhaftiert, doch bald wieder freigelassen. Spätestens im Sommer 1645 ist das Schicksal des ›Illustre Théâtre‹ besiegelt. Noch 1666 muss Molière letzte Schulden abtragen.

Das Repertoire des ›Illustre Théâtre‹ besteht hauptsächlich aus Tragödien zeitgenössischer Autoren: Du Ryer, Tristan L'Hermite, Mareschal u. a. Die Hauptrollen werden abwechselnd zwischen den Schauspielern verteilt; Madeleine Béjart kann die Rollen wählen, die ihr am meisten zusagen; es sind die der großen, tragischen Frauengestalten aus Mythos und Geschichte. Das ›Illustre Théâtre‹ ist publikumsorientiert und möchte in erster Linie die Bedürfnisse einer aristokratischen Klientel befriedigen, die sich in der Tragödie angemessener dargestellt findet als in der Komödie. Letzterer hatte Richelieus Theaterreform eine sozialpädagogische Funktion in Bezug auf das Bürgertum zugewiesen; nach dem Tod des Kardinals wendet sich jedoch das Blatt: Das ›Illustre Théâtre‹ entdeckt das Prestige fördernde adelige Publikum, dessen Erwartungen es durch die Bevorzugung der ›hohen‹ Tragödie und eine entsprechende Prachtentfaltung der Aufführungen entgegenkommt. Offensichtlich plante Molière schon zu diesem Zeitpunkt die später systematisch gepflegten, hoch angesehenen ›visites‹, d. h. Privataufführungen in den ›Hôtels‹ des Adels; ob es indes jetzt bereits dazu gekommen ist, entzieht sich der Beurteilung.

Ebenso wichtig wie die ersten künstlerischen Erfahrungen sind für Molière die geschäftlichen: Ausgleich von Einnahmen und Ausgaben, Geldbeschaffung, die zweifache Liquidation... Ab September 1644 wird das ›Illustre Théâtre‹ »entretenu par Son Altesse Royale«, d. h. durch Gaston von Orléans, den Bruder des 1643 verstorbenen Ludwig XIII. Der Förderung dieses kunstsinnigen Mäzens und ›grand amateur de théâtre‹ erfreuen sich zahlreiche Künstler, u. a. auch Tristan L'Hermite und Mareschal, Autoren also, deren Stücke zum Repertoire des ›Illustre Théâtre‹ gehören. »Gaston est le premier à découvrir Molière« (Dethan 29, 236); seine Protektion ist indes nicht primär materieller, sondern vorwiegend ideeller Art. Immerhin aber erfreut sich der junge Poquelin hier erstmals der Förderung eines dem engsten Umfeld des königlichen Hofes zuzurechnenden Mäzens: Zufall oder Ergebnis einer wohl überlegten Berufsentscheidung? Vermutlich eher letzteres. Dafür spricht, dass Poquelin am 28. Juni 1644 erstmals als Molière signiert (Duchêne 350, 69+139; Dulait 351, Abb. 6). Warum gerade jetzt und was bedeutet der Name? »Jamais il n'en a voulu dire la raison, même à ses meilleurs amis« (Grimarest 358, 40). Die Wahl des Künstlernamens ist das Bekenntnis zu einer Lebensform eines ›homme de théâtre‹, zu der es für Molière von jetzt an keinerlei Alternative geben wird.

Bibl.: 26, 275-310; 28; 74; 254, 141-204; 350, 44-91; 401. – C. E. J. Caldicott, Gaston d'Orléans, mécène et esprit curieux. In: 109, 37-48. Ders., 340, 25-41. S. Chevalley, Molière et ses mécènes. In: 109, 231-239. H. G.

Hall, Le répertoire de l'Illustre Théâtre des Béjart et de Molière. In: Australian Journal of French Studies 30, 1993, 276-291. *M. Jurgens,* L'aventure de l'Illustre Théâtre. In: *300,* 976-1006. *J. Mesnard,* Richelieu et le théâtre. In: *105,* 168-181.

2.3   Aufenthalt in der Provinz

Nach dem Scheitern des ›Illustre Théâtre‹ und der Entlassung aus dem Gefängnis kehrt Molière Paris den Rücken; es beginnt eine dreizehnjährige Wanderzeit durch die Provinz. Auch wenn viele Details unbekannt sind, ist es heute dank geduldiger Archivarbeit möglich, vier Phasen dieser ›Wanderjahre‹ zu unterscheiden. Vermutlich schließt sich Molière zusammen mit Madeleine Béjart zunächst der angesehenen Truppe des Charles Dufresne an, die unter der Schirmherrschaft des Herzogs von Epernon steht, dem mächtigen Gouverneur der Guyenne, der ehemaligen Provinz Aquitanien mit Bordeaux als Hauptstadt. Eine erste Phase erstreckt sich bis Sommer 1650 und führt die Truppe daher in den Westen und Südwesten Frankreichs: Rennes, Nantes, Poitiers, Bordeaux, Agen, Albi, Toulouse, Carcassonne sind die wichtigsten urkundlich belegten Etappen. Im Juli 1650 verliert die Truppe ihren Schirmherrn. In der sich hier anschließenden zweiten Phase (Herbst 1650 – Herbst 1653) durchstreift sie vor allem den Süden und Südosten des Landes: Narbonne, Agen, Toulouse, Pézenas, das Rhônetal bis nach Lyon und Grenoble. Bereits ab 1647 erfreut sich die Truppe der zusätzlichen Förderung durch den einflussreichen Herzog von Aubijoux, der ihr den Weg ins Languedoc eröffnet. Ihm ist es vermutlich auch zu verdanken, dass sie von 1650 bis 1656 regelmäßig zu den Generalständen des Languedoc eingeladen wird. Nach zahlreichen Reisen ist sie im Herbst 1653 wieder in Pézenas und gewinnt durch Aubijoux' Vermittlung die Gunst des Prinzen von Conti, dem nach dem König und nach Gaston von Orléans, dem Bruder Ludwigs XIII., dritten Mann im Staat. Sie darf sich nunmehr ›Troupe de Mgr. le prince de Conti‹ nennen. Hier beginnt die dritte Phase (bis Ende 1656). Der Ruf der Truppe hat sich gefestigt; sie gastiert u. a. in Montpellier, Marseille, Avignon, Dijon und Lyon, das sie eine Zeit lang als festen Standort wählt. Der Erfolg ist groß und die Einnahmen beträchtlich. Die vierte Phase reicht bis zur Rückkehr und endgültigen Niederlassung in Paris (1658). Eingeleitet wird sie durch den Tod Aubijoux' im November 1656, den wenig später erfolgenden Verlust von Subventionen und den Entzug der Schirmherrschaft des inzwischen zum Glauben bekehrten Conti, der nunmehr ein Feind des Theaters und Mitglied der ›Com-

pagnie du Saint Sacrement‹ sein wird (*OC* II 1292 ff.). Unter dem
Druck dieser Ereignisse entschließt sich Molière, sein Glück in der
Hauptstadt zu versuchen. Nach Aufenthalten in Lyon, Dijon und
Grenoble hält sich die Truppe im Mai 1658 in Rouen auf, der zweiten Stadt des Reiches. Dort bleibt sie bis Oktober. Unterdessen
schließt Madeleine in Paris einen Pachtvertrag mit dem in Schwierigkeiten befindlichen ›Théâtre du Marais‹, dessen Konkurrenz
1645 ein wichtiger Grund des Scheiterns des ›Illustre Théâtre‹ gewesen war. Sie wohnt übrigens während dieser Zeit im Haus von
Molières Vater. Alles ist also vorbereitet für die Rückkehr nach Paris. Die Fusion mit dem ›Théâtre du Marais‹ kommt jedoch nicht
zustande. Vielmehr erhält Molière die Zusage angesehener Persönlichkeiten, ihn am Hofe einzuführen. Im Oktober kommt die Truppe nach Paris; ›Monsieur‹, d. h. Philipp von Orléans, der Bruder
Ludwigs XIV. und Neffe des Gaston von Orléans, gewährt ihr Protektion und verspricht jedem Schauspieler eine ›pension‹ von 300
Pfund, die jedoch nie gezahlt wird. Geradezu ›nahtlos‹ geht Molière
von der Protektion Gastons von Orléans, des ›Vieux Monsieur‹, in
diejenige Philipps von Orléans, des ›Jeune Monsieur‹, über. Am 24.
Oktober tritt seine Truppe erstmals im Wachsaal des Louvre vor
dem König und dem versammelten Hof auf; gespielt wird mit mä-
ßigem Erfolg Corneilles *Nicomède,* eine ungeschickte Wahl, da das
Stück eine Episode der Fronde aufgreift; doch lässt Molière ein ›petit divertissement‹ folgen, vermutlich die in der Provinz erprobte
Farce *Le docteur amoureux,* die den Durchbruch bringt. Spontan gewährt ihm der König die Nutzung des innerhalb des Louvre gelege-
nen Theaters, des ›Petit Bourbon‹.

Nach dreizehn langen Jahren also endlich der Erfolg. Insofern ist
es, gerade in der Retrospektive, keine verlorene Zeit. Der künstlerische Ertrag dieser ›Wanderjahre‹ ist vielmehr dreifacher Art: Eine si-
chere Beherrschung aller materiellen und organisatorischen Probleme,
die sich einem Theaterdirektor, zu dem Molière im Lauf der Jahre
geworden war, stellen können; eine intime Kenntnis aller handwerk-
lichen Aspekte des Schauspieler- und Regisseurberufs; und schließlich
erste Erfahrungen bei der Abfassung und Aufführung eigener, aber
auch fremder Stücke und ihrer Resonanz beim Publikum. Denn die
Molière zugeschriebenen Farcen sind mit Sicherheit in der Provinz
entstanden, und auch die beiden ersten regelmäßigen fünfaktigen
Verskomödien *L'étourdi* und *Dépit amoureux* wurden nachweislich in
Lyon bzw. Béziers uraufgeführt. Gleichzeitig erprobt Molière neue
Kunstformen. 1653 führt er in Lyon Corneilles ›tragédie à machines‹
Andromède auf, und für 1654/55 ist die Aufführung eines Hofballetts

bezeugt, des *Ballet des incompatibles* (*OC* I 987ff.), das ihm mit einiger Sicherheit zugeschrieben wird. Beide Stücke vereinen in unterschiedlicher Weise Wort, Musik und Tanz zu einem ›barocken Gesamtkunstwerk‹ und illustrieren schon jetzt zum einen Molières Gefallen an dieser Kunstform, dann aber auch seine universelle Begabung als Regisseur sowie die Qualität seiner Truppe, die solch anspruchsvolle Stücke zu spielen in der Lage ist.

Zugleich zeigt das Repertoire der Truppe, soweit man es rekonstruieren kann, wie gezielt Molière die Erwartungen unterschiedlicher Publikumsschichten zu befriedigen sucht. Die wichtigste ist die seiner adeligen Protektoren: Epernon, Aubijoux, Conti, die sämtlich direkt oder indirekt von der Gunst Gastons von Orléans abhängen, der von 1644 bis zu seinem Tod 1660 Gouverneur des Languedoc ist. Aubijoux und Conti eröffnen Molière auch den Zugang zu den subventionsträchtigen Generalständen und laden ihn zu privaten Vorstellungen, den Prestige fördernden ›visites‹, in ihre Schlösser ein. So wurde das *Ballet des incompatibles* in Montpellier »devant Monseigneur le Prince et Madame, la Princesse de Conti« uraufgeführt. Die zweite Säule stellt das zahlende bürgerliche Publikum der Städte dar. In Lyon sind zwischen 1652 und 1657 oft mehrmonatige Aufenthalte dokumentiert; dieses anspruchsvolle städtische Publikum bedient Molière mit der ›hohen‹ fünfaktigen Verskomödie. Bleibt das ›Volk‹, das sich ebenso wie der Adel an der Farce ergötzt. Mit großer Geschicklichkeit passt sich Molière diesen unterschiedlichen Schichten und ihren Erwartungen an, findet ihren Beifall und zieht für sich und seine Truppe künstlerischen und materiellen Nutzen daraus. Die ›Wanderjahre‹ ermöglichen ihm die Begegnung mit allen gesellschaftlichen Schichten Frankreichs. Kein Autor der ›Klassik‹ hat eine vergleichbare, auf unmittelbarer Anschauung beruhende Kenntnis der Provinz; bei keinem wird sie eine solch wichtige Rolle spielen wie bei ihm. Der materielle Zugewinn ist kaum weniger bedeutend. Molière und seine Truppe haben es durchaus zu Wohlstand gebracht. Das bezeugt nicht nur das Gewicht des von Rouen nach Paris beförderten Gepäcks: rund 70 Doppelzentner, worin gewiss Requisiten und Kostüme enthalten sind. 1655 kann Madeleine Béjart 3.200 Pfund ausleihen und im gleichen Jahr für 10.000 Pfund eine Anlage zeichnen; Joseph Béjart soll bei seinem Tode (1659) ein vermögender Mann gewesen sein; und von Molière wird berichtet, er habe seine Gäste stets überaus großzügig bewirtet: All dies Details, die das Bild eines bohemehaften Schauspielerdaseins am Rande oder gar außerhalb der bürgerlichen Gesellschaft korrigieren.

Bibl.: *26*, 275-310; *254*, 141-204; *340*, 42-62; *350*, 92-165. – *C. Alberge,* Le
voyage de Molière en Languedoc, 1647-1657; Montpellier 1988. *C. E. J.
Caldicott,* Le gouvernement de Gaston d'Orléans en Languedoc (1644-1660)
et la carrière de Molière. In: XVIIe Siècle 116, 1977, 17-42. *Ders.,* Les séjours
de Molière en Languedoc. In: RHLF 878, 1987, 994-1014. *E. Maxfield-Miller,* Les voyages de Molière: quelques documents nouveaux. In: RHT 4,
1972, 359-362. *G. Mongrédien,* Points obscurs de la vie provinciale de Molière. In: RHT 1, 1974, 7-14.

2.4   Molière und Ludwig XIV.

Die Aufführung vom 24. Oktober 1658 stellt den Beginn der wech-
selvollen Beziehung Molières zu Ludwig XIV. dar, in der der Dichter
alle Höhen und Tiefen durchlebt, die sich aus dem Verhältnis eines
Hofdichters zu einem absoluten Monarchen ergeben können. Die
Peripetien dieser häufig als Freundschaft bezeichneten Beziehung sind
eng mit der Geschichte von Molières Theater verbunden und müssen
bei dessen Darstellung berücksichtigt werden. Hier sei lediglich auf
zwei Aspekte eingegangen. Der erste betrifft den ›Bruch‹ dieser
Freundschaft um etwa 1670; der zweite eine besondere Ausprägung
von Molières Theater, die Ballettkomödie.

Im Allgemeinen wird den Intrigen des Florentiners Jean-Baptiste
Lulli die Schuld am Gunstverfall Molières gegeben; er habe es verstanden, die Vorliebe des Königs für Musik und Tanz rücksichtslos zu
seinen persönlichen Zwecken auszunutzen. Doch ist dies eine zu vor-
dergründige Sicht. Zunächst ist festzustellen, dass Ludwig XIV. zweifellos unempfänglich für die außergewöhnlichen künstlerischen Qualitäten Molières gewesen ist; was er von ihm primär erwartete, war
Zerstreuung, ›divertissement‹, die Molière ihm unermüdlich in
immer neuen Formen verschaffte. Die zehnjährige Freundschaft zwischen Ludwig XIV. und Molière beruht indes wohl primär darauf,
dass hier zwei libertinistisch gesonnene Temperamente aufeinander
treffen. In seinen ersten Regierungsjahren ist der junge König lebens-
hungrig und hasst all jene, die ihm seine zahlreichen Liebschaften
vorwerfen. In seinen Ballettkomödien trägt Molière diesen Neigun-
gen in hohem Maße Rechnung. Doch auch *L'école des femmes* und *Le
Tartuffe* enthalten stark ausgeprägte libertinistische Züge. Das Jahrzehnt zwischen 1660 und 1670 ermöglicht eine geschichtlich einmalige Freundschaft zwischen dem mächtigsten Herrscher und dem begabtesten Komödianten der damaligen Welt und begünstigt die
Entfaltung eines stark libertinistisch geprägten Werkes. 1670 wird
Bossuet Prinzenerzieher; damit beginnt eine neue, zunehmend bigot-

ter werdende Phase, die später durch Mme de Maintenon geprägt werden und schließlich die Aufhebung des Ediktes von Nantes zur Folge haben wird.

Doch sind die Anziehungspunkte zwischen Molière und Ludwig XIV. zugleich allgemein politischer Art. Man darf annehmen, dass auch für Molière, ähnlich wie für La Fontaine, die Verhaftung Foucquets nach der kurz zuvor erfolgten glanzvollen Aufführung von *Les fâcheux* ein Ereignis von einschneidender Bedeutung gewesen ist. Die Entmachtung Foucquets und seine Ablösung durch Colbert sind Ausdruck einer Hinwendung Ludwigs XIV. zum Bürgertum, dessen ökonomische und politische Macht seine junge Monarchie sich nunmehr in erhöhtem Maße zunutze machen möchte. Dem hier sich anbahnenden Bündnis, das den Erwartungen des Bürgertums in hohem Maße entgegenkommt und sich zugleich gegen die Partikularinteressen der Feudalaristokratie richtet, ist eine etwa zehnjährige Dauer beschieden. Dem Geist der Stunde folgend, möchte auch Molière mit seinem Theater von Anbeginn dem Gemeinwesen nützlich sein, »ne pas être inutile à la France« *(Les fâcheux;* ›Au Roi‹). Daher feiert er als positiven Helden in seinem Theater den sich mit der neuen Ordnung und ihren Normen identifizierenden Bürger ebenso wie den tätigen, Handel treibenden Kaufmann; den meist älteren ›retrograden‹ Bürger dagegen gibt er in gleicher Weise der Lächerlichkeit preis wie den auf Prärogativen pochenden ›parasitären‹ Adeligen. Auf diese Weise ordnet er sich in eine Gesamtorientierung ein, die den gesellschaftspolitischen Horizont zwischen 1660 und 1670 bestimmt. Als jedoch nach dem Friedensschluss von Aachen (1668) die politische Entwicklung auf die kriegerische Auseinandersetzung mit Holland zuzutreiben beginnt und der König zur Durchsetzung seiner Kriegspolitik in immer höherem Maße auf den Adel angewiesen ist, gerät auch Molières Verhältnis zu Ludwig XIV. in eine Krise. Ohne Zweifel ist die Bevorzugung Lullis nicht durch einen plötzlichen Geschmackswandel des Königs allein zu erklären, sondern hat komplexere Gründe (cf. S. 148 ff.). Der erneute Machtzuwachs des Adels begünstigt zugleich die mit *Psyché* (1671) einsetzende Blüte der französischen Oper, einer Gattung, die die Traditionen von Molières Ballettkomödien unmittelbar fortsetzt und in der die Verherrlichung eines adeligen Wertekanons, d. h. eine höfische Liebeskonzeption und militärischer Ruhm dominieren. Molière wird in den wenigen ihm verbleibenden Lebensjahren keinen Anteil an dieser Entwicklung nehmen, obwohl er die entscheidenden Impulse dazu gibt.

Ludwig XIV. liebte das Theater und vor allem das Ballett. Er war selbst ein begeisterter Tänzer und trat in den ersten Regierungsjahren persönlich im Hofballet auf. Das ›ballet de cour‹ besitzt eine lange, während des gesamten Jh.s nachweisbare Tradition. Ab 1650 ist Isaac de Benserade mehr als dreißig Jahre der privilegierte ›Hoflieferant‹ dieser Gattung und steht in heftiger Konkurrenz zu Molière und umgekehrt. Entscheidend für die spätere Entwicklung einer Form des molièreschen Theaters ist die erfolgreiche Aufführung von *Les fâcheux* anlässlich der von Foucquet dem König gewidmeten Festlichkeiten in Vaux-le-Vicomte (cf. S. 69ff.). Der Erfolg des Stückes ist zugleich die Geburtsstunde der späteren Ballettkomödien, die gattungsgeschichtlich eine ›Erfindung‹ Molières sind; sie machen etwa ein Drittel seines Gesamtwerkes aus und integrieren das bis dahin autonome Hofballett. Molières Ballettkomödien sind Auftragsarbeiten des Königs; daher wurden sie lange als zweitrangig angesehen. Doch schafft Molière mit ihnen eine zukunftsträchtige Komödienform, die ihm die Erprobung verschiedener Kunstmittel (Wort, Musik, Tanz) und deren Vereinigung zu einem ›barocken Gesamtkunstwerk‹ ermöglicht. Der Adressat eines solchen Gesamtkunstwerks ist der Hof und seine Aufgabe in erster Linie die glanzvolle Selbstdarstellung der höfischen Lebensform zum Zwecke eines narzistischen ›divertissement‹. Die in *Les fâcheux* erstmals erprobte Form gipfelt freilich in *Le bourgeois gentilhomme* und *Le malade imaginaire,* jenen Meisterwerken der Gattung, die die Zielsetzung eines höfischen ›divertissement‹ weit hinter sich lassen (cf. S. 46 f.). Das Gefallen des Königs an dieser Kunstform verschafft Molière einen Freiraum, der es ihm erlaubt, jene zeitkritischen Meisterwerke wie *Le Tartuffe, Dom Juan* und *Le misanthrope* zu schreiben und sich Gunst und Unterstützung des Königs für ein Jahrzehnt zu bewahren. So sehr stimmen die ästhetischen und ideologischen Vorstellungen Molières mit denen Ludwigs XIV. und umgekehrt überein, dass der König 1665 inmitten der Auseinandersetzungen um den *Tartuffe* die Truppe der Protektion durch Philipp von Orléans entzieht, sie sich selbst unterstellt und ihr den Ehrentitel ›La Troupe du Roi au Palais-Royal‹ verleiht.

Bibl.: *62; 230-236; 340,* 63-120. – *J. Cairncross,* The Uses of History: Molière and Louis XIV Revisited. In: *325,* 25-31. *S. Chevalley,* Molière et ses mécènes. In: *109,* 231-239. *M.-H. Davies,* Molière divertisseur du Roi. In: PFSCL XVIII, 34, 1991, 65-83. *Dies.,* Molière, panégyriste du Roi. In: Romance Quaterly 39, 1992, 283-298. *G. Mongrédien,* Molière et Louis XIV. In: *282,* 99-133. *M. Vinaver,* Monsieur de Molière, de face et de profil. In: *P. Laforgue* (Hg.), Pratiques d'écrire. Mélanges de poétique et d'Histoire littéraire offerts à Jean Gaudon; Paris 1996, 283-294.

2.5   Molière und Armande Béjart

Ein weiterer sichtbarer Gunstbeweis des Königs war zuvor bereits die
Übernahme der Patenschaft anlässlich der Taufe von Molières erstem
Sohn (28. Februar 1664) gewesen, eine Geste, die vermutlich als Antwort auf heftige Beschuldigungen Molières zu werten ist. Bezüglich
der Frage seiner Eheschließung mit Armande Béjart (20. Februar
1662) ist selbst in neueren Darstellungen der Anteil des Legendären
oft größer als die Vermittlung gesicherter Fakten. Wer ist Armande?
Früh wird der Verdacht laut, Armande, deren genaues Geburtsdatum
nicht feststeht (Duchêne *350*, 738: 1641; Caldicott *340*, 30: 1642),
sei nicht die Schwester Madeleines (so die Eheschließungsurkunde),
sondern ihre Tochter, so dass Molière die Tochter seiner Geliebten
geheiratet hätte. Zu Molières Lebzeiten erheben seine Feinde den
Vorwurf des Inzests noch nicht; dies bleibt späteren Zeiten vorbehalten. Entsprechend dem heutigen Kenntnisstand scheint es jedoch gesichert, dass Armande die Schwester Madeleines war. Zu dieser Folgerung gelangt Couton in einem alle Dokumente sorgfältig
abwägenden Artikel (1964), in dem er die Genese der Legende (Molière heiratet die Tochter seiner Geliebten), ihre Vergröberung (Inzest-
vorwurf) und ihre Verbreitung und Anerkennung, aber auch ihre
schrittweise Widerlegung darstellt. Duchêne kommt zu dem gleichen
Ergebnis; für ihn ist die Ehe zwischen Molière und Armande eine
›mariage de raison‹; als einziger männlicher Nachfahre der Familie
Poquelin habe Molière »pour des considérations de famille et d'argent
[...] le devoir de se marier afin de contribuer à son tour à la survie de
la lignée«. Der Theaterdirektor Molière wird seiner etwa zwanzig Jahre jüngeren Ehefrau vorzugsweise die Rollen der ›jeune première‹
übertragen, also z. B. die der Célimène im *Misanthrope*. Hier erwirbt
sich Armande im Lauf der Jahre eine umfassende Theaterpraxis. Nach
Molières Tod wird sie sich als eine treue und kompetente Sachwalte-
rin des Werkes ihres Mannes erweisen.

Bibl.: *350*, 296-303. – *S. Chevalley,* Armande Béjart, comédienne. In: *300*,
1035-1051. *G. Couton,* L'état civil d'Armande Béjart, femme de Molière ou
Historie d'une légende. In: RSH 1964, 311-351. *J. Scherer,* Réflexions sur
Armande Béjart. In: RHLF 69, 1969, 393-403.

2.6   Molières Theatertruppe; ihre materielle Situation

Die Begeisterung des Königs anlässlich Molières ersten Auftritts am
Hof hatte zur Folge, dass ihm der ›Petit Bourbon‹ überlassen wurde,

den Molière von nun an mit den Italienern teilen wird. Der Saal, der sich etwa an der Stelle der heutigen Kolonnade befindet, ist ein prachtvoller hoher Raum von ca. 13 m Breite und 68 m Länge (cf. Chevalley *342*, 81; Duchêne *350*, 166-172). Ab November 1658 feiert Molière hier seine ersten Triumphe mit den schon in der Provinz erprobten Stücken *L'étourdi* und *Dépit amoureux*. Im November 1659 folgen *Les précieuses ridicules*, das erste Stück, das ein aktuelles Thema zum Gegenstand hat und ein durchschlagender Erfolg wird. Wenig später (Mai 1660) bestätigt der Erfolg des *Sganarelle ou Le cocu imaginaire* denjenigen der *Précieuses ridicules*. Zwar zeichnen sich erste Konflikte ab; doch fühlt sich Molière von einer breiten Zustimmung getragen. Einen ersten Hinweis auf künftige stürmische Auseinandersetzungen stellt der 11. Oktober 1660 dar: Ohne Vorankündigung ordnet der Bauminister Ratabon den Abriss des ›Petit Bourbon‹ an, der der Erweiterung des Louvre weichen muss. Selbst wenn entsprechende Pläne möglicherweise auf Mazarin zurückgehen, wird das Ereignis als gut vorbereiteter Coup von Molières Neidern und Feinden interpretiert, die sich seiner auf diese Weise hoffen entledigen zu können. Aufgrund der Fürsprache von ›Monsieur‹ überlässt der König Molière das zwanzig Jahre zuvor von Richelieu erbaute Theater im Palais-Royal, das zunächst mit hohen Kosten restauriert werden muss. Obwohl die Arbeiten schnell vorangehen, ist Molière für drei Monate ohne feste Bühne und regelmäßige Einnahmen. Es ist eine harte Probezeit, während der die Konkurrenzbühnen des ›Hôtel de Bourgogne‹ und des ›Théâtre du Marais‹ versuchen, ihm seine Schauspieler abzuwerben. Doch allen Versuchungen zum Trotz hält die Truppe Molière die Treue; eine fünfzehnjährige Lehrzeit hat sie zu einer fest gefügten Gemeinschaft werden lassen, die im Augenblick der Gefahr und in Erwartung größerer Erfolge solidarisch zusammenhält. Am 20.1.1661 eröffnet Molière mit *Dépit amoureux* das neue Theater des ›Palais-Royal‹, das von nun an bis zu seinem Tode seine bevorzugte Wirkungsstätte sein wird.

In den kommenden zwölf Jahren ist Molière der unersetzliche Stückeschreiber, Regisseur und Schauspieler seiner Truppe, unter dessen Leitung der ›Palais-Royal‹ zur führenden Pariser Bühne wird; das Theater steht und fällt mit seiner rastlosen schöpferischen Tätigkeit. Vergegenwärtigen wir uns, dass er in den fünfzehn Jahren seines Pariser Aufenthaltes 94 Stücke (einschließlich *L'étourdi* und *Dépit amoureux*) inszeniert, von denen 31 von ihm selbst geschrieben werden, d. h. durchschnittlich sechs Inszenierungen pro Jahr, von denen zwei jeweils eigene Produktionen darstellen (Duchêne *350*, 745-747; Caldicott *340*, 154-157)!

Der große Erfolg Molières beruht in erster Linie darauf, dass er sich den Erwartungen seines Publikums anpasst und es zum Lachen bringt. So durch die Wiederaufnahme der durch Richelieus Reformen in Misskredit geratenen ›volkstümlichen‹ Farce, die er, wie *Les fourberies de Scapin* zeigen, bis zu seinem Lebensende pflegen wird. Farcenelemente finden sich aber auch in seinen ›großen‹ Komödien, im *Tartuffe*, im *Misanthrope*, in *Les femmes savantes*. Ein weiterer wichtiger Erfolgsfaktor ist die Aktualität seiner Stoffe. Von *Les précieuses ridicules* über *Le misanthrope* und *Amphitryon* bis zu *Le malade imaginaire* sind alle Stücke unmittelbar in der zeitgenössischen Wirklichkeit verwurzelt. Dies gilt nicht nur für jene eigens für das Pariser Publikum geschriebenen Stücke, sondern trifft in gleichem Maße für die für höfische Festlichkeiten konzipierten Ballettkomödien zu, die häufig nach ihrer Aufführung am Hof, mitunter leicht abgeändert, auch im ›Palais-Royal‹ gespielt werden. So finden die zeitgenössischen Zuschauer sich selbst und ihre Probleme auf dem Theater wieder und können sich spontan damit identifizieren.

Der Erfolg beim Pariser Publikum schlägt sich im materiellen Wohlstand von Molières Truppe nieder (cf. La Grange *369*; *370*; Loiselet *372*, 124 ff.; Chevalley *342*, 389). Zu den direkten Einnahmen kommen die Vergünstigungen hinzu, die aus den ›visites‹ resultieren, d. h. den Besuchen am königlichen Hof sowie in den Schlössern bzw. Hôtels der königlichen Familie und des Hochadels: freie Unterkunft und Kost sowie regelmäßige substantielle finanzielle Zuwendungen (Duchêne *350*, 748-750; Caldicott *340*, 64-68, 81-84). Da alle Einnahmen nach Abzug der Kosten (Kostüme, Requisiten, Musiker, Portier, Souffleur u. a.) zu gleichen Teilen zwischen den Mitgliedern der Truppe verteilt werden, Molière aber als Schauspieler und Autor zuzüglich des Anteils für Armande über etwa dreimal so hohe Einkünfte verfügt wie seine Kameraden, ist er an seinem Lebensende ein wohlhabender Mann, der sich und insbesondere Armande mit allem erdenklichen Luxus umgeben kann (Jurgens/M.-M. *366*, 554-584; Loiselet *372*, 113ff.). Mit diesem materiellen Erfolg ist ein wichtiges Ziel Molières erreicht: die soziale Rehabilitierung des Schauspielers.

Die gesicherte materielle Basis ist zweifellos ein entscheidender Grund für den Zusammenhalt der molièreschen Truppe, die sich in den fünfzehn Jahren ihrer Pariser Tätigkeit nur geringfügig verändert und außer der von Racine abgeworbenen Mlle du Parc keinen nennenswerten Verlust zu beklagen hat. Die Kameradschaft, die sich während der Provinzjahre gebildet hatte, bewährt sich in allen Triumphen und Krisen der Pariser Zeit immer wieder neu. Förderlich für den Zusammenhalt ist auch die Tatsache, dass nach Molières Heirat mit Armande fünf Angehörige der Familie Béjart feste Mitglieder der zwischen zwölf und fünfzehn Personen umfassenden Truppe sind. Damit hat sie beinahe den Charakter eines Familienunternehmens (zur näheren Charakterisierung der Mitglieder cf. Bray *336*, 222-243; Thoorens *388*, 80-82; Chevalley *342*, 381). Wichtig ist aber insbesondere, dass sich Molière in der Konzeption seiner Stücke ganz offensichtlich an dem ihm zur Verfügung stehenden Kreis von Schauspielern orientiert. Molières Gefährten spielen also Rollen, die ihnen ›auf den Leib geschrieben‹ sind und mit denen sie sich in hohem Maß identifizieren können. Zweifellos liegt hier einer der Gründe für die Überlegenheit seiner Truppe über die konkurrierenden Theater und ein Schlüssel zu einem fünfzehnjährigen Erfolg.

Bibl.: *182; 366; 372; 401.*

2.7 Molières letzte Lebensjahre; sein Tod

Das Unglück bricht Anfang 1672 mit Macht über Molière herein. Am 17. Februar 1672 stirbt seine langjährige Geliebte, Freundin und Gefährtin Madeleine Béjart und am 9. Mai sein enger Freund, der libertinistische Philosoph La Mothe le Vayer, an den eines der wenigen kleineren Werke Molières gerichtet ist (*OC* I 1184). Etwa gleichzeitig sichert der König Lulli Privilegien zu, die Molière seiner künstlerischen Existenzgrundlage zu berauben drohen. Allen Widrigkeiten zum Trotz arbeitet er indes unermüdlich weiter. Sein letztes Stück jedoch, *Le malade imaginaire,* als Ballettkomödie für den Hof konzipiert, muss im ›Palais-Royal‹ uraufgeführt werden. Molière stirbt nach der vierten Aufführung am 17. Februar 1673, dem ersten Jahrestag von Madeleines Tod, vielleicht gerade rechtzeitig, um nicht endgültig in Ungnade zu fallen.

Sein Tod und seine Bestattung sind oft und widersprüchlich dargestellt, ja geradezu mythisiert worden. Bei Abwägung aller Dokumente ergibt sich für Duchêne etwa folgendes Bild: Bereits tagsüber fühlt sich Molière erschöpfter als gewöhnlich; doch weigert er sich, die Vorstellung ausfallen zu lassen; denn »il y a cinquante pauvres ouvriers qui n'ont que leur journée pour vivre; que feront-ils si l'on ne joue pas?« (Grimarest *358*, 120). Also beginnt die Vorstellung um vier Uhr. Nur mit Mühe kann Molière den krampfartigen Husten, von dem er befallen wird, überspielen. Nach der Vorstellung trägt man ihn in einer Sänfte nach Hause; er hustet, spuckt Blut und stirbt um zehn Uhr unter dem Beistand zweier Nonnen und eines Nachbarn. Armande, die Molières Lage offensichtlich falsch eingeschätzt hatte,

trifft erst nach seinem Tode ein. Todesursache ist eine unerwartet auf-
tretende, besonders heftige ›fluxion sur la poitrine‹, d. h. ein Bluter-
brechen im Gefolge einer chronischen Lungenentzündung, unter der
er schon seit Jahren gelitten hatte. Ein Zeitzeuge bescheinigt Molière
»une très bonne constitution«; sein Tod kommt daher für alle überraschend. »Il a été inopinément vaincu d'un mal qui l'attaquait de
temps à autre et dont on était habitué à le voir triompher« (Duchêne
350, 660).

Im Bewusstsein des sicheren Todes hatte Molière gegen neun Uhr
um die Spendung der Sterbesakramente gebeten; er möchte »mourir
en bon chrétien«. Zwei Priester lehnen ab; ein dritter trifft erst unmittelbar nach seinem Tode ein. Molière stirbt also ohne den Segen der
Kirche, und es ist folgerichtig, wenn der Gemeindepfarrer ein christliches Begräbnis zunächst ablehnt. Auf Gesuch Armandes beim Erzbischof erteilt letzterer die Erlaubnis zur Bestattung, doch unter dem
ausdrücklichen Vorbehalt einer Zeremonie »sans aucune pompe [...]
et hors des heures du jour«. Die Beisetzung erfolgt am 21. Februar bei
Dunkelheit auf dem zu Sainte-Eustache gehörenden Friedhof Saint-
Joseph, unter Anteilnahme einer großen Zahl von Freunden »à la
clarté de près de cent flambeaux«. Die über die Zeremonie vorliegenden Berichte sind widersprüchlich, und die Bestattungsurkunde ist
entgegen den Gepflogenheiten nicht unterzeichnet. Ungewiss bleibt
schließlich, ob Molières Leichnam nicht wenig später in den für un-
getaufte Kinder reservierten Teil des Friedhofs, also in ungeweihte
Erde ›umgebettet‹ wurde. Entsprechende Gerüchte kursieren
jedenfalls bald, und eine Fülle teils klagender, größerenteils jedoch
ironisch-hämischer Epitaphe und Kurzgedichte kommentiert seinen
Tod. Von Ludwig XIV. heißt es, »Sa Majesté« sei von der Nachricht
des Todes »touchée et daigna le témoigner«. Auf welche Weise er seine ›Betroffenheit‹ für einen Künstler bezeugt hat, der fünfzehn Jahre
lang zu seinem Vergnügen und Zeitvertreib (›divertissement‹) gewirkt
hat, ist allerdings nicht überliefert.

Holt die eigene Vergangenheit Molière im Tod wieder ein? Der
Tod auf den Tag genau ein Jahr nach dem seiner langjährigen Weg-
gefährtin Madeleine Béjart hat etwas anrührend Pathetisches. Sind
andererseits die Schikanen der Geistlichkeit eine nachträgliche Revan-
che für die in der ›Querelle du *Tartuffe*‹ erlittene Schlappe? Duchêne
spricht im Zusammenhang der Bestattung von einer ›solution de
compromis‹ (*350*, 667), die indes nur allzu deutlich zeigt, dass die
soziale Ächtung des Schauspielerstandes und die Diskreditierung des
Theaters, um deren beider Rehabilitierung Molière ein Leben lang
gekämpft hatte, keineswegs überwunden sind. Im Gegenteil werden

die Auseinandersetzungen um das Theater, je weiter das Jahrhundert fortschreitet, an Heftigkeit zunehmen.

Nach Molières Tod sieht sich seine Truppe einer prekären Situation ausgesetzt. Zwar finden bis zur Osterpause noch mehrere Aufführungen statt; doch werden danach namhafte Mitglieder vom ›Hôtel de Bourgogne‹ abgeworben, so dass die Truppe nicht mehr lebensfähig ist. Daraufhin verbinden sich im Sommer die verbleibenden Schauspieler unter Führung von Armande und La Grange mit denen des ›Théâtre du Marais‹ zu dem neuen ›Théâtre de l'Hôtel Guénégaud‹ (cf. S. 37 f.). Die von Madeleine Béjart und Molière gegründete Theatertruppe, die bei nur geringen personellen Veränderungen rund dreißig Jahre eine Einheit bewahrt hatte, bricht nach dem Tod ihrer beiden Gründer schnell auseinander. Dies zeigt insbesondere die Integrationskraft Molières, von dessen universaler Theaterbegabung als Schauspieler, Regisseur und Autor die Lebensfähigkeit seiner Truppe unmittelbar abhängt.

Bibl.: *350*, 657-673; *428*. – *J. Dubu,* La sépulture religieuse de Molière. In: *285* II, 89-93. *S. Chevalley,* Les dernières années. In: *293,*16-36.

2.8   La Grange; Grimarest

Wenn im ›Hôtel Guénégaud‹ hinsichtlich Spielverständnis und Programmgestaltung ein Wille zur Kontinuität vorherrscht, so ist dies das Verdienst von Armande und La Grange. Vor allem Charles Varlet, Sieur de La Grange (1639-1692), kommt als langjährigem Gefährten Molières (ab 1659) eine herausragende Rolle zu. Bereits in *L'impromptu de Versailles* (Sz. 1) hatte Molière ihn aus der Schar der Gefährten hervorgehoben: »Pour vous, je n'ai rien à vous dire«. Ab Mitte der sechziger Jahre hatte er ihm daher das bis dahin von ihm selbst ausgeübte Amt des ›orateur‹ übertragen, da La Grange ihm dafür besonders geeignet erschien. Der ›orateur‹ muss nicht nur das Publikum gegen Ruhestörer aufwiegeln und Krawalle schlichten; insbesondere obliegt es ihm, am Ende einer Vorstellung beredt für die nächste Aufführung Reklame zu machen. Dabei kommt es häufig zu einem Wortwechsel mit dem Publikum, was Redegewandtheit und Geistesgegenwart verlangt. Seine einmalige theatergeschichtliche Bedeutung erlangt La Grange jedoch durch seine *Extraits des receptes et des affaires de la Comédie depuis Pâques de l'année 1659 jusqu'au 1er septembre 1685,* kurz *Registre de La Grange* genannt. Es verzeichnet Tag für Tag die jeweils gespielten Stücke, gibt Hinweise zur Rollenverteilung, registriert Einnahmen und Ausgaben sowie Ereignisse von allgemeinem Interesse wie Gastspiele am Hof, Besuch von Mitgliedern des königlichen Hauses, Geldzuwendungen, Abwerbungen und Zugänge, doch ebenso persönliche Ereignisse wie Molières Hochzeit, die Übernahme von Patenschaften, Geburten, Krankheiten, Todesfälle und anderes mehr. La Granges *Registre* ist ein Dokument von unschätzbarem Wert für die Kenntnis Molières und seiner Truppe. Schließlich ist La Grange und einem langjährigen Freund Molières, Vivot, die erste Gesamtausgabe seiner Werke (1682) zu verdanken, die außer den bereits zu Molières Lebzeiten veröffentlichten Stücken all jene enthält, die aus unterschiedlichen Gründen bisher nicht publiziert worden waren. Die Bedeutung dieser Ausgabe besteht zum einen vor allem darin, dass sie vermutlich zahlreiche Stücke Molières vor dem endgültigen Verlust bewahrt hat; zum anderen ist sie aufführungsgeschichtlich bedeutsam, da all jene Verse bzw. Passagen, die schon zu Lebzeiten Molières bei Aufführungen ausgelassen wurden, besonders markiert werden. Und schließlich ist der Ausgabe eine von Vivot und Grimarest verfasste erste Molièrebiographie vorangestellt! (›Préface‹, jetzt auch in *OC* I 996-1002), die trotz ihrer Kürze ein wertvolles biographisches Dokument darstellt.

Ungleich wichtiger freilich für die Kenntnis von Molières Leben und Werk ist *La vie de M. de Molière* von J.-L. Grimarest (1705; *358*). Dieser für seine Zeit monumentalen Biographie haftete lange das Odium des Unkritischen und Episodischen an; erst die positivistische Forschung des 19. Jh.s hat allmählich würdigen können, dass Grimarest mit den in seiner Zeit verfügbaren Methoden und Kenntnissen im großen Ganzen verlässliche Arbeit geleistet hat. In der kritischen Ausgabe von Mongrédien, in der alle materiellen Fehler in Anmerkungen korrigiert werden, ist Grimarests *Vie de Molière* zusammen mit La Granges *Registre* die unersetzbare zeitgenössische Informationsquelle zur Kenntnis Molières.

Bibl.: *358; 369; 370.* – S. *Chevalley,* Les registres du théâtre à l'époque de Molière. In: *288*, 17-32. R. *Garapon,* Apologie pour La Grange et Vivot, ou Défense de l'édition des *Œuvres de Molière* de 1682. In: *321*, 163-170. *J. Mesnard,* Jean Vivot, ami, éditeur et biographe de Molière (1613-1690). In: *323*, 159-176. A. et 0. *Virmaux,* Pour un retour au registre de La Grange. In: *293*, 67-77.

2.9   Molières Persönlichkeit

Doch wer war dieser Molière als Mensch? Was bisher zur Kenntnis seines Lebens und Werkes zusammengetragen wurde, bezog sich in den meisten Fällen auf äußere Ereignisse; der Mensch blieb jenseits des Blickfeldes. Dies erklärt sich dadurch, dass außerhalb seines Werkes keinerlei persönliche Äußerung überliefert ist. Sämtliche privaten Unterlagen – Manuskripte, Briefe, Entwürfe, seine Bibliothek – sind nach seinem Tode entweder verloren gegangen oder wurden vernichtet. Um den Menschen Molière kennen zu lernen, sind wir also auf zeitgenössische Dokumente angewiesen, und hier handelt es sich mehrheitlich um satirisch-kritische Äußerungen, ja Pamphlete, deren Prototyp die fünfaktige Komödie *Elomire hypocondre* von Le Boulanger de Chalussay (1670; *OC* II 1231-1286) ist, ein trotz seiner offenkundig böswilligen Verzeichnung nützliches biographisches Dokument. Fest steht andererseits, dass Molière auf seine Mitarbeiter und Freunde den Eindruck einer vertrauenswürdigen Persönlichkeit gemacht hat: zielstrebig, auch eifersüchtig, aber aufrichtig, kameradschaftlich, verlässlich und hilfsbereit. So schreibt La Grange zu dem schwierigen Zeitpunkt, da die Truppe durch den Abriss des ›Petit Bourbon‹ mit der Gefahr der Abwerbung kämpfen muss:

Tous les acteurs aimaient le sieur de Molière, leur chef, qui joignait à un mérite et [à] une capacité extraordinaire une honnêteté et une manière engageante qui les obligea tous à lui promettre qu'ils voulaient courre sa fortune et qu'ils ne le quitteraient jamais, quelque proposition qu'on leur fît et quelque avantage qu'ils pussent trouver ailleurs. (Mongrédien *377* I 135)

Die Verfasser der ›Préface‹ von 1682 bezeichnen ihn zwar Fremden gegenüber als »rêveur et mélancolique«, ansonsten aber als »ayant l'âme belle, libérale [...] possédant et exerçant toutes les qualités d'un parfaitement honnête homme« (*OC* I 999); auch Grimarest entwirft aus größerer Distanz ein ähnliches Bild. Angesichts der relativen Kargheit dieser Aussagen sieht eine Strömung innerhalb der neueren Molièreforschung ihre wichtigste Aufgabe in dem Entwurf eines Bildes des Menschen Molière.

Bibl.: cf. oben S. 9; ferner *338*; *376*; *378*. – M. *Vinaver*, Monsieur de Molière, de face et de profil. In: *P. Laforgue* (Hg.), Pratiques d'écriture. Mélanges de littérature et d'histoire littéraire offerts à Jean Gaudon; Paris 1996, 283-294.

3. Molière als ›homme de théâtre‹, der institutionelle Rahmen und die literarische Tradition des Theaters

3.1 Molière als Schauspieler und Regisseur

Der Philologe ist allzu gern und zu Unrecht geneigt, über dem Schriftsteller und Menschen Molière den Schauspieler und Regisseur zu vergessen, obwohl Spiel und Inszenierung in dessen Leben sicherlich ebenso viel Raum eingenommen haben wie das Schreiben von Stücken. Wenn sich auch Molière als Mensch unserer unmittelbaren Kenntnis entzieht, sind wir doch über seine Eigenheiten und Fähigkeiten als Schauspieler und Regisseur gut informiert. Nun hängen das Spiel eines jeden Schauspielers, seine Mimik und Gestik, ja sein Sprechduktus in hohem Maße von den jeweiligen physiologischen Voraussetzungen ab. Wie sind diese im Fall Molières beschaffen? Was wissen wir über seine äußere Erscheinung?

Selbst wenn wir den zahlreichen, vermutlich idealisierenden Porträts (Chevalley *342; 343*) nur beschränkten dokumentarischen Wert beimessen, lassen sich aus ihnen und anderen Zeugnissen doch folgende Merkmale ablesen: Molière war klein und untersetzt; dünne Beine trugen einen gedrungenen Oberkörper und ein zu kurzer Hals einen großen Kopf, der tief in den Schultern zu stecken schien. Das runde Gesicht selbst war ohne Harmonie: hervorspringende Backenknochen; kleine, weit auseinander liegende Augen; eine breite Nase mit stark betonten Nasenflügeln; ein großer Mund mit dicken Lippen; ein stark hervortretendes Kinn; dunkle Hautfarbe und Augen; schwarze, buschige Augenbrauen und Schnurrbart. Der Blick, auch sein Lächeln, in den meisten Fällen melancholisch, ja ernst. Adam gelangt zu dem Schluss »que Molière n'était pas beau, et qu'il faut même parler de laideur« (*331*, 244). Hinzu kommt eine dumpfe Stimme, durchsetzt mit schrillen, außergewöhnlichen Tönen, und insbesondere ein krankhaftes Schlucken (›hoquet éternel‹; ›tic de gorge‹), das mitunter am Ende eines jeden Verses hervorbrach und vermutlich fortwährend für unfreiwilliges Gelächter sorgte.

Ein Schauspieler mit solcher Konstitution taugt kaum für die Rolle eines tragischen Helden, und auch getragene Rollen der Komödie dürften bei ihm unfreiwillig komisch ausfallen. Eher wird man im Fall Molières von einer geradezu physiologischen Prädestination für derb-komische Rollen sprechen müssen. Es verwundert daher nicht, dass er mit Vorliebe die lächerlichen Gestalten seiner Komödien spielt. Mit Sicherheit beruht sein Erfolg beim zeitgenössischen Publikum zu einem großen Teil auf seinen komödiantischen Fähigkeiten. Viel hat Molière in dieser Hinsicht von den Italienern gelernt. Vermutlich konnte er schon in der Provinz italienische Wanderbühnen beobachten; in seinen Pariser Anfängen muss er sodann den ›Petit Bourbon‹ mit der Truppe des Tiberio Fiorelli, genannt Scaramouche, teilen, der als der bedeutendste Mime der Zeit gilt: ›le prince des comédiens et le comédien des princes‹. Einer der hartnäckigsten Vorwürfe gegenüber Molière besagt, seine Spielweise sei lediglich ein Plagiat derjenigen des Scaramouche, und seine Feinde sehen in ihm meist nur einen ›grimacier‹ und ›bouffon‹ und allenfalls den ›premier farceur de la France‹. Doch ist Molière alles andere als nur Plagiator des Scaramouche; vielmehr reiht er sich in die große Tradition der französischen Farcenspieler ein und dürfte daher den oben zitierten Vorwurf eher als Ehrentitel verstanden haben. Alle ihm von der Natur mitgegebenen Schwächen setzt er, offensichtlich bewusst, als Mittel der Komik ein, um sie auf diese Weise ästhetisch zu neutralisieren.

Molières Verwandlungsfähigkeit muss unerschöpflich gewesen sein. In *Elomire hypocondre*, einer gegen ihn und seine Truppe gerichteten Verskomödie (*OC* II 1231 ff.), findet sich ein möglicherweise satirisch verzerrtes Bild, das ihn als Sganarelle der gleichnamigen Farce zeigt, wie er das Gesicht in tausend Falten legt, bleich wird und das Porträt eines eifersüchtigen Ehemannes abgibt; wie er gemessenen Schrittes einher kommt und das sucht, was er zu finden fürchtet, und schließlich wutschnaubend inne hält wie einer, der seine Frau *in flagranti* überrascht. Ähnliche Darstellungen sind kein Einzelfall (cf. *OC* I 1114 ff.). Zu solch ausdrucksstarker Mimik und Gestik kommt die Wandelbarkeit der Stimme, sei es durch Imitation fremder Stimmen, durch Verstellungen oder Gesangseinlagen; weiter Tanz und Akrobatik, die gleichzeitige Darstellung mehrerer Rollen, Verkleidungen, ja auch die Vermummung als Frau, die Karikatur von Schauspielern der Konkurrenzbühnen und anderes mehr. Den Höhepunkt solcher Verwandlungskomik bildet die Sackszene der *Fourberies de Scapin* (cf. S. *149*; Heiss *361*, 29).

Molière hat alle von ihm gespielten Rollen durch die Sprache seines Körpers geprägt, nicht nur die traditionellen Farcentypen Gorgibus, Mascarille, Sganarelle und Scapin, sondern ebenso Arnolphe, Alceste, Sosie, Dandin, Harpagon, Jourdain und Argan. Doch der Körper ist den zerstörerischen Wirkungen der Zeit unterworfen. Hinweise auf Molières Krankheiten durchziehen seine Biographie ab Anfang 1666 und prägen sein Spiel. Spätestens ab 1668 erscheint mit Harpagon ein neuer Typ: der von einer Lungenerkrankung gezeichnete, vom Husten geschüttelte, ausgemergelte Alte: auch dies körperliche Gebrechen, die Molière bis zum *Malade imaginaire* ästhetisch nutzbar zu machen versteht.

Wie sehr Molière zeitlebens seinen ganzen Körper in den Dienst der Komik gestellt hat, in wie hohem Maße sein Erfolg als Schauspieler, vermutlich wenigstens zu gleichen Teilen, auf der Sprache des Körpers *und* auf dem gesprochenen Wort beruhte, schildert Donneau de Visé in seiner *Oraison funèbre de Molière*:

Il était tout comédien depuis les pieds jusques à la tête; il semblait qu'il eût plusieurs voix; tout parlait en lui, et d'un pas, d'un sourire, d'un clin d'œil et d'un remuement de tête il faisait plus concevoir de choses que le plus grand parleur n'aurait pu dire en une heure (*490*, XXI 35/36).

Zeitgenössischen Dokumenten lässt sich weiter entnehmen, dass Molières Spiel alle Zufälligkeit fremd war. Im Gegenteil ist jede Geste, jeder Schritt sorgfältig einstudiert, und dies entspricht voll und ganz Molières bürgerlichem Arbeitsethos. Denn er arbeitet viel und langsam. Eilig entworfen und niedergeschrieben sind allerdings mehrere im Auftrag des Königs entstandene Ballettkomödien. Wenn Molière hier mitunter mit seiner schnellen Arbeitsweise kokettiert, hat er doch gewiss alle nur irgend mögliche Sorgfalt auf die Abfassung und Inszenierung dieser Stücke verwendet. In dem seinem Malerfreund Mignard gewidmeten, poetologisch wichtigen Versepos *La gloire du Val-de-Grâce (OC* II 1186-95) stellt Molière die langsame, immer wieder Korrekturen gestattende Ölmalerei der Freskenmalerei gegenüber, die die schnelle Anwendung einer sicher beherrschten Technik verlangt. Er selbst beherrscht beide Verfahren. Seiner eigenen Natur hält er jedoch die stetige Arbeit, die das Talent ausmache und allein dauerhaften Erfolg verspreche, für angemessener. Auch sein Inszenierungsstil zeichnet sich durch sorgfältige Arbeit aus, was für die Zeitgenossen eine auffällige Neuheit darstellt. So schreibt Donneau de Visé im Zusammenhang der *Ecole des femmes*: »Jamais comédie ne fut si bien représentée, ni avec tant d'art; chaque acteur sait combien il y doit faire de pas, et toutes ses œillades sont comptées« (*OC* I 1021; cf. auch ›Préface‹ (1682) ibid. 1001). Wie anspruchsvoll Molière in Inszenierungsfragen ist, veranschaulicht schließlich am sinnfälligsten *L'impromptu de Versailles,* in dem er sich selbst als Regisseur inmitten seiner Truppe darstellt.

Die Aufführung des *Impromptu* im Oktober 1663 ist zweifellos einer der Höhepunkte in Molières bisheriger Karriere, vergleichbar allein seinem ersten Auftritt vor dem König fünf Jahre zuvor im Louvre. Über seine schauspielerische Begabung hinaus liegt ein wesentli-

ches Element von Molières Erfolg mit Sicherheit darin begründet,
dass er sich in einem fünfzehnjährigen Umgang mit Vertretern des
Hochadels (Gaston von Orléans, Epernon, Aubijoux, Conti) die
Umgangsformen eines vollkommenen ›courtisan‹ zu eigen gemacht
hat und mit seinen Gönnern ›von gleich zu gleich‹ verkehrt. Grimarest hat ihm die Eigenschaften eines ›parfaitement honnête homme‹
zuerkannt (cf. oben S. 30). Die überraschend ausführliche Beschrei-
bung, die Vivot/La Grange von der Aufführung im Louvre geben
(*OC* I, 997 f.), bestätigt diesen Eindruck. Für das höfische Publikum
ist daher der ›parfaitement honnête homme‹ Molière als Schauspieler
in sozialer Perspektive eine Identifikationsfigur; seine Kriterien des
Lächerlichen sind mit denen des Publikums identisch, so dass es sich
auch über die von ihm dem Gelächter preisgegebenen Figuren
rückhaltlos ergötzen kann.

Bibl.: 336; 337; 361, 21-33; *376*, 156-290; *380*. – *Cl. Abraham,* Comedy
and linguistic iconoclasm in Molière. In: PFSCL X, 19, 1983, 767-786. *A.
Albert-Galtier,* Deux yeux, une main: Molière critique d'art dans *La gloire du
Val-de-Grâce.* In: *B. Yon* (Hg.), Prémices et floraison de l'Âge classique; Saint-
Etienne 1995, 347-361. *G. Conesa,* Molière et l'héritage du jeu comique ita-
lien. In: *323*, 177-188. *H. G. Hall,* Ce que Molière doit à Scaramouche. In:
360, 36-55. *Ders.,* Wordplay. In: *360*, 77-100. *Ch. Mazouer,* Molière et la
voix de l'acteur. In: Litt. classiques 12, 1990, 261-274. *A. Simon,* Les rites
élémentaires de la comédie moliéresque. In: Cahiers de la Compagnie M.
Renaud/J.-L. Barrault 4, 15, 1956, 14-28.

3.2   Situation der Schauspieler und Theater

Obwohl Autor, Regisseur und Hauptdarsteller, spielt Molière innerhalb seiner Truppe nur die Rolle eines *primus inter pares.* Die Theatertruppen der Zeit, vor allem diejenige Molières, sind ›demokratisch‹
organisiert. Ein verlässliches Bild solcher Organisationsform bietet
der Gründungsvertrag des ›Illustre Théâtre‹ (Jurgens/M.-M. *366*,
224-226), der sich seinerseits eng an entsprechende Verträge anderer
Truppen anlehnen dürfte. Seine wichtigsten Bestimmungen sind folgende: 1.) Ein Schauspieler kann nur nach viermonatiger Vorankündigung die Truppe verlassen oder entlassen werden, eine Maßnahme,
die für den Zusammenhalt der Truppe von großer Bedeutung ist. 2.)
Die Zuweisung der Rollen erfolgt nach allgemeiner Aussprache und
Abstimmung; kein Schauspieler hat das Recht, die ihm zugewiesene
Rolle abzulehnen; allein Madeleine Béjart hat Anrecht auf freie Wahl
der ihr zusagenden Rolle. 3.) Entscheidungen werden mit einfacher

Stimmenmehrheit getroffen und sind verbindlich. 4.) Wer die Truppe verlässt, wird für den ihm zustehenden Anteil an Requisiten und Kostümen, die gemeinsames Eigentum sind, entschädigt; bei unrechtmäßigem Verlassen erfolgt keine Entschädigung. Die Einnahmen und Ausgaben der Truppe werden zu gleichen Teilen zwischen ihren Mitgliedern aufgeteilt (cf. S. 25). Besonders aufschlussreich ist schließlich, dass Molière den Mitgliedern bei endgültigem Ausscheiden aus dem Theaterleben nach dem Vorbild des ›Hôtel de Bourgogne‹ eine Alterspension in Höhe von 1.000 Pfund gewährt.

Die Schauspieler zur Zeit Molières erfreuen sich also durchaus einer materiell gesicherten Existenz. Im Übrigen befleißigen sie sich einer ›ordentlichen‹, bürgerlichen Lebensführung: In der Regel sind sie verheiratet, lassen ihre Kinder taufen, bemühen sich, wie Molière, um zusätzliche Absicherung durch eine bürgerliche Berufstätigkeit, werden Paten und Trauzeugen und sind auf dem Totenbett um den Erhalt christlicher Sterbesakramente bemüht: mit Erfolg, wie Madeleine Béjart; vergeblich, wie Molière. In ihrer sozialen Stellung unterscheiden sie sich also deutlich von dem bohemehaften Bild der Theatertruppe, das Scarron in seinem *Roman comique* (1651-57) entworfen hatte und wie es der erfolgreiche – und schöne – Molièrefilm von Ariane Mnouchkine vermittelt. Wesentlichen Anteil an der spürbaren sozialen Rehabilitierung hatten Richelieus Theaterreformen und der daraus resultierende Erlass Ludwigs XIII. von 1641 (cf. S. 15).

Doch die Vorstellung einer totalen Integration der Schauspieler in das gesellschaftliche Leben wäre falsch. Die Kirche bleibt auch weiterhin ein erbitterter Gegner des Theaters und wird nicht müde, es während des ganzen Jahrhunderts als Teufelswerk zu verdammen und Schauspieler, aber auch Zuschauer zu exkommunizieren bzw. mit Exkommunikation zu bedrohen. Einen ersten Höhepunkt erreichen die Auseinandersetzungen in den 60er Jahren. In enger zeitlicher Folge erscheinen in französischer Übersetzung der *Traité contre les danses et les comédies* des Heiligen Borromäus (Toulouse 1662, Paris 1664), der *Traité de la comédie [...] selon la tradition de l'église* (1666) des Prinzen von Conti, die *Dissertation sur la condamnation des théâtres* (1666) des Abbé d'Aubignac und die Streitschriften des Jansenisten Nicole, die *Visionnaires* (1667), in denen er den Bühnenautor einen ›empoisonneur public‹ nennt. Der gleichzeitige Streit um den *Tartuffe* ist für derartige Auseinandersetzungen symptomatisch und die triumphale Aufführung des Stückes im Frühjahr 1669 ein letzter Sieg libertinistisch-liberaler Gesinnung. In allen Peripetien dieser heftig geführten ›querelle du théâtre‹ ist Molière vor Racine die bevorzugte

Zielscheibe. Auch der Streit um die politische und moralische Bewertung des Theaters nimmt an Schärfe zu und erreicht in der *Lettre d'un théologien illustre […] pour savoir si la comédie peut être permise ou doit être défendue* des obskuren Père François Caffaro (als apologetische Einleitung zu einer Ausgabe von Boursaults Theater; 1694) und der wütenden Antwort Bossuets in den *Maximes et réflexions sur la comédie* (ebenfalls 1694) einen traurigen Höhepunkt. Die institutionellen Veränderungen, die nach Molières Tod stattfinden, sind sichtbares Zeichen dafür, dass der Lebensraum des Theaters zunehmend eingeschränkt wird, und zwar umso bedrohlicher, je weiter das Jahrhundert fortschreitet.

Das Theater als Institution erlebt zur Zeit Molières eine zuvor nicht gekannte Blüte. Drei einheimische Bühnen streiten in Paris um die Gunst des Publikums; hinzu kommen die Italiener um Tiberio Fiorelli. Die italienischen Truppen waren im Gefolge der beiden florentinischen Königinnen Katharina und Maria von Medici nach Frankreich gekommen. Ihr Einfluss auf das französische Theater, speziell auf Molière, ist immens. 1697 müssen sie, weil missliebig geworden, Frankreich verlassen und kehren erst nach dem Tod Ludwigs XIV. wieder zurück. Aufgrund ihrer Spielweise wenden sie sich in erster Linie an ein eher volkstümliches Publikum. Nicht so die einheimischen Bühnen. Unter ihnen hat das ›Hôtel de Bourgogne‹ die längste Tradition. Sein Name leitet sich von dem Stadtpalais, ›Hôtel‹, der Herzöge von Burgund ab, in dem es untergebracht war (heute etwa 29, rue Etienne Marcel). Seine Geschichte lässt sich bis in das beginnende 15. Jh. zurückverfolgen. Der Aufstieg zur angesehensten Bühne des 17. Jh.s beginnt 1629 mit der möglicherweise von Richelieu veranlassten Zuweisung des ›Hôtel de Bourgogne‹ als festem Standort. Von diesem Zeitpunkt an dürfen sich die Schauspieler auch ›comédiens du Roi‹ nennen; sie bilden die ›troupe royale‹, die vom König protegiert und subventioniert wird. Ihr herausragender Leiter ist ab 1650 Floridor (*um 1608), übrigens adeliger Abstammung. Die ›grands comédiens‹, wie sie sich mit Vorliebe nennen, gelten als Spezialisten der Tragödie; ihre Truppe ist das erste Pariser Theater. Molière hat die Emphase ihres Spiels und ihrer Diktion in *L'impromptu de Versailles* scharf karikiert. Ebenfalls ab 1629 beginnt eine andere Truppe regelmäßig in Paris zu spielen, die von Mondory (* 1594) geleitet wird. Sie hatte lange Jahre die Provinz durchstreift und in Rouen mit Corneilles *Mélite* große Erfolge errungen. 1634 weist Richelieu ihr ein festes Theater zu, den ›jeu de paume du Marais‹ (heute 90, rue Vieille-du-Temple). Hier, im ›Théâtre du Marais‹, feiern die Brüder Corneille ihre größten Triumphe. ›La troupe royale du Théâtre du Marais‹, die vom König mit der Hälfte der Summe subventioniert wird, die das ›Hôtel de Bourgogne‹ erhält, ist über die Tragödie hinaus auf sog. Maschinenstücke spezialisiert. Zur Zeit Molières zehrt sie vor allem von dem Ruhm, den sie sich mit der Uraufführung des *Cid* errungen hatte; die ›petits comédiens‹, wie sie im Gegensatz zu den ›grands comédiens‹ des ›Hôtel de Bourgogne‹ genannt werden, haben den Höhepunkt ihrer Karriere längst hinter sich. Nach langer Agonie muss das Theater 1673 die Pforten schließen. Die verbleibenden Schauspieler verbinden sich mit dem Restbestand von Molières Truppe zum ›Hôtel Guénégaud‹ und installieren sich in einem der Rue Guénégaud gegenüberliegenden ›jeu de paume‹, da Lulli auf Anordnung des Königs den ›Palais-Royal‹ als Musiktheater übernimmt. Die neu gebildete Truppe darf sich ›La troupe du Roi‹ nennen; doch hat sich der Name ›Troupe Guénégaud‹ durchgesetzt. Sie führt die Tradition der molièreschen Komödie fort, während das ›Hôtel de Bourgogne‹ in erster Linie die racinesche Tragödie pflegt. Auf königlichen Erlass erfolgt 1680 sodann der Zusammenschluss dieser beiden noch verbleibenden Bühnen zur ›Comédie-Française‹, die weiterhin im ›Théâtre Guénégaud‹ spielt, während den Italienern das ›Hôtel de Bourgogne‹ zugewiesen wird.

Dieser Zusammenschluss, der, wie sich aus heutiger Perspektive zeigt, der Gründungsakt einer geschichtsträchtigen Theaterinstitution ist, entspringt in Wahrheit einem Willen zur Konzentration und Kontrolle des geistigen Lebens, der in der Spätzeit Ludwigs XIV. immer unverhüllter zutage tritt, wie auch die Ausweisung der Italiener zeigt. Das Theater, neben der Architektur die öffentlichste kulturelle Manifestation, sollte nur noch jene Lebensformen repräsentieren, die dem zunehmend bigotter werdenden Regime genehm waren. Die hier in groben Umrissen skizzierte Entwicklung der Theaterinstitutionen im 17. Jh. zeigt den politischen Charakter ihrer so gern als autonom dargestellten Geschichte. Vom optimistischen Glauben Richelieus in der Aufbauphase der Absoluten Monarchie, das Theater politischen Zielsetzungen dienstbar zu machen, bis zu der Einsicht in dessen potentielle und tatsächliche Gefährlichkeit – eine Einsicht, die schließlich zu entsprechend rigoroser Beschneidung führt – spannt sich ein großer Bogen, auf dessen Zenit das kritische Theater Molières angesiedelt ist.

Für den hier interessierenden Zeitraum 1658-1673 liegt die Gestaltung der Spielpläne ganz in der Verantwortung der einzelnen Truppen. Von Seiten der Behörden werden keinerlei Vorgaben gemacht, noch wird irgendeine Kontrolle ausgeübt. Das Verbot des *Tartuffe,* das sich aus dem Charakter des Stückes und der personalen

Konstellation des Hofes erklärt, ist die Ausnahme, die die Regel bestätigt. Im Fall Molières wird allerdings die Freiheit der Spielplange-
staltung durch die z.T. auch inhaltlich begrenzten Wünsche des Königs hinsichtlich einiger Ballettkomödien eingeschränkt. Die
Uraufführung eines Stückes ist ein für jede Truppe bedeutsames Ereignis; fünf oder sechs Neuinszenierungen einschließlich Uraufführungen jährlich stellen einen guten Durchschnitt dar. Für Molière liegen die Zahlen zu Beginn seiner Pariser Tätigkeit höher und nehmen
gegen Ende seines Lebens deutlich ab. Wird ein Stück zehn bis fünfzehn Mal nacheinander aufgeführt, bedeutet dies einen beachtlichen
Erfolg; mehr als fünfundzwanzig Aufführungen desselben Stückes in
einer Saison (sie dauert etwa von Mitte/Ende April bis Ostern des folgenden Jahres) sind bereits ein Triumph. Gespielt wird gewöhnlich
nur an drei Tagen der Woche: am Sonntag, Dienstag und Freitag.
Weil Molière bis Mitte 1659 genötigt ist, den ›Petit Bourbon‹ mit den
Italienern zu teilen, muss er sich mit den ›unregelmäßigen‹ Tagen zufrieden geben. Das jeweilige Programm wird durch Anschläge öffentlich bekannt gemacht; darüber hinaus kündigt der ›orateur‹ am Ende
einer Aufführung die nächstfolgende Veranstaltung an. Laut Programm beginnen die Aufführungen um zwei oder drei Uhr nachmit-
tags; doch sind Verspätungen an der Tagesordnung, so dass sie meist
erst gegen 19 Uhr enden.

Bühne und Zuschauerraum des ›Petit Bourbon‹ und des ›Palais-
Royal‹, der für Molière neu hergerichtet wurde, sind großzügig und
reichhaltig ausgestattet. Demgegenüber müssen sich die ›grands comédiens‹ und das ›Théâtre du Marais‹ mit alten, unzureichend reno-
vierten Räumlichkeiten begnügen. Vor allem die zu Theatern umge-
bauten ›jeux de paume‹ sind wesentlich länger als breit; daher ist auch
die Bühne eher eng und tief. Überdies wird sie von Zuschauern ver-
stopft, die sich oft laut unterhalten und manchmal auch direkt an die
Schauspieler wenden, von denen sie jedoch zu einem nicht näher bekannten späteren Zeitpunkt durch Geländer abgetrennt werden.
Dadurch bleibt wenigstens der Mittelteil der Bühne frei. Die den
Männern vorbehaltenen Sitzplätze auf der Bühne werden zu hohen
Preisen verkauft; sie kosten ebenso viel wie die Plätze auf den Galeri-
en bzw. in den Logen, die Damen allerdings auch nur in Begleitung
von Herren besuchen können. Im Parterre gibt es dagegen nur Steh-
plätze. Bei Uraufführungen bzw. aufwendigen Inszenierungen von
Maschinenstücken o. ä. werden die an sich schon nicht niedrigen
Preise verdoppelt, was zweifellos Auswirkungen auf die soziale Zusammensetzung des Parterrepublikums gehabt haben dürfte. Legt
man im ›Palais-Royal‹ bei ›ausverkauftem Haus‹ eine Gesamtbesu-

cherzahl von tausend zugrunde, so befinden sich davon etwa 550 stehend im Parterre. Die restlichen verteilen sich auf die Bühne und die Galerien bzw. Logen.

Bibl.: *74; 218; 250-264; 342-344; 350,* 785; *363; 401; 411; 429-430; 461.*
– *Fr. Moureau,* Sur les pas du père Francesco Caffaro: l'Italie d'un Théatin en 1686. In: *322,* 235-243. *H. Philipps,* Les acteurs et la loi au XVIIe siècle en France. In: Litt. classiques 40, 2000, 87-101.

3.3 Das Publikum der ›Hochklassik‹

Was wissen wir über die Zusammensetzung des molièreschen Publikums bzw. allgemeiner über das Publikum der Epoche der sog. Hochklassik? Etwa ab der Jahrhundertmitte bürgert sich zu dessen Bezeichnung das Begriffspaar ›la cour et la ville‹ ein. Zwar finden sich auch andere Zusammenstellungen wie ›le peuple et la cour‹; ›le courtisan et le bourgeois‹; ›Paris et la cour‹; doch handelt es sich dabei um eher veraltete Formulierungen. Molière, Boileau und später La Bruyère verwenden ›la cour et la ville‹ als feststehende, allgemein verbindliche Formel zur Bezeichnung der literarisch-gesellschaftlichen Öffentlichkeit. Für Boileau stellen die beiden Komponenten dieses Terminus den allein verbindlichen Personenkreis dar, mit dem sich ein Dichter bevorzugt beschäftigen soll:

> Etudiez la cour et connaissez la ville;
> L'une et l'autre est toujours en modèles fertile. (*AP* III 394)

Soziologisch betrachtet meint ›la cour‹ in erster Linie die königliche Familie und all jene, die, einschließlich der Mätressen, in unmittelbarer Beziehung zu ihr stehen. Darüber hinaus bezeichnet er den bis zur Fronde politisch einflussreichen Hochadel, der mit dem Regierungsantritt Ludwigs XIV. 1661 seines politischen Einflusses endgültig verlustig geht und zum funktions- und einflusslosen Hofadel absinkt. Er ist fest in die Etikette des Hofes eingebunden, und sein vordringlichster Ehrgeiz ist darauf gerichtet, hoffähig zu bleiben. Aufgrund seiner materiellen Abhängigkeit und politischen Bedeutungslosigkeit ist dies nur auf Kosten einer totalen Geschmacksassimilation an die moralischen und ästhetischen Vorstellungen des Königs möglich. Es ist jedoch leicht einsichtig, dass er sich im Geheimen anderen Werten verpflichtet fühlt. So offenbart z. B. die Lektüre der Briefe der Mme de Sévigné und der Fabeln La Fontaines, deren Adressatenkreis im Wesentlichen im Hofadel zu suchen ist, moralische und ästhetische Zielsetzungen, die mit Sicherheit nicht mit denen der königlichen Fami-

lie in Einklang stehen. Dennoch bildet der Adel, eben aufgrund seiner materiellen und politischen Abhängigkeit, einen wichtigen Bestandteil von ›la cour‹, mit dessen Geschmack er sich, zumindest vordergründig, identifiziert.

Um zu verstehen, welche gesellschaftliche Schicht durch ›la ville‹
erfasst wird, ist ein Blick auf die Hierarchie des Dritten Standes notwendig. In der zweiten Hälfte des 17. Jh.s besteht das französische
Bürgertum zunächst aus dem Großbürgertum der Steuereinnehmer,
der Großhändler und der Bankiers; sodann aus dem mittleren Bürgertum der Beamten und freien Berufe; und schließlich aus der Masse des Kleinbürgertums, d. h. den Handwerkern und Kleinhändlern.
In den Augen der Zeitgenossen stellt das Bürgertum kein einheitli-
ches Gebilde dar. Während es einerseits durchaus ein Selbstverständnis des Adels und des Klerus gibt, hat das Bürgertum noch keine einheitliche Ideologie entwickelt. ›La ville‹ nun ist jener Teil des
Großbürgertums und des oberen mittleren Bürgertums, der dem Er-
werbsbürgertum bereits entwachsen ist oder zu entwachsen im Begriff
ist; ›la ville‹ bezeichnet die zunehmend parasitär werdende Schicht
eines ehemals erwerbstätigen Bürgertums, das jetzt von seinen Ver-
mögenseinkünften leben kann. Die ›la ville‹ zuzuzählenden Bürger
assimilieren sich dem Adel und gelten entsprechend einer zeitgenössischen Charakterisierung als ›des bourgeois vivant noblement‹.
Demgegenüber ist das primäre Kennzeichen des nicht ›la ville‹ zuzurechnenden Bürgers der Beruf, die fast den ganzen Tag ausfüllende
Erwerbstätigkeit zur Sicherung des Lebensunterhalts.

Der dritte Pfeiler des zeitgenössischen Publikums ist ›le parterre‹,
das sich bis etwa 1640 aus den untersten Schichten des Dritten Standes rekrutiert: also Handwerker und Amtsschreiber, vor allem aber
Lehrlinge, Dienstboten und Soldaten. Der Einfluss Richelieus und
das corneillesche Theater verändern ab etwa 1630 die Auffassung
vom Theater und von dessen sozialer Funktion entscheidend. Die
Regierung sieht sich genötigt, konkrete Maßnahmen zugunsten neuer bürgerlicher Publikumsschichten zu ergreifen, die jetzt in ständig
größerem Maße ihr Interesse am Theater bekunden. In diesem Prozess kommt 1641 Corneilles ›tragédie religieuse‹ *Polyeucte* besondere
Bedeutung zu. Das Eindringen einer christlichen Thematik verleiht
dem Theater als Institution eine neuartige Würde und bedingt
zugleich eine bestimmte Haltung und Einstellung des Publikums.
Aus dem gleichen Jahr datiert der bereits mehrfach erwähnte Erlass
Ludwigs XIII., der den Schauspielern bürgerliche Gleichstellung verleiht. Er steht am Anfang einer Reihe von Maßnahmen, die sich
durch das ganze Jahrhundert ziehen und auf die Erziehung des Publi-

kums gerichtet sind. Denn immer wieder gibt es Klagen über das ungebärdige Parterre, über die Pagen und Lakaien, die lärmenden Soldaten und ›filous‹ aller Art (Auerbach *153*, 25). Durch den königlichen Erlass von 1641 soll daher nicht nur die Gesellschaft in den Logen und auf der Bühne vor dem Parterre geschützt werden, sondern auch ein Teil des Parterrepublikums selbst, das heißt dessen bürgerlicher Teil vor den ›filous‹ und dem ›Lumpenproletariat‹. Von nun an bildet sich im Parterre ein Publikum, das über Kunstverständnis, Geschmack und gesunden Menschenverstand verfügt, das aber nicht der großbürgerlichen Schicht von ›la ville‹ angehört.

Eine Passage aus *La critique de ›L'école des femmes‹* vermittelt einen guten Einblick in die soziale Mehrschichtigkeit des Publikums und die Funktion, die Molière ihm für sein Schaffen beimisst:

Apprends, Marquis, je te prie, et les autres aussi, que le bon sens n'a point de place déterminée à la comédie; que la différence du demi-louis d'or et de la place de quinze sols ne fait rien du tout au bon goût; que debout ou assis, on peut donner un mauvais jugement; et qu'enfin, à le prendre en général, je me fierais assez à l'approbation du parterre, par la raison qu'entre ceux qui le composent, il y en a plusieurs qui sont capables de juger d'une pièce selon les règles, et que les autres en jugent par la bonne façon d'en juger, qui est de se laisser prendre aux choses. (Sz. 5)

Die Opposition ›debout-assis‹ bezeichnet den Gegensatz zwischen Parterre und Logenpublikum, der auch ein Gegensatz der Eintrittspreise ist: fünf Sous gegenüber einem halben Louisdor. Das Parterrepublikum setzt sich dieser Passage zufolge aus zwei Kategorien zusammen, den Sachverständigen, d. h. Kritikern, Gelehrten, Autoren, Schauspielerkollegen, die ein Stück mit Kunstverstand beurteilen können, und aus einer nicht weiter spezifizierten Publikumsschicht, die über ›bon sens‹ und ›bon goût‹ verfügt und ein Stück nach dem Gefallen beurteilt, das sie an ihm findet. Unser Textauszug ermöglicht keine weitere Präzisierung hinsichtlich der sozialen Zusammensetzung dieses Teils des Publikums; andere zeitgenössische Dokumente aber bezeichnen ihn ohne weitere Präzisierung als ›bourgeois‹. Ein Großteil des Parterrepublikums ist zu Molières Zeiten also ›bürgerlich‹. Gemeint ist damit der gewerbetreibende Teil des Bürgertums, oder, wie es in einem anderen Dokument heißt, ›les marchands de la rue Saint-Denis‹. In dieser wohl bedeutendsten Geschäftsstraße des damaligen Paris finden sich die neu entstandenen Mode- und Luxusgeschäfte, deren Kundschaft sich ausschließlich aus den Kreisen von ›la cour et la ville‹ rekrutiert. Ihre ›marchands‹, deren Wohlstand von den verfeinerten Bedürfnissen der Hofgesellschaft abhängt, leisten sich eine Loge höchstens für die Frauen, um sie vor Belästigungen zu schützen. Die Männer bevorzugen das Parterre, weil man dort sehr gut sieht und weil es billig ist. Nicht nur bürgerliche Sparsamkeit veranlasst sie dazu, sondern Respekt vor den Standesgrenzen. Denn der Besuch der Logen und der Plätze auf der Bühne gilt als ›la cour et la ville‹ vorbehaltenes Standesprivileg.

Von einer dritten Komponente des Parterrepublikums spricht Molière in obiger Passage nicht, nämlich den Dienstboten, Lakaien, Soldaten und ›filous‹, von denen sich das bürgerliche Publikum absetzt und die trotz des Erlasses von 1641 (und anderer) sowie hoher Eintrittspreise nicht vom Theaterbesuch abzubringen sind. Grimarest (*358*, 77-79) schildert in epischer Breite die Auseinandersetzungen, die Molières Truppe mit gewaltsam in das Theater eindringenden Soldaten hatte; und noch 1690 heißt es in Furetières *Dictionnaire:* »Le parterre serait le plus beau lieu pour entendre la comédie, sans les incommodes qui s'y trouvent, sans les querelles qui y arrivent«. Allen gegenteiligen Bemühungen zum Trotz bleibt das Parterre auch der Ort, an dem sich ein sozial niedrigstehendes ungebärdiges Publikum tummelt, über dessen Geschmack sich nichts Präzises aussagen lässt, das aber seinen Spaß in erster Linie an der derben Komik der Farce gefunden haben dürfte.

Der hier skizzierten Differenzierung des Publikums kommt insofern besondere Bedeutung zu, als dessen Dreischichtigkeit drei Formen des molièreschen Theaters entsprechen. Grimarest (*358*, 125-126) hat als erster auf die enge Wechselbeziehung zwischen den verschiedenen Schichten des Publikums und den Formen der molièreschen Komödie aufmerksam gemacht. Er unterscheidet drei Adressaten: Zunächst ›la cour‹ bzw. ›le courtisan‹; sodann ›l'habile homme‹ bzw. ›le savant‹; schließlich ›le peuple‹ bzw. ‹le bourgeois‹. Der Textzusammenhang verdeutlicht, dass ›le bourgeois‹ die unterste Schicht des Dritten Standes und die zweite Gruppe jene Kategorie des Parterrepublikums bezeichnet, die lt. Molière in der Lage ist »de juger d'une pièce selon les règles« und eine Einheit bildet mit dem erwerbsbürgerlichen Publikum »qui juge par la bonne façon d'en juger, qui est de se laisser prendre aux choses«. Diesen drei Schichten ordnet Grimarest drei Formen des molièreschen Theaters zu, und zwar dem Hof die ›comédies-ballets‹ im Stil von *La princesse d'Elide, Les amants magnifiques* und *Psyché,* die er als ›spectacles‹ und Darstellung von ›beaux sentiments‹ charakterisiert; sodann dem ›Volk‹ die Farce, wobei er ausdrücklich vermerkt, dass auch der Hof an ihr großen Gefallen findet; diese Subgattung wendet sich also an zwei Publikumsschichten. Die ›große‹, ›klassische‹ Komödie vom Typ des *Misanthrope* bleibt schließlich dem bürgerlichen Parterrepublikum vorbehalten, das für Grimarest der wahre ›connaisseur‹ ist, auf dessen Urteil (›estime‹) es Molière besonders angekommen sei.

Die hier vorgenommene Zuordnung von Komödienform und Publikumsstruktur zeigt zweierlei: 1.) Molières heterogenes Werk bildet insofern eine Einheit, als es sich unmittelbar an ein – wenngleich in sich differenziertes – zeitgenössisches Publikum richtet, auf dessen Beifall sein Autor zum Unterhalt seiner Truppe angewiesen ist. Wie ernst ist angesichts dieser Tatsache die Aussage im ersten ›Placet‹ des *Tartuffe* zu werten, Aufgabe der Komödie sei es »de corriger les hommes en les divertissant«? Steht bei Molière also das ›plaire‹, wie für die französische Klassik allgemein behauptet, im Dienst des ›instruire‹? Oder besitzt es um des materiellen Erfolges willen einen höheren Wert? Hatte Molière nicht in *L'impromptu de Versailles* behauptet: »Les rois n'aiment rien tant qu'une prompte obéissance [...] Nous ne sommes que pour leur plaire« (Sz. 1)? In apodiktischer Verabsolutierung formulierte daher Bray bereits 1954 die These: »Son métier de comédien et de poète s'accomplissait dans cette œuvre quotidienne: plaire, donner du plaisir« (*336*, 128) und stellte die provozierende Frage »Molière pense-t-il?«. Neuere Untersuchungen bezüglich Molières Verhältnis zu seinem Publikum (Caldicott *340*; Duchêne *350*) stellen besonders diesen Karriereaspekt heraus: Von den Tagen des ›Illustre Théâtre‹ über den Aufenthalt im Languedoc bis zu seinen Pariser Jahren habe Molière im Sinne Vialas (*182*, 183 ff.) zielstrebig zwei Strategien verfolgt: die der ›réussite‹, d. h. den Umgang mit einem ›la cour‹ zuzuordnenden Publikum, das er gezielt durch die einträglichen ›visites‹ am königlichen Hof und in den Schlössern des Adels bedient habe, und die des ›succès‹, die sich an ein zahlendes ›bürgerliches‹ Parterrepublikum richte. Caldicott (*340*, 64-68; 81-84; 158-172) und Duchêne (*350*, 748-750) geben differenzierte Tabellen, aus denen insbesondere die ›visites royales‹ und ›particulières‹, ihre Adressaten und die mutmaßlichen, z. T. beträchtlichen Einnahmen ersichtlich sind. Um des finanziellen Gleichgewichts und insbesondere seiner eigenen Unabhängigkeit willen hat Molière jedoch immer auch das ›bürgerliche‹ Publikum des Palais-Royal als Zielgruppe vor Augen, das ihm erfolgreiche Stücke mit barer Münze lohnt; und die diesbezüglichen Einnahmen sind insgesamt höher als die aus den ›visites‹. Molières Karriere indes gänzlich auf diesen materiellen Aspekt zu beschränken, erscheint eine unzulässige Verkürzung. Mit Sicherheit wird man unterscheiden müssen zwischen den für den Hof konzipierten Ballettkomödien im Stil der *Amants magnifiques* oder auch des *Bourgeois gentilhomme*, in denen das Ästhetische zu dominieren scheint, und den großen fünfaktigen Komödien wie der *Ecole des femmes* oder dem *Tartuffe*, die Skandale im Gefolge haben. Und auch die Farce durchläuft eine Entwicklung, die es nicht erlaubt, ihren Gehalt auf das Ästhetische zu reduzieren. Die unterschiedlichen, z. T. feindlichen Reaktionen, die Molières Theater bei Teilen des zeitgenössischen Publikums hervorgerufen hat, verbieten es, sein Werk ausschließlich ästhetisch bzw. unter einer Karriereperspektive zu würdigen. – 2.) Da sich Molières Theater in seiner Gesamtheit an ein zeitgenössisches Publikum wendet, das trotz der aufgezeigten Heterogenität als ›Öffentlichkeit der Hochklassik‹ eine Einheit bildet, kommt *allen* Ausdrucksformen *gleiche* Bedeutung und Aussagefähigkeit zu. Es liegt keine Äußerung Molières vor, die grundsätzlich die Bevorzugung oder Geringschätzung einer der drei Komödientypen rechtfertigte. Daher ist auch die später häufig vertretene These falsch, der Autor habe als angepasster Hofdichter mit seinen Ballettkomödien seine Zeit lediglich zum ›divertissement‹ seines Königs ›vergeudet‹; ebensowenig lässt sich ernsthaft die Behauptung aufrechterhalten, Molière habe als Farcenautor durch ›grobe‹, und das heißt durch moralisch fragwürdige Späße sein Publikum ›nur‹ zum Lachen bringen wollen. Vielmehr bildet sein Theater eine Einheit, in der die verschiedenen Komödientypen gleichwertig nebeneinander stehen und die ihnen entsprechenden Formen der Komik im Dienst kritisch-kommentierender Stellungnahmen zu zeitgenössischen Ereignissen eng ineinander verwoben sind.

Bibl.: 88; 104; 153-154; 239, 49-65; *253; 256*, 68-163; *363*. – C. E. J. *Caldicott*, La cour, la ville et la province. Molière's mixed audiences. In: SCFS 10, 1988, 72-87. *H. Merlin*, La cour et la ville, ou la question du public au siècle de Louis XIV (Etude de la scène 2 de l'acte I du *Misanthrope*). In: Les Cahiers de Fontenay 30-31, 1983, 91-103. *W. G. Moore*, Le goût de la Cour. In: *233*, 172-182.

3.4   Molière und die Theatertradition

Mit seinem Theater steht Molière in einer dreifachen Tradition. Dabei knüpft er mit der Farce an einheimische Traditionen an. Das aus dem Lateinischen stammende Wort (von *farcire* = füllen) wird in Frankreich seit dem Ende des 14. Jh.s als literarischer Gattungsbegriff verwendet; zuvor bezeichnete es in der Küchensprache eine pastetenähnliche Fleischfüllung. In dramaturgischer Hinsicht ist eine Farce eine kurze einaktige, in Achtsilbern abgefasste komische ›Einlage‹ in einem ernsten Stück meist geistlichen Inhalts. Ihre Intrige besteht im Allgemeinen in einem Streich, der einer lächerlichen Figur gespielt wird; ihr bevorzugtes Thema ist die possenhafte Darstellung von Ehekonflikten. Dementsprechend sind ihre Personen auf wenige Typen beschränkt: den tyrannischen Vater; den betrogenen Ehemann; den verliebten (impotenten) Alten; die in der Ehe zu kurz gekommene junge Frau, ›la mal mariée‹. Die berühmteste französische Farce, *Le maistre Pierre Pathelin* (1461-1469), stammt, wie die besten Farcen überhaupt, aus der zweiten Hälfte des 15. Jh.s. Danach geht ihre Blütezeit rasch zu Ende. Zu Beginn des 17. Jh.s erlebt sie mit Schauspielern wie Gaultier-Garguille, Gros-Guillaume und Turlupin einen letzten Höhepunkt, bis die Theaterreformen Richelieus und Ludwigs XIII. sie in Misskredit bringen. Denn die Farce ist eine volkstümliche Komödienform; ihre Komik ist derb und entspringt der Situation; ihre Protagonisten sind Typen, deren Darstellung es an psychologischer Durchdringung mangelt.

In der Provinz hatte Molière mit dieser Theaterform große Erfolge erzielt. Zwei der dort entstandenen Farcen, *Le médecin volant* und *La jalousie du barbouillé*, die ihm heute mit großer Sicherheit zugeschrieben werden, finden sich in jeder Gesamtausgabe seines Theaters. Aufschlussreich ist nun, dass Molière mit einer Farce in Paris debütiert und reüssiert (cf. oben S. 18). Ihr Publikum ist also keineswegs nur ›das Volk‹; Molière ist dieser Gattung zeit seines Lebens treu geblieben. So spannt sich ein großer Bogen von seiner ersten Pariser Farce *Les précieuses ridicules* (1659) über *Sganarelle ou Le cocu imaginaire* (1660) (beides Einakter) zu den dreiaktigen *Le médecin malgré lui* (1666) und *Les fourberies de Scapin* (1671). Innerhalb dieses mehr als zehnjährigen Entstehungszeitraums wandelt sich Molières Farce allerdings auch inhaltlich, das heißt zeitgenössische Wirklichkeit dringt in sie ein. Die traditionelle Typenfarce wird zur ein- oder dreiaktigen Charakter- oder Sittensatire mit stark ausgeprägten Farcenelementen. Diese lassen sich aber auch in allen anderen molièreschen Komödien nachweisen. Seit dem grundlegenden Aufsatz von Lanson (*193*) und den weiterführenden Arbeiten von Lebègue (*194*), Guichemerre (*192*) und insbesondere Rey-Flaud (*197; 198*) wissen wir, wie stark Molière in der Farcentradition wurzelt und wie sehr sein gesamtes Werk thematisch und unter dem Aspekt der Komik von der Farce geprägt ist. Weil sie vielfach ›derb‹ und volkstümlich ist, richtet sich Richelieus Theaterreform unmittelbar gegen sie; denn der Kardinal bevorzugt die ›hohe‹ Tragödie, und auch der Kirche ist sie ein Dorn im Auge. Als ›farceur‹ Erfolg zu haben, hilft Molière zwar, das Theater zu füllen; gleichzeitig resultiert daraus jedoch der immer wieder erhobene ›Farcenvorwurf‹, d. h. kein ›grand acteur‹ und ein noch schlechterer Autor zu sein.

Zur Tradition der französischen Farce kommt die der ›commedia dell'arte‹, der italienischen Stegreifkomödie, hinzu. Ihr äußeres Kennzeichen ist die Einteilung in drei Akte; ihre Handlung ist also komplexer, ihre Intrige verwickelter, ihr Personenkreis größer. Ihre Handlung ist ebensowenig wie die der Farce bis in alle Details festgelegt, sondern bietet reichlich Raum für improvisierte Einlagen. Von Katharina von Medici begünstigt, ist das Auftreten italienischer Stegreifbühnen ab 1570 in Frankreich belegt. Hier hatte sich also eine lebendige Tradition herausgebildet, und Molière konnte während seines Provinzaufenthaltes entsprechende Truppen kennen lernen und beobachten. Überdies musste er sich in Paris zunächst den ›Petit Bourbon‹ und später den ›Palais-Royal‹ mit Tiberio Fiorelli teilen. All dies hat zur Folge, dass der Einfluss der italienischen Stegreifkomödie auf sein Theater, selbst wenn im konkreten Detail schwierig nachweisbar, immens ist. Fassbar wird er vor allem in der auf Gestik, Mimik und Pantomime beruhenden Komik, überall dort also, wo die Komödie über das reine Worttheater hinausgeht, wo das optisch Sinnfällige dominiert, mit dem allein die Italiener ein französisches Publikum unmittelbar ›ansprechen‹ konnten. Diesem Ziel dienten auch die berühmten ›lazzi‹, das heißt Possen- und Clownscherze, ferner akrobatische Einlagen, Gags, Prügelszenen, obszöne Gesten, Quiproquos, Verkleidungen, Aneinandervorbeireden, die Verwendung von Dialekten und Küchenlatein, sprachliche Verballhornungen und anderes mehr. Elemente solcher Komik finden sich naturgemäß in den Farcen wieder, deren Komik sie besonders nahe stehen; doch lassen sie sich ebenso in fast allen anderen Komödien Molières nachweisen.

Die zweite Form der molièreschen Komödie, die Ballettkomödie, wird gelegentlich ebenfalls mit der ›commedia dell'arte‹ in Verbindung gebracht und daraus hergeleitet. Wichtiger ist indes die Tradition des Hofballetts, das die Ballettkomödie sich je länger, um so nahtloser einverleibt. Die Zuordnung zur Tradition der ›commedia dell'arte‹ betrifft zunächst die äußerliche Tatsache, dass von Molières insgesamt zwölf Ballettkomödien sechs dreiaktig sind (*Les fâcheux; L'amour médecin; George Dandin; Monsieur de Pourceaugnac; Le bourgeois gentilhomme; Le malade imaginaire*); die verbleibenden sechs dagegen sind entweder fünfaktig (*La princesse d'Elide; Les amants magnifiques*) oder nur einaktig (*Le mariage forcé; Pastorale comique; Le sicilien; La comtesse d'Escarbagnas*) und sind hybride Ausprägungen des Hofballetts. Die beiden Gruppen unterscheiden sich vor allem thematisch: Die in der Tradition der ›commedia dell'arte‹ stehenden Ballettkomödien behandeln, vereinfacht formuliert, ›bürgerliche‹, die der Tradition des Hofballetts verpflichteten ›höfisch-galante‹ Themen.

Zur Kennzeichnung der beiden Typen haben sich auch die Begriffe ›burlesque‹ bzw. ›satirique‹ *vs.* ›galante‹ eingebürgert. Gemeinsam ist ihnen, dass sie aufgrund der Integration von Musik, Tanz und Ballett ein hohes Maß an nicht an das Wort gebundenem autonomen, theatralischen Spiel aufweisen. Wie unterschiedlich ausgeprägt aber auch der jeweilige Traditionszusammenhang sein mag, handelt es sich bei diesem Komödientyp insgesamt doch um eine genuine Schöpfung Molières, deren Entwicklung stark von seiner Beziehung zu Ludwig XIV. abhängt (cf. S. 20 ff.).

Die dritte Form der molièreschen Komödie wird zunächst durch äußere Merkmale charakterisiert: Sie ist in den meisten Fällen fünffaktig und in paarweise gereimten Alexandrinern geschrieben. Gattungsgeschichtlich befindet sich Molière mit diesem Komödientyp in der Tradition des Humanismus. Etwa ab der Mitte des 16. Jh.s spielen Literaturtheoretiker und Autoren der französischen Renaissance das antike Komödienideal gegen die Farce aus. Die einaktige Farce im ›saloppen‹ Achtsilber wird abgewertet zugunsten der ›hohen‹, meist fünffaktigen Verskomödie im ›erhabenen‹ Alexandriner, die sich an antiken Vorlagen, doch ebenso an der ›hohen‹ italienischen Komödie, der ›commedia sostenuta‹, orientieren und von daher eine größere ›Würde‹ besitzen. Diese Tendenz wird durch Richelieus Theaterreformen verstärkt, und auch Molière kann sich ihr nicht entziehen. *L'étourdi* und *Dépit amoureux* sind noch während des Provinzaufenthaltes erste Beispiele dieses Typs. Doch wie schon bei der Farce wird der Höhepunkt auch hier erst in den Pariser Jahren erreicht. Die noch heute meistgespielten ›Meisterwerke‹ dieses Typs sind *L'école des femmes, Le Tartuffe, Le misanthrope, Les femmes savantes* sowie *Dom Juan* und *L'avare,* letztere freilich in Prosa. Der ›hohen‹ Komödie sind ferner der ›regelmäßige‹ Dreiakter *L'école des maris* und der ebenfalls dreiaktige, in freien Versen geschriebene *Amphitryon* zuzurechnen. Herausragendes inhaltliches Merkmal dieser Komödienform sind ihre meist hoch aktuellen Themen; in diesen Stücken bezieht Molière engagiert Stellung zu brisanten gesellschaftspolitischen Fragen und schlägt Lösungen vor, die den lautstarken Protest der jeweils Betroffenen nach sich ziehen. In Frankreich wird dieser Komödientyp gern mit den nichtssagenden Begriffen ›comédies de mœurs‹ bzw. ›comédies de caractère‹ gekennzeichnet: nichtssagend, weil unhistorisch, so dass die zeitgenössische Brisanz der Stücke nicht zum Ausdruck kommt. Wurden die Ballettkomödien in den meisten Fällen als Auftragsarbeiten für Festlichkeiten am Hof geschrieben und dort uraufgeführt, so richtet sich dieser Komödientyp in erster Linie an das bürgerliche Parterrepublikum. Selbst wenn die Uraufführung mehrerer

dieser Komödien am Hofe stattfand, sicherte ihnen doch die Aufnahme durch das ›bürgerliche‹ Publikum des ›Palais-Royal‹ erst den postumen Erfolg.

Der hier angedeutete Traditionszusammenhang dieses molièreschen Komödientyps darf freilich nicht überschätzt werden. So verdanken beispielsweise *L'avare* und *Amphitryon* den entsprechenden
Vorlagen des Plautus wichtige strukturelle und inhaltliche Elemente.
Doch zeitgenössische ›Quellen‹ sind hinzugekommen. Die neuere
französische Forschung (Guichemerre *214*, Horville *215*) misst daher,
hier wie allgemein, den antiken Vorlagen nur eine begrenzte Bedeutung bei. Eine systematische Untersuchung der ›Quellen‹ aller Komödien hat ergeben, dass Molière »ouvertement ou clandestinement, a
traduit, adapté, transposé un immense corpus d'œuvres (pièces de
théâtre, romans, poèmes) de provenance géographique variée« (Bourqui *335*, Titelseite). Er ist also nicht primär in humanistischer Rück-
wendung um die ›imitatio‹ der ›Alten‹ bemüht, etwa um mit ihnen
künstlerisch zu wetteifern. Die Wahl seiner Themen und Stoffe resultiert vielmehr aus dem engagierten Interesse an seiner eigenen Zeit,
und dieses wiederum bedingt die Entscheidung für diese oder jene
›Quelle‹. »Je (re-)prends mon bien où je le trouve«, soll er auf einen
Plagiatsvorwurf erwidert haben (Grimarest *358*, 39). Auch die ›hohe‹
molièresche Komödie ist nicht in erster Linie traditionsorientiert,
sondern unmittelbar gegenwartsbezogen. Wie in anderen wichtigen
Aspekten seines Werkes auch erweist sich Molière in ihnen als ein
entschiedener Vertreter der ›Modernes‹ (cf. S. 170). Daher sind ihm
die ›Quellen‹ letztendlich auch gleichgültig.

Ein weiterer Komödientyp sei abschließend erwähnt: die ›comédie-pamphlet‹. Sie ist die Antwort Molières auf Querelen, die sich aus
mehreren Komödien des letzten Typs ergaben. Es gibt nur zwei,
allerdings illustre Beispiele dieses Typs: *La critique de ›L'école des femmes‹* (1663) und *L'impromptu de Versailles* (1663), beide entstanden
im Zusammenhang des Streits um die *Ecole des femmes*: Es sind kurze Einakter in Prosa, polemisch gerichtet gegen die zahlreichen Feinde, die Molière mit diesem Stück entstanden waren; sie haben programmatischen Charakter und sind unverzichtbar zum Verständnis
von Molières Theaterästhetik an der Schwelle zwischen zwei wichtigen Phasen seines Lebens. In geradezu provozierender Abkehr von der
antiken Regelpoetik, »sans le secours d'Horace et d'Aristote«, verkündet er hier, geschützt durch den Ort und das Wohlwollen des Königs,
»la grande règle de toutes les règles«, nämlich die des ›plaire‹ und des
›plaisir‹, das sich über die ›chicane des règles‹ der autoritätsgläubigen
Pedanten hinwegsetzt und sich selbstbewusst auf den ›goût du public‹

beruft. Der Prüfstein des Erfolgs, ›la grande épreuve de toutes [ses] comédies‹ sei daher ›le jugement de la cour‹: »C'est son goût qu'il faut étudier pour trouver l'art de réussir« (*La critique...*, Sz. 6). Selbstbewusst kann Molière auch in diesem Umfeld die seit Aristoteles gültige Gattungshierarchie umstürzen und der Komödie, in kaum verhüllter Polemik gegen die Konkurrenz der ›grands comédiens‹ des ›Hôtel de Bourgogne‹, einen Platz oberhalb der Tragödie zugestehen; denn die Protagonisten der Tragödie seien ›des portraits à plaisir‹, d. h. beliebig und unverbindlich; in der Komödie dagegen erwarte der Zuschauer ›des portraits qui ressemblent‹; hier müsse man »peindre d'après nature [...] Et vous n'avez rien fait, si vous n'y faites reconnaître les gens de votre siècle« (*La critique...*, Sz. 6). Das letzte Zitat zeigt zugleich den kritischen Impuls, der Molières Komödie schon hier kennzeichnet: Die dem Gelächter preisgegebenen Protagonisten seines Theaters sind Zeitgenossen, ›gens de son siècle‹, von denen die Komödie ein ›naturgetreues Abbild‹ vermitteln muss, wenn sie ihrem Anspruch gerecht werden will, ein kritisches Korrektiv sein zu wollen. Aller scheinbaren Dominanz, ja sogar Verabsolutierung des Ästhetischen zum Trotz bleibt Molière auch hier der klassischen Doktrin des ›plaire et instruire‹ verpflichtet. Die ›comédie-pamphlet‹ ist ein in der Epoche gängiger Komödientyp, der zeigt, dass die Bühne zum Schauplatz nicht nur literarischer, sondern ebenso gesellschaftlicher Auseinandersetzungen geworden ist. Ganz in diesem Sinn macht auch Molière sie sich in seinen hier skizzierten Einaktern zunutze.

Bibl.: *191-200; 201-208; 209-225; 226-244; 245-249; 285* I, 124-142; *335; 378*. – *S. Ackermann,* Les comédies sans comique mais avec des ballets. In: *329*, 39-49. *J.-P. Collinet,* Projets de pièces et personnages virtuels dans *L'impromptu de Versailles.* In: *323*, 217-230. *G. Forestier, L'impromptu de Versailles,* ou Molière réécrit Molière. In: CLDS 10, 1988, 197-217. *F. L. Lawrence,* Artist, Audience and Structure in *L'impromptu de Versailles.* In: OeC 6, 1981, 125-132. *J. Morel, L'impromptu* ou l'illusion de l'identité. In: *221*, 289-295. *J. Truchet, L'impromptu de Versailles,* ›comédie des comédiens‹. In: *321*, 153-161.

II. Molières Theater: Entwicklungsphasen, Formen, Themen

1. Von den frühen Farcen zu ›L'école des femmes‹ und ›L'impromptu de Versailles‹

1.1 Periodisierungsprobleme. Molières Annäherung an den Hof

Einleitend zu diesem Kapitel stellt sich die grundsätzliche Frage einer Periodisierung der molièreschen Theaterproduktion. Wenn wir, wie oben dargestellt, von einer Gleichwertigkeit der verschiedenen Komödientypen ausgehen müssen, verbietet sich ein Periodisierungsschema, wie es in der älteren Molièreforschung von Brunetière und Faguet über Lanson bis zu Mornet nur geringfügig abgewandelt gängig war: Diese Forschung sieht Molières Theater rein literatur- bzw. gattungsimmanenten Gesetzmäßigkeiten unterworfen: es habe sich ›naturgemäß‹ von der ›niederen‹ Farce der Anfänge zu den ›hohen‹, ›klassischen‹ Fünfaktern der mittleren Phase entwickelt, um in Ballettkomödien wie *Le malade imaginaire* einen unerwarteten, doch geglückten Abschluss zu finden. Die neuere Forschung bevorzugt vielfach ein binäres Modell: das eines zunächst auf gesellschaftliche Neuerungen bedachten, ›engagierten‹ Molière, der sich nach der ›Querelle du *Tartuffe*‹ enttäuscht zurückgezogen habe und dem dann der politisch indifferente, artistisch jedoch wegweisende Molière der späten Ballettkomödien gefolgt sei. Diesem von Guicharnaud lancierten Modell haben sich insbesondere Defaux (*349*), doch auch Forestier (*354*) angeschlossen. Guicharnaud hatte sich sogar zu der These verstiegen, dass Molière nach dem *Misanthrope* »aurait pu cesser d'écrire« (*359*, 527). In Anlehnung an Brays Vorstellung nur *eines* Molière, der zeit seines Lebens nichts anderes gewesen sei als ›homme de théâtre‹ (*336*), sieht auch Dandrey auf der Basis eines zeitlosen Menschenbildes – »L'homme est par essence ridicule« – in Molières Theaterkarriere »nulle évolution, nulle révolution [...] Toujours la comédie de Molière tend à cette optique comique qui consiste à percevoir la réalité sous l'angle du risible« (*406*, 124 ff.). Da Molières Werk sich jedoch in seiner inhaltlichen und formalen Vielfalt in ständiger Wechselbeziehung zu diesem gesellschaftlichen und politischen Umfeld entwickelt und gleichzeitig die Erwartungen eines heterogenen

Publikums zu befriedigen sucht, muss auch die intellektuelle Entwicklung seines Autors und die seiner künstlerischen Formen in diesen Zusammenhang eingeordnet werden; und dabei kommt Molières Verhältnis zu Ludwig XIV. zweifellos eine besondere, periodisierende Funktion zu. Daher wird hier eine Gliederung von Molières Theater in drei Phasen vorgeschlagen, deren je eigenständiger Charakter zu Beginn der folgenden drei Abschnitte in groben Zügen skizziert wird. Das chronologische Vorgehen innerhalb unserer Darstellung verfolgt dabei zum einen das Ziel, die Entwicklung von Themen und Formen aufzuzeigen, zum anderen aber deren Vielfalt und die Gleichzeitigkeit verschiedener Konzeptionen zur Anschauung zu bringen.

Molières erster intensiver Schaffensphase ab 1658 gehen die Erfahrungen mit dem ›Illustre Théâtre‹ sowie ein etwa dreizehnjähriger Provinzaufenthalt voraus (cf. S. 17 ff.). In diesen Jahren macht sich Molière mit den verschiedenen Traditionen vertraut, aus denen sich sein künftiges Theater herleiten wird. Dabei spielt die Farce eine dominierende Rolle; doch hat Molière zweifellos auch die umfangreiche Theaterproduktion der Corneille, Mairet, Tristan l'Hermite, Rotrou, Scarron und anderer kennen gelernt und aufgeführt. Ein entsprechendes Indiz darf man darin sehen, dass sich bereits in dieser ›Vorlaufphase‹ der ›Durchbruch‹ zur großen Form anbahnt, wie die beiden Fünfakter *L'étourdi* und *Dépit amoureux* zeigen.

Die erste Schaffensphase Molières reicht sodann vom Zeitpunkt seiner Rückkehr nach Paris (Sommer bis Herbst 1658) bis in den Herbst 1663. Es ist jene Phase, in der sich Molière in der neuen sozialen Wirklichkeit eines von einem jungen, ehrgeizigen König regierten Frankreichs zu situieren sucht und zu der Einsicht gelangt, dass die Komödie nicht nur, wie in der bisherigen französischen Tradition, ›divertissement‹ ist, also ein Mittel gefälliger, amüsanter Selbstdarstellung und Unterhaltung des Bürgertums, sondern ein Instrument der kritischen Stellungnahme zu kontroversen Fragen. Diesen sich schnell vollziehenden ›Funktionswandel der Komödie‹ (Stenzel, *387*) lassen zum ersten Mal *Les précieuses ridicules* erkennen. Von da an wird Molières Komödie immer aktueller und kritischer, und zwar nicht allein in dem Sinn, dass sie jeweils tagespolitische Probleme aufgreift, sondern sich zugleich am Zentrum der Macht, also dem Königshof, orientiert und dessen Perspektive als Maßstab des Lächerlichen übernimmt. So verstanden wird der Höhepunkt dieser ersten Phase mit den beiden ›Pamphletkomödien‹ *La critique de ›L'école des femmes‹* und *L'impromptu de Versailles* erreicht. Über einige z. T. bereits erwähnte Ereignisse hinaus illustrieren die Widmungen der Komödien dieses Zeitraums am sinnfälligsten Molières zielstrebige Annäherung an den Hof und die gleichzeitige Aneignung einer entsprechenden Perspektive. Resümieren wir einige Fakten.

Nach ihrer Rückkehr nach Paris (Oktober 1658) sichert sich Molières Truppe das Wohlwollen des Bruders des Königs und darf sich nunmehr ›La troupe de Monsieur, Frère unique du Roi‹ nennen. Am 24.

Oktober des gleichen Jahres hat das erste Auftreten vor dem König weitreichende Folgen: Der König ordnet den weiteren Verbleib der Truppe in Paris an und überlässt ihr zusammen mit den Italienern den ›Petit Bourbon‹.

Zwei Jahre später erhält Molière nach dem zuvor nicht angekündigten Abriss des ›Petit Bourbon‹ (11. Oktober 1660) aufgrund der Fürsprache des Königs die Zusage, dass das zwanzig Jahre zuvor von Richelieu errichtete Theater des ›Palais-Royal‹ für ihn restauriert wird.

Im August 1661 widmet er L'école des maris dem Schirmherrn seiner Truppe, ›Monsieur‹, dem Herzog Philipp von Orléans.

Am 17. August des gleichen Jahres erfolgt aus Anlass der Einweihung von Foucquets Schloss in Vaux-le-Vicomte in Anwesenheit des Königs die Uraufführung der Ballettkomödie Les fâcheux; das Stück wird im August noch zweimal in Gegenwart des Königs in Fontainebleau gespielt. Bei seiner Drucklegung (Februar 1662) fügt Molière einen Widmungsbrief an den König hinzu, in dem er ihm dankt, ihm eine Szene mit einem zusätzlichen ›Lästigen‹ suggeriert zu haben, worauf ein Großteil des Erfolgs des Stückes beruhe.

Im Februar/März 1663 widmet Molière die zu diesem Zeitpunkt bereits umstrittene Ecole des femmes der aufgrund ihrer Schönheit und ihres Geistes herausragenden Henriette von England, d. h. ›Madame‹, der Schwägerin des Königs.

Im gleichen Jahr (vermutlich Juni) zählt Molière zu jenen Künstlern, die bei den erstmals verteilten Gratifikationen berücksichtigt werden; er erhält 1.000 Pfund und bedankt sich mit einem Remerciement au Roi, das fern aller Unterwürfigkeit ein Meisterwerk an Witz, Anmut und Eleganz ist.

Als er sich ebenfalls noch im Juni mit La critique de ›L'école des femmes‹ gegen die immer heftigere Kritik an seinem letzten Stück verteidigt, trägt wenig später die Buchausgabe eine Widmung an die bereits sechzigjährige Königinmutter Anna von Österreich, die aber trotz dieser captatio benevolentiae in der anschließenden Auseinandersetzung um den Tartuffe unmissverständlich eine Molière feindliche Position einnehmen wird.

Im Oktober 1663 schließlich hält sich Molières Truppe auf Einladung des Königs in Versailles auf. Dies ist der Anlass zur Uraufführung des Impromptu de Versailles, das Molière zu Lebzeiten nicht publiziert, dessen Abfassung jedoch, wie er im Stück dreimal versichert, auf einen ausdrücklichen Befehl des Königs zurückgeht.

Am Ende dieses fünfjährigen, zielstrebig durchlaufenen Weges hat Molière seinen Platz gefunden: Es ist derjenige eines ehrgeizigen Künstlers, der sich aus Überzeugung und Erfolgszwang die offizielle Sicht des königlichen Hofes zu Eigen gemacht hat. Hier ist jener Bereich abgesteckt, innerhalb dessen Molière bemüht sein wird zu gefallen. Die Identifikation der Aussagen von Bühnenfiguren mit denen des Autors ist immer prekär; dennoch ist es wohl legitim, im Dorante der *Critique* ein Sprachrohr Molières zu sehen:

Sachez, s'il vous plaît [...] que la grande épreuve de toutes [nos] comédies, c'est le jugement de la cour; que c'est son goût qu'il faut étudier pour trouver l'art de réussir; qu'il n'y a point de lieu où les décisions soient si justes. (Sz. 6)

Wie weit die hier sichtbar werdende Anpassung des Autors an den offiziell sanktionierten Geschmack tatsächlich geht, bekundet schließlich Molière selbst in der Rolle ... Molières:

Mon Dieu, Mademoiselle, les rois n'aiment rien tant qu'une prompte obéissance [...] Nous ne devons jamais nous regarder dans ce qu'ils désirent de nous: nous ne sommes que pour leur plaire; et lorsqu'ils nous ordonnent quelque chose, c'est à nous de profiter vite de l'envie où ils sont. Il vaut mieux s'acquitter mal de ce qu'ils nous demandent que de ne s'en acquitter pas assez tôt; et si l'on a la honte de n'avoir pas bien réussi, on a toujours la gloire d'avoir obéi vite à leurs commandements. (*L'impromptu*, Sz. 1)

Molières erste Schaffensphase (einschließlich der Provinzjahre) ist durch eine große inhaltliche und formale Vielfalt gekennzeichnet: vier Farcen; eine dreiaktige und drei fünfaktige Verskomödien; eine Ballettkomödie; eine Tragödie; zwei sog. Pamphletkomödien. Besonders auffällig ist Molières Produktivität seit seiner Rückkehr nach Paris: Acht der zwölf Stücke entstehen innerhalb eines Zeitraums von knapp vier Jahren (Nov. 1659 bis Okt. 1663).

Bibl.: 418. – *A.-M. Cocula,* Regards d'historiens sur le temps de Molière. In: *298,* 41-50. *P. Dandrey,* La carrière de Molière. Continuité, évolution ou rupture? In: Op. cit. 1, 1992, 61-73; auch in: *406,* 13-128. *Ch. Mazouer,* Comment écrire une histoire du théâtre du XVIIe siècle? In: *507,* 53-69.

1.2   Die frühen Farcen

Die heute Molière im Allgemeinen zugeschriebenen Farcen *La jalousie du barbouillé* und *Le médecin volant* stellen zunächst eine Reihe philologischer Probleme. Ist Molière wirklich ihr Verfasser? Wenn ja, hat er sie in der vorliegenden Form geschrieben, oder handelt es sich nicht eher um Entwürfe, die während der Aufführung von den Schauspielern entsprechend den Publikumsreaktionen durch Improvisationen variiert und ausgestaltet werden konnten? Hat Molière noch andere Farcen geschrieben? Um mit der letzten Frage zu beginnen: Die Existenz anderer Farcen wird durch La Grange und Grimarest bestätigt, die etwa ein Dutzend Titel erwähnen; wenigstens ein Teil der entsprechenden Stücke dürfte von Molière stammen. Erinnern wir auch daran, dass Molière in Paris mit der heute verlorengegangenen Farce *Le docteur amoureux* debütierte. Weiter dürfen wir davon ausgehen, dass die Farcen in der überlieferten Form die Handlung nur umrisshaft skizzieren und sie, wie die auffällig zahlreichen Regieanweisungen nahelegen, vor allem dem szenischen Spiel, vermutlich aber auch der sprachlichen Improvisation großen Raum ließen. Und was schließlich Molières Verfasserschaft betrifft, so gilt sie nach dem Aufsatz von A. Gill (1948), in dem der Verfasser Themen und Quellen dieser Farcen und ihre Verbindung mit dem übrigen Werk Molières untersucht, als in hohem Maße wahrscheinlich. Gestützt wird diese Annahme durch die Tatsache, dass Akt III des *George Dandin* ein erweitertes und psychologisch vertieftes Zitat von *La jalousie du barbouillé* ist.

Handlungsgefüge, Personengestaltung und Komik sind in diesen frühen Farcen von rudimentärer Einfachheit. In beiden Stücken wird der Hauptfigur ein Streich gespielt. Zunächst in *La jalousie du barbouillé* dem eifersüchtigen Alten, der seiner jungen, amüsierfreudigen Frau aus Anlass einer abendlichen Heimkehr die Tür vor der Nase verschließt und sie trotz inständiger Bitten nicht einlässt. Sie droht, sich den Tod zu geben; doch als er sie im Dunkeln sucht, schlüpft sie ins Haus und schließt ihn ihrerseits aus. Dem hinzukommenden Schwiegervater Gorgibus gelingt es mühsam, den Streit zu schlichten. Diese Geschichte des überlisteten Ehemannes ist nur locker mit einer zweiten Handlung verbunden, den immer an den Fragen vorbeigehenden Antworten eines Philosophen, den der Alte in seiner Not um Rat bittet. Ähnlich wird auch in *Le médecin volant* einem Alten ein Streich gespielt, dem geizigen Gorgibus, der seine Tochter Lucile wider deren Willen mit dem alten Villebrequin statt mit dem jungen Valère verheiraten möchte. Durch die List Sganarelles, der sich selbst und seinen fiktiven Bruder spielt, also eine Doppelrolle als Diener und Arzt, werden Gorgibus' Pläne schließlich vereitelt.

Die Handlung dieser Farcen und ihre Träger entstammen einer Jahrhunderte alten Novellen- und Farcentradition. Dementsprechend bleibt die Handlung raum-zeitlich unbestimmt, und auch den Protagonisten ermangelt es jeder sozialen Identität. So stellt der eifersüchtige Alte, dessen Gesicht vermutlich mit dunkler Weinhefe (statt einer Maske) angemalt (›barbouillé‹) war, ebenso einen traditionellen Typ dar wie seine ironisch Angélique genannte schnippische junge Frau oder der automatenhaft räsonierende Philosoph. Auch Gorgibus und Sganarelle tragen typenhafte Züge; allerdings werden sie in späteren Stücken wiederkehren und schärferes Profil erlangen. Am deutlichsten ausgeprägt ist der Sganarelle des *Médecin volant*. Seine fortwährenden Verwandlungen, die Scheindialoge, die akrobatische Behändigkeit, mit der er sich der Türen und Fenster abwechselnd als Hauseingang bzw. -ausgang bedient, der ständig schneller werdende Rhythmus der Verwandlungen, so dass Sganarelle schließlich zu fliegen scheint: all dies setzt das Können eines großen Schauspielers voraus, wie Molière einer war. Hinzu kommen gröbere Scherze skatologischer Art, aber auch Sprachkomik: Durcheinander- und Aneinandervorbeireden, Automatisierung der Argumentation und Sprachformen, Küchenlatein, Flüche, Beschimpfungen, Situationskomik. In diesem übersprudelnden zweckfreien Spiel und nicht etwa in einer Arztsatire oder Ähnlichem liegt noch heute der große Reiz dieser kleinen Stücke, wie die fulminante Inszenierung des *Médecin volant* durch Dario Fo in der ›Comédie-Française‹ gezeigt hat.

Bibl.: 191-200. – R. Albanese, jr., Corps et corporéité dans les premières farces de Molière. In: *125,* 211-220. *M. Czarnecki,* A propos du *Médecin volant.* La farce, ou les années d'apprentissage. In: Comédie-Française 119, Mai-Juni 1983, 9-12. *A. Gill,* ›The Doctor in the Farce‹ and Molière. In: FSt 2, 1948, 101-128. *Molière, Le médecin malgré lui – Le médecin volant.* Mises en scène de Dario Fo. In: Comédie-Française 186, Juni 1990, 3-26.

1.3   Die Erprobung des Fünfakters: ›L'étourdi‹ und ›Dépit amoureux‹

Die beiden folgenden Stücke *L'étourdi ou Les contretemps* und *Dépit amoureux* stellen Molières erste Versuche mit der fünfaktigen Verskomödie dar. Beide Stücke wurden während des Provinzaufenthaltes geschrieben und uraufgeführt: *L'étourdi* 1655 in Lyon, *Dépit amoureux* 1656 in Béziers; beide gehen auf italienische Vorlagen zurück; mit beiden steht Molière in der Tradition der ›commedia sostenuta‹. Das erklärt auch Eigenheiten beider Stücke: ein starkes romaneskes Element und eine äußerst komplizierte Handlungsführung.

Im Zentrum der Handlung von *L'étourdi* steht Célie, die schöne Sklavin des Trufaldin, der vorgibt, sie von Zigeunern gekauft zu haben. Um sie herum eine Schar von Liebhabern: Léandre und Andrès. Doch nur Lélie hat begründete Aussichten, weil Célie ihn liebt. Allerdings sind die Hindernisse groß: Trufaldin möchte Célie nur verkaufen, und Lélie fehlt das nötige Geld; auch möchte sein Vater ihn mit Hippolyte, der Tochter des greisen Anselme verheiraten; und schließlich sind da die Rivalen, allen voran Léandre. In dieser Konstellation kommt Lélie sein schlitzohriger Diener Mascarille zu Hilfe, der unermüdlich eine List nach der anderen erfindet, um die Hindernisse aus dem Weg zu räumen. Doch steht Lélie sich selbst im Wege, indem er durch seine ›Unbesonnenheiten‹, ›étourderies‹, alle Bemühungen und Erfolge Mascarilles zunichte macht. Drei ›Unbesonnenheiten‹ im ersten Akt, zwei im zweiten; insgesamt zehn: Die ›étourderie‹ also als dramaturgischer Motor, das Stück selbst ein ›Schubladenstück‹, eine ›comédie à tiroirs‹, aus denen beliebig viele weitere ›étourderies‹ hervorgeholt werden könnten. Dazu kommt im letzten Akt eine wunderbare Wiedererkennungsszene, die alle Hindernisse ausräumt: Célie ist Trufaldins Tochter, so dass Lélie sie heiraten kann; Léandre heiratet Hippolyte, die ihn immer schon liebte; und Andrès entpuppt sich als Célies Bruder, was als Erklärung für ihre Gleichgültigkeit ihm gegenüber gilt: Sie folgte im Geheimen der Stimme ihres Blutes.

Sitten und Gebräuche des zeitgenössischen Frankreich, soziale Wirklichkeit also, sind in dieser in Messina spielenden Handlung nicht zu finden. Auch die Protagonisten bleiben ohne sichtbares Profil, mit Ausnahme des Mascarille. Unermüdlich listenreich hält er als Spielgestalter alle Fäden in der Hand. Er ist eine Fortsetzung des Sganarelle des *Médecin volant,* dem er, obwohl ›König der Spitzbuben‹, ›fourbum [sic] imperator‹ (V. 794), mit seinem Anspruch auf Ehrenhaftigkeit, mit seinen tugendhaften Anwandlungen und seiner leichten Verletzbarkeit menschlichere Züge verleiht. Das Stück steht und fällt mit seiner Rolle. Molière, der den Mascarille selbst spielte, behielt es bis 1672 in seinem Repertoire; es war ein sicherer Publikumserfolg.

Dépit amoureux besteht aus zwei Handlungssträngen. Der italienischen Vorlage entstammt der romaneske Aspekt des Stückes: eine Kindesvertauschung, die dadurch noch komplizierter wird, dass ein Mädchen, Ascagne, als Junge ausgegeben und erzogen wird, damit eine bedeutende Erbschaft nicht verloren geht. Nur ihre Vertraute Frosine und das Publikum sind in die Geheimnisse eingeweiht; Vater, Schwester und Hauslehrer halten sie für einen Jungen. Aus dieser unwahrscheinlichen Situation ergibt sich eine verwirrende, oft nur schwer nachvollziehbare Handlung, die erst in dem Augenblick ein gutes Ende findet, da Ascagnes wahre Identität aufgeklärt wird. Innerhalb dieser Personenkonstellation werden die jungen Liebenden Eraste und Lucile in ein turbulentes Spiel voller Missverständnisse, Verwechslungen und Eifersüchteleien hineingezogen. Aus ihnen resultieren dann jene Szenen des ›Liebesverdrusses‹, die dem Stück den Namen gegeben haben. In sorgfältig ausgewogener Parallelität durchläuft hier der Dialog der Liebenden extreme Affekte: Misstrauen, Vorwürfe, Beschimpfungen einerseits und demgegenüber Verlangen nach Liebe, erneuertes Vertrauen, Aussöhnung.

In diesen Szenen des ›dépit amoureux‹ liegt das innovatorische Element dieses Stückes. Mit einem psychologischen Feingefühl für die Ambivalenz der Liebe, wie es in der Komödie vor ihm nicht zu finden war und das manche Interpreten bereits an Marivaux denken lässt, gelingt Molière erstmals die Gestaltung eines lebendigen, empfindsamen Liebespaares fern aller farcenhaften Stereotypie. Hinzu kommt, dass diese Haupthandlung auf der Ebene der Diener parodistisch wiederholt wird; die häufig schon preziös galante, ja pathetische Sprachführung der ›Herren‹ wird durch eine entsprechende Parallelführung auf der Ebene der Diener wie in einem Zerrspiegel gebrochen. Molière wird dieses Verfahren in *Amphitryon* und *Le bourgeois gentilhomme* wieder aufnehmen. Darüber hinaus aber bleiben sowohl die Handlung wie die Personen auch dieses Stückes stereotyp, mit Ausnahme wiederum des Mascarille, der in dramaturgischer Hinsicht indes nicht in gleichem Maße dominiert wie sein Namensvetter im *Etourdi*.

1773 fasste der Schauspieler Valville die ›dépit-amoureux‹-Szenen (Akt I; II 3; II 4; IV 2-4) zu einer zweiaktigen Komödie zusammen, die in dieser Form bis heute zum Repertoire der ›Comédie-Française‹ gehört.

Bibl.: *197; 201-208; 242; 402; 421.* – Molière, *Le dépit amoureux*, éd. critique par N. Peacock; Durham 1989. – *St. Bold*, ›Ce nœud subtil‹: Molière's invention of comedy from *L'étourdi* to *Les fourberies de Scapin*. In: RoR 88, 1997, 67-88. *G. Conesa*, Molière et le ›style d'époque‹. In: *322*, 85-92. *H. G. Hall*, Comedy and Romance in the *Dépit amoureux*. In: *360*, 3-18. *G. Lehnert*, Wunderliche Mädchen: Die Erziehung der Tochter zum Sohn. In: *Dies.*, Maskeraden und Metamorphosen. Als Männer verkleidete Frauen in der Literatur; Würzburg 1994, 163-175. *D. Maskell*, Molière's *L'étourdi*: Signs of things to come. In: FSt 6, 1992, 12-25. *G. Penzkofer*, *Amantium irae, amoris integratio*: Formen und Funktionen des Liebesstreits bei Corneille, Molière und Marivaux. In: ZfSL 104, 1994, 143-162. *M.-H. Prat*, Le dialogue inséré dans le théâtre de Molière. In: *315*, 79-91.

1.4 Die Aktualisierung der Farce: ›Les précieuses ridicules‹

Les précieuses ridicules sind Molières erstes Pariser Theaterstück. Nach der Uraufführung am 18. November 1659 – im Anschluss an Corneilles *Cinna* – zieht Molière das Stück zurück, nimmt es am 2. Dezember wieder auf und zieht es nach dem 9. Dezember ein zweites Mal zurück; erst ab dem 26. Dezember erscheint es regelmäßig auf dem Spielplan und erreicht in Zusammenstellungen mit anderen ›ernsten‹ Stücken bis Oktober 1660 die stattliche Zahl von 44 Aufführungen. Man hat aus diesen Unterbrechungen (vor allem der zweiten) auf Angriffe gegen das Stück geschlossen, die Molière zur Abmilderung seines satirischen Charakters genötigt hätten. Dementsprechend hätte es zwei Fassungen gegeben: eine nicht überlieferte, in der sich Molières Angriffe unmittelbar auf identifizierbare Pariser Zirkel und Personen gerichtet hätten, und die heute bekannte, in der die Satire insofern abgeschwächt sei, als die beiden Protagonistinnen ›Provinzgänse‹ (›pecques provinciales‹) seien (Scherer s.u.*). Die These einer nicht überlieferten stark satirischen Erstfassung stützt sich auf zwei Argumente: auf den zeitgenössischen Hinweis des allerdings unzuverlässigen Baudeau de Somaize (1661), ein ›alcôviste de qualité‹, also ein unmittelbar betroffener Verehrer der Preziösen, habe das Stück ›pour quelques jours‹ verbieten lassen; und weiter auf den *Récit en prose et en vers de la farce des Précieuses* der späteren Roman- und Theaterautorin Marie-Catherine Desjardins, der in der Tat einige Abweichungen gegenüber der endgültigen Fassung aufweist. Beide Argumente können indes nicht als absolut stichhaltig zugunsten der genannten These angesehen werden (Couton *OC* I 253 ff., 1003 ff.; Cuénin [Hg.], 1973; Bourqui [Hg.], 1999). Die vorliegende Fassung der *Précieuses ridicules* bezeugt jedoch unbestreitbar den Funktionswandel der molièreschen Farce: Statt stereotype Handlung und traditionelle Typen zu zeigen, die allein das Lachen des Zuschauers zum Ziel haben, findet sich hier erstmals die kritisch-satirische Darstellung wichtiger Aspekte der zeitgenössischen Wirklichkeit. Keine Komödie Molières mit Ausnahme der ›politischen‹ Stücke der mittleren Phase (cf. S. 82 ff.) bereitet jedoch derartige interpretatorische Schwierigkeiten wie diese erste Pariser Farce. Hier zunächst kurz der Inhalt des Stücks.

Der brave Bürger Gorgibus möchte seine Tochter und Nichte standesgemäß verheiraten. Doch lassen die frisch aus der Provinz zugereisten Damen die beiden Edelleute La Grange und Du Croisy abblitzen, weil sie den preziösen Galanteriekodex nicht in der gewünschten Weise beherrschen. Also sinnen jene auf Rache und

schicken ihre nach Höherem strebenden Diener Mascarille und Jodelet, modisch-galant als Marquis und Vicomte herausgeputzt, zu ihnen. Prompt fallen die beiden Damen auf die ihnen artig erteilten
Komplimente herein. Mascarille und Jodelet steigern sich immer
mehr in ihre Rollen, rezitieren Gedichte und lassen das kulturelle Leben von Paris in seinen vielfältigen Aspekten Revue passieren. Als
schließlich ein Ball veranstaltet werden soll, enthüllen La Grange und
Du Croisy das von ihnen inszenierte Spiel. Unter Stockschlägen werden die Diener ihrer Maske entkleidet. Zurück bleiben die getäusch-
ten ›Preziösen‹, die sich zu allem Unglück noch den Vorwürfen des
Gorgibus ausgesetzt sehen.

Obwohl Molière sie in der Vorrede mehrmals als ›comédie‹ quali-
fiziert, sind *Les précieuses ridicules* eher Farce als Komödie. Dafür sprechen die Einfachheit und Geradlinigkeit der Intrige: entsprechend
der Farcentradition ein böser Streich, den die beiden Preziösen aufgrund ihrer Dummheit und ihres Dünkel selbst verschuldet haben.
Hinzu kommen Verkleidungen, Ohrfeigen, Stockschläge, pantomimi-
sche Einlagen und andere Elemente niederer Komik. Wie in der Farce üblich, behalten die Schauspieler La Grange, Du Croisy und Jodelet auch als Protagonisten ihren Künstlernamen. Schließlich führt
Molière das Stück, einen Einakter in Prosa, als ›petit divertissement‹
im Anschluss an ernste Stücke im Stil des *Cinna* auf.

Das Neuartige dieser Farce aber, das was ihren unmittelbaren Erfolg ausmachte, ist, bei Respektierung »[d]es bornes de la satire
honnête et permise« (›Préface‹), ihr kritisch-satirischer Zeitbezug.
Doch kritischer Bezug auf was? Und Satire wessen? Die neuere Forschung (Pelous *178;* Duchêne *350*; McLean; Richmond; Bourqui
[Hg.], 1999) vertritt seit einigen Jahren die These, dass es *das* Preziösentum, wie ganze Forschergenerationen es in unzähligen Monographien und gelehrten Abhandlungen dargestellt haben, als historisch
und sozial identifizierbare kulturelle Bewegung überhaupt nicht gegeben hat, also weder ein ›wahres‹ noch ein ›falsches‹, weder ein ›ernst-
haftes‹ noch ein ›lächerliches‹ Preziösentum. Daher ist auch die Identifikation konkreter, meist weiblicher Persönlichkeiten der Epoche
mit realen Protagonisten *des* Preziösentums oder gar mit den Protagonistinnen der molièreschen Farce nicht ernsthaft aufrechtzuerhalten.
Eine minuziöse Untersuchung der Begriffe ›précieux‹, ›précieuse‹,
›préciosité‹ hat ergeben, »»qu'au moment où Molière lance le mot, ou
au moins le popularise, celles qu'on a appelées précieuses sont non
seulement peu nombreuses, mais insaisissables«, dass sie also keine
»groupe cohérent ayant une attitude et des idées communes« darstellen (Duchêne, 1999, 108). Anders formuliert: »La *préciosité* est un

concept sans référent réel [... Elle] est de l'ordre de la représentation de la réalité plutôt que de la réalité elle-même« (Bourqui [Hg.], 1999, 123). In Fortsetzung seiner Molièrebiographie hat Duchêne in *Les précieuses ou Comment l'esprit vint aux femmes* (*161*), einer meisterhaften Synthese seiner zahlreichen, sich über ca. zehn erstreckenden Artikel zum Themas des Preziösentums, diesem als einer literatur- bzw. kulturgeschichtlich identifizierbaren Bewegung den endgültigen Todesstoß versetzt; alle im Zusammenhang mit den *Précieuses ridicules* entstandenen Texte finden sich hier erstmals versammelt und erlauben ein lückenloses Studium des sich neu ergebenden Sachverhalts.

Wenn die Protagonisten der *Précieuses ridicules* letztlich also ›imaginaires‹ sind und der Gegenstand des Stückes ein ›sujet chimérique‹ (Duchêne *350*, 224), worin besteht dann der satirische Charakter dieser Farce? Ausgehend von der Beobachtung, dass das Adjektiv ›précieux‹ in den *Précieuses ridicules* nur zweimal vorkommt, das Adjektiv ›galant‹ dagegen dreizehnmal, verweist Duchêne darauf, dass die satirischen Ausfälle des Stücks großenteils wörtliche Übernahmen aus den 1644 erstmals erschienenen *Lois de la galanterie* des Charles Sorel sind. In ironisch-satirischer Form stellt Sorel in seiner Schrift Umgangsformen, Lebensgewohnheiten und Modeerscheinungen der gehobenen, ›mondänen‹, dem Kodex der ›Galanterie‹ verpflichteten Gesellschaft seiner Zeit dar. Bei ihrer Neuauflage 1658 haben diese *Lois de la galanterie, de nouveau corrigées et amplifiées par l'assemblée générale des galants de la France,* wie der deutlich ironisch geprägte Titel jetzt heißt, offensichtlich nichts von ihrer Aktualität verloren. So kann sich Molière zur Abfassung der *Précieuses ridicules* großzügig bei Sorel bedienen. Markante Details der Personengestaltung der beiden ›Provinzgänse‹ und ihrer Liebhaber, ihres Verhaltens und ihrer Gesprächsthemen sind mehr oder minder direkte Übernahmen aus Sorels Vorlage, von Molière allerdings häufig ins Burleske oder gar Groteske gesteigert (umfangreiche Auszüge bei Bourqui [Hg.], 1999). Das Neuartige der *Précieuses ridicules* besteht also in der Aktualität des von Molière aufgegriffenen Themas und in dem augenzwinkernden Einverständnis, das er zwischen Bühne und Zuschauerraum herstellt. Das zeitgenössische Publikum kann sich daher in einer Bühnenhandlung wiedererkennen, die, bei weitgehender Aussparung aller ernsthaften Aspekte, vorrangig seinem eigenen ›divertissement‹ dienen soll: zweifellos ein nicht unwichtiger Faktor für den Erfolg dieses Stücks.

Die *Précieuses ridicules* sind Molières erster großer Pariser Erfolg mit allen entsprechenden Begleiterscheinungen: ein materieller Erfolg in erster Linie, der aber zugleich eine Schar von Nutznießern und Plagiatoren auf den Plan ruft. Die Folge ist eine kaum überschaubare

Fülle von Publikationen in Sachen ›Preziösentum‹, zu denen auch Mlle Desjardins' bereits erwähnter *Récit* zu zählen ist. Vor allem der ansonsten unbekannte Baudeau de Somaize versucht, Molières Erfolg mit einer Versfassung der *Précieuses ridicules* und der selbständigen Komödie *Les véritables précieuses* für sich nutzbar zu machen; weiter verfasst er ein *Grand dictionnaire* zur Sprache der Preziösen, das mit äußerster Vorsicht zu benutzen ist, und ein zweites zur Geschichte des Preziösentums mit anfechtbaren Informationen. Der ansonsten nicht weiter bekannte Autor Gabriel Gilbert verfasst eine heute verloren gegangene Komödie *La vraie et la fausse précieuse* (1660). Editorisch möchte der Verleger Ribou Molières Erfolg durch einen Raubdruck für sich ausnutzen, nötigt dadurch allerdings Molière selbst zur eiligen Publikation seines Stückes. Großen Widerhall finden sodann die erstmals gegen Molière erhobenen Vorwürfe wie diejenigen des Somaize, Molière plagiiere inhaltlich und in seiner Spielweise lediglich die Italiener und treibe für seine Stücke durch private Lesungen und Freikarten in unzulässiger Weise Werbung. Der gravierendste Vorwurf stammt allerdings von Thomas Corneille: Molière sei als Autor und Schauspieler nur ein ›farceur‹, unfähig zur angemessenen Behandlung und Darstellung ernster Stoffe; durch ›Bagatellen‹ im Stil der *Précieuses ridicules* diskreditiere er die hohe Tragödie und stelle zugleich die von Richelieu eingeleiteten Reformen in Frage. Der hier erstmals erhobene ›Farcenvorwurf‹ wird Molière auf Jahre hinaus verfolgen, bis er schließlich, selbstbewusst und in kühner Provokation, in *La critique de ›L'école des femmes‹* (Sz. 6) die herkömmliche Gattungsordnung auf den Kopf stellt und die Komödie der Tragödie überordnet. Pointiert formuliert hat Molière mit seinen *Précieuses ridicules* den Begriff und die Sache des Preziösentums überhaupt erst lanciert. Das spätere Preziösentum der Literatur- und Kulturgeschichte ist sozusagen das postume Produkt der spektakulären Reaktionen, die sein Stück hervorruft, sowie der Imitationen meist zweitrangiger Autoren (Somaize; Gilbert) und der Geschäftstüchtigkeit einiger Verleger, die allesamt von Molières literarischem Erfolg profitieren möchten. Denn über den literarischen Aspekt hinaus verdankt das Stück seinen Erfolg vor allem den herausragenden schauspielerischen Leistungen Molières, der den vermeintlichen Marquis de Mascarille spielte und dabei alle Register seines schauspielerischen Könnens zog. Möglicherweise erklärt sich die anfängliche doppelte Rücknahme der *Précieuses ridicules* vom Spielplan auch durch Molières Überlegung, nicht durch eine En-Suite-Aufführung dem ›Farcenvorwurf‹ Vorschub zu leisten (Duchêne *350,* 204 ff.).

Auch wenn Molières *Précieuses ridicules* hinsichtlich eines historischen Preziösentums als eine Art *creatio ex nihilo* gelten müssen, sind doch die satirischen Aspekte der Farce unübersehbar. Nur kurze Zeit vor ihrer Abfassung hatte der Abbé Michel de Pure einen vierteiligen Roman mit dem Titel *La prétieuse ou Le mystère des ruelles* (1656-58) veröffentlicht. Als Roman gehört *La prétieuse...* in den Bereich der literarischen Fiktion; sein Dokumentarwert ist also beschränkt. In Bezug auf ›la prétieuse‹ heißt es dort ohne weitere Definition: »C'est un mot du temps, c'est un mot à la mode«. Molière greift also ein Thema auf, das gewissermaßen ›in der Luft‹ liegt. Als Reaktion auf de Pures Roman, doch insbesondere im Gefolge von Molières Farce und der Reaktionen, die sie zeitigt, entwickelt sich eine Debatte über den Begriff der ›préciosité‹ und ihre weibliche Repräsentantin, ›la précieuse‹, deren Bild in den meisten Fällen negativ besetzt ist. Eine genaue Definition und eine präzise soziologische Eingrenzung fallen schwer; doch lassen sich ihre Interessengebiete recht genau beschreiben. Sie betreffen jene Themen, die die erste Fassung von Sorels *Lois de la galanterie* bereits ironisch-kritisch dargestellt hatte, die jetzt aber deutlicher negativ bzw. lächerlich konnotiert werden: eine oft ausgeklügelte Verfeinerung des Sprachverhaltens und der Umgangsformen; eine überspitzte Kodifizierung der Kleidung und der Beziehungen zwischen den Geschlechtern; ein zur Schau gestellter Intellektualismus, der zur Abwertung alles Körperlichen einschließlich der Sexualität führt; schließlich eine Verachtung alles Pedantischen, Provinziellen, Bürgerlichen. In den zentralen Szenen 4 und 9 seiner Farce greift Molière einen Großteil dieser Themen kritisch auf und macht sie lächerlich. Vor allem der häufig in den Bereich der Prüderie verweisende Platonismus seiner Protagonistinnen ist ihm, weil in sich widersprüchlich und zutiefst unaufrichtig, ein Ärgernis. Denn für die ›Preziösen‹ besteht er in dem Paradox »à aimer tendrement leurs amants sans jouissance, et à jouir solidement de leurs maris avec aversion« (Saint-Evremond, zitiert *OC* I 250). Cathos' Abneigung gegen die Ehe (»une chose tout à fait choquante«) und gegen die Vorstellung »de coucher contre un homme vraiment nu« (Sz. 4) ist die groteske Folge eines solchen Platonismus. Allerdings muss sich der heutige Leser hüten, insbesondere die sprachlichen Auswüchse des Stückes für bare Münze zu nehmen. In diesem Bereich ist die karikaturistische Verzerrung besonders deutlich; durch komisch-satirische Überzeichnung gibt Molière in den Grenzen einer ›satire honnête et permise‹ vermutlich großenteils tatsächliche oder aber auch nur virtuelle Exzesse der Lächerlichkeit preis. Einen durchaus realistischen Bezugspunkt besitzt, trotz aller Typenhaftigkeit, jedoch die Figur des ›bon bourgeois‹ Gorgibus, der die Tradition der autoritären, geldbesessenen, ›ungalanten‹ Familienväter eröffnet, die nach ihren Interessen über das Glück ihrer Kinder zu entscheiden suchen. Als Homonym wird er in Molières nächster Farce *Sganarelle ou Le cocu imaginaire* wieder präsent sein, um sich im Arnolphe der *Ecole des femmes* und anderen Bürgervätern späterer Stücke zu einem individualisierten Protagonisten weiterzuentwickeln.

In soziologischer Perspektive ist das in Molières Farce ridikülisierte ›Preziösentum‹ ein Ergebnis der Fronde, selbst wenn, wie Sorels erste Fassung der *Lois de la galanterie* zeigt, seine Anfänge weiter zurückreichen. Nach der Niederschlagung der Fronde ziehen sich wichtige Teile der Hocharistokratie und des Parlamentsbürgertums aus dem politischen Leben zurück, um in häufig von (adeligen) Frauen geleiteten Salons den politischen und militärischen Funktionsverlust durch das Streben nach Verfeinerung der Umgangsformen zu kompensieren. Daraus entsteht ein ästhetischer und ethischer Kodex der ›Galanterie‹, der, wie das Ideal der ›honnêteté‹, durchaus standesübergreifend, zugleich aber auch ›feministisch‹ wirkt, indem er der Frau eine starke gesellschaftliche Rolle zubilligt. In den fünfziger Jahren wird dann der Salon der Mlle de Scudéry ein Zentrum einer derart verstandenen ›Galanterie‹ sein. Doch hat Molière nicht, wie von der älteren Forschung oft behauptet, die bürgerliche Variante einer in ihrem Ursprung adeligen ›Preziosität‹ angreifen wollen, die sich vom Salon der Marquise de Rambouillet herleitet. Die bürgerlich provinzielle Herkunft seiner Protagonistinnen dient ihm als Alibi, um ›preziöse‹ Exzesse einer dem Kodex der ›Galanterie‹ verpflichteten Gesellschaft lächerlich zu machen. Dabei zielt die Satire der *Précieuses ridicules*, wie mehrere Anspielungen zeigen, auch direkt auf Mlle de Scudéry und die spitzfindigen Unverbindlichkeiten ihrer Romane. Insbesondere die Vorliebe für das literarische Porträt und für lyrische Kleingattungen, die die Szene 9 parodiert, erscheint Molière als das literarische Pendant einer gefährlichen Aussonderung aus größeren gesellschaftlichen Zusammenhängen. Daher besitzt die Satire der *Précieuses ridicules* durchaus bereits eine ›politische‹ Dimension. Aber natürlich ist zumindest die heute vorliegende Fassung keine persönliche Satire, die Molière übrigens immer abgelehnt hat. Und überhaupt sucht er im Augenblick keinerlei ernsthafte Auseinandersetzung mit Personen oder Institutionen. Vielmehr greift er in diesem vermutlich schnell niedergeschriebenen Stück einige ihm besonders lächerlich erscheinende Aspekte des zeitgenössischen gesellschaftlichen Lebens heraus, um daraus ein möglichst erfolgreiches Theaterstück zu machen. Der ernste Aspekt der ›Galanterie‹, die implizite Forderung nach einer Emanzipation der Frau, bleibt hier noch außerhalb seines Blickfeldes.

Andererseits ist unverkennbar, dass trotz des stark literarisch vermittelten Charakters zahlreicher inhaltlicher Aspekte der *Précieuses ridicules* – bedingt durch den Bezug zu Sorels *Lois de la galanterie* – und trotz der unverkennbaren burlesk-grotesk-komischen Verformung im Ganzen wie in vielen Details, Molières Farce durchaus auch ernste Absichten verfolgt. Indem sie die kleinen ›mondänen‹ literarischen Gattungen mit ihren meist ›galanten‹ Inhalten und prätentiösen, doch unverbindlichen formalen sowie sprachlichen Spielereien der Lächerlichkeit preisgibt, diskreditiert sie zugleich ein entsprechendes gesellschaftliches Verhalten, das sich hinter ihnen offenbart. Sie denunziert eine Unverbindlichkeit von Literatur und Sprache, die sich in spitzfindiger, ›geistreicher‹ Geselligkeit selbst genügt, und greift damit erstmals Themen auf, denen Molière in späteren Stücken (*Le misanthrope; Les femmes savantes*) größeres Gewicht und eine ›ernsthaftere‹ Behandlung zuteil werden lassen wird.

Bibl.: *161; 170; 178; 197; 335,* 35-42; *350,* 202-264. – *Molière, Les précieuses ridicules.* Documents contemporains, hrsg. von M. Cuénin, Genf 1973. *Ders., Les précieuses ridicules. Comédie. – Die lächerlichen Preziösen. Komödie.* Mit einer Anthologie preziöser Texte von Mlle de Scudéry, hrsg. und übersetzt von R. Baader; Stuttgart 1997. *Molière, Les précieuses ridicules,* hrsg. von Cl. Bourqui; Paris 1999. – *A. Adam,* La genèse des *Précieuses ridicules.* In: Revue d'histoire de la philosophie et d'histoire générale de la civilisation 7, 1939, 14-46. *N. Aronson,* »Je vois bien que c'est un Amilcar«: Mlle de Scudéry et *Les précieuses ridicules.* In: PFSCL XX, 38, 1993, 85-95. *R. Baader,* Komische Lektionen aus dem literarischen Salon: Molière, Mlle de Scudéry und das Preziösentum. In: RZLG 20, 1996, 29-47. *A. Baudeau de Somaize,* Le grand dictionnaire des précieuses (1661); 3 Bde. Reprint Genf 1972. *R. Duchêne,* De Sorel à Molière, ou la rhétorique des précieuses. In: *316,* 135-145. *Ders.,* Précieuses ou galantes ridicules? In: *324,* 357-366. *Ders.,* A la recherche d'une espèce rare et mêlée: les Précieuses avant Molière. In: PFSCL XXII, 43, 1995, 331-358. *Ders.,* Le Nouveau Dictionnaire des Précieuses. In: PFSCL XXVI, 50, 1999, 91-109. *K. Gatzke,* Die Übertragung des Preziösen in den deutschen Übersetzungen von Molières *Les précieuses ridicules.* In: *501,*187-223. *R. Lathuillière,* La préciosité. Etat présent. In: OeC 1, 1976, 8-23. *I. McLean,* La voix des précieuses et les détours de l'expression féminine. In: *314,* 47-72. *G. Mongrédien,* (Hg.), Les précieux et les précieuses. Intr. et choix; Paris 1963. *M. Pure, Abbé de,* La précieuse ou Le mystère des ruelles; 2 Bde. Genf 1938. *I. Richmond,* Préciosité et valeurs. In: *314,* 73-94. *J. Scherer,* Aventures des précieuses. In: *300,* 850-862; auch in: *281,* 261-272. *A. Viala,* Préciosité. In: *127,* ›Préciosité‹. *W. Zimmer,* Die literarische Kritik am Preziösentum; Meisenheim am Glan 1978.

›galant‹; ›galanterie‹: *166,* 181-272; *178.* – *M. Cuénin,* Roman et société sous Louis XIV; Lille 1979. *P. Dandrey,* Les deux esthétiques du classicisme français. In: Litt. classiques 19, 1993, 145-170. *D. Denis,* La muse galante. Poétique de la conversation dans l'œuvre de Madeleine de Scudéry; Paris 1997. *Dies*. (Hg.), ›Introduction‹ zu *Madeleine de Scudéry, De l'air galant et autres conversations*; Paris 1998, 9-28. *R. Duchêne*, Mme de Sévigné et la lettre d'amour; Paris 1969. *A. Viala*, ›L'esthétique galante‹; Einführung zu *Discours sur les Œuvres de M. Sarasin*; Toulouse 1989. *Ders.*, D'une politique des formes: la galanterie. In: XVIIᵉ siècle 182, 1994, 143-151. *Ders.*, La littérature galante: Histoire et problématique. In: *311*, 101-113. *Ders.*, L'esprit galant. In: *313*, 53-74. *Ders.*, Le naturel galant. In: *310*, 61-76. *Ders.*, »Qui t'a fait *minor*?« Galanterie et classicisme. In: Litt. classiques 31, 1997, 115-134. *Ders.*, Molière et le langage galant. In: *329*, 99-109.

1.5 Die Humanisierung der Farce: ›Sganarelle ou Le cocu imaginaire‹

Im Vergleich zu *Les précieuses ridicules* stellt Molières folgendes Stück *Sganarelle ou Le cocu imaginaire* (Uraufführung 28. Mai 1660) auf den ersten Blick einen Rückschritt dar. Statt einer weiteren kritischen Beschäftigung mit aktuellen Fragen hier nun ein Rückgriff in das Arsenal traditioneller Typen und Themen der Farce: Der Titelheld des neuen Stückes ist bereits aus den beiden Provinzfarcen bekannt, und auch das Hahnreithema bildete einen wichtigen Bestandteil von *La jalouise du barbouillé*. Dennoch bedeutet das Stück einen großen Schritt in Molières künstlerischer Entwicklung.

Im Mittelpunkt der Handlung steht das traditionelle Liebespaar Lélie und Célie. Doch Gorgibus möchte Lélies Abwesenheit nützen, um seine Tochter mit dem ihm genehmeren Valère, Sohn des wohlhabenden Villebrequin, zu verheiraten. Alle Proteste Célies fruchten nichts, und auch ihre Dienerin rät ihr zur Heirat mit Valère. Da fällt Célie nach einem Blick auf Lélies Porträt in Ohnmacht, die Dienerin ruft um Hilfe, Sganarelle eilt herbei, tastet Célies Busen, um zu sehen, ob sie noch lebt, und trägt sie ins Haus. Doch seine Frau war hinzugekommen, hatte die Szene beobachtet und fühlt sich betrogen. Diesem ersten Missverständnis folgt das zweite auf dem Fuß: Sganarelles Frau findet Lélies Porträt, das Célie entglitten war, und betrachtet es mit wachsender Verzückung. Sganarelle kommt zurück, entreißt es ihr und fühlt sich seinerseits betrogen. Nun kommt Lélie hinzu, sieht sein Porträt in Sganarelles Händen und fühlt sich seinerseits hintergangen. An dieses dritte Missverständnis schließt sich das vierte unmittelbar an; denn Célie kann Lélies Reaktionen ihr gegenüber nicht deuten; sie glaubt, er betrüge sie mit Sganarelles Frau. Aus Rache erklärt sie sich ihrem Vater gegenüber bereit, Valère zu heiraten. Doch die energische Dienerin kann die Missverständnisse aufklären, und da Valère ohne Wissen seines Vaters bereits anderwärts geheiratet hat, sind alle Hindernisse glücklich ausgeräumt, so dass Lélies und Célies Eheglück nichts mehr im Wege steht.

Kein früheres Stück Molières ist von solch dramaturgischer Meisterschaft wie der nur 657 Alexandriner umfassende *Sganarelle*: eine enge Verknüpfung vierundzwanzig kurzer, handlungsnotwendiger Szenen; eine Verquickung von Missverständnissen und wachsende Eifersucht, so dass alle Hauptpersonen sich schließlich betrogen fühlen; ein sich beschleunigender Handlungsrhythmus, bis die ausweglos erscheinende Situation durch die Dienerin entwirrt wird und das kunstvolle Gebäude von Missverständnissen und Verdächtigungen wie ein Kartenhaus in sich zusammenfällt: statt der lockeren, Improvisationen begünstigenden Handlungsstruktur der Provinzfarcen hier erstmals ein dramaturgisch strenger Aufbau, der alles Episodenhafte und Zufällige ausschließt.

Auch in der Personengestaltung gelangt Molière über die Typenhaftigkeit der Farce hinaus. Drei Personen tragen keinen Namen: Sganarelles Frau, ein Verwandter und Célies Dienerin. Doch schon bei ihr zeigt sich, wie sie der Farce entwächst: Beredt rät sie Célie zur Heirat mit Valère; denn sie ist Witwe und weiß, was es heißt, lange Nächte allein zu verbringen; sie ist es auch, die mit ihrem ›bon sens‹ den allseitigen Verdächtigungen ein Ende bereitet. Auch Gorgibus entwächst der Farce. Er wettert nicht nur wie sein Homonym der *Précieuses ridicules* gegen die Romane und damit gegen das Romaneske in der Literatur; er ist bereits ein autoritärer, geldbesessener Vater, wie es deren noch viele in Molières Theater geben wird. Als Typ wird er von nun an verschwinden und in die verschiedenen Vatergestalten übergehen. Erst recht lässt Sganarelle seine Vorgänger vergessen. Doch nicht etwa, weil er noch gewitzter wäre als der Mascarille des *Etourdi*. Vielmehr gelingt Molière mit dieser Gestalt eine Vermenschlichung, wie sie bisher nicht nur für den Diener in der Komödie unbekannt war. Dieser Sganarelle ist das durch Lachen humanisierte Ebenbild eines ständig zwischen Extremen hin und her gerissenen Menschen. So schwankt er zwischen dem Willen zum Guten und Edlen, ja zur Wahrheit auf der einen Seite und der Angst, der Feigheit und dem Kompromiss auf der anderen, zwischen übersteigertem Selbstbewusstsein und selbstzerstörerischem Zweifel. Sein Monolog (Sz. 17), Molières erster großer Monolog, legt abwechselnd die widersprüchlichen Aspekte seiner Persönlichkeit frei. Dieser Sganarelle präludiert nicht nur die gleichnamige Dienergestalt des *Dom Juan,* sondern all jene anderen in sich gefangenen, verrückt-lächerlichen Protagonisten Molières von Arnolphe über Alceste zu Argan. Vor allem aufgrund dieser Humanisierung des Sganarelle verweist das Stück über die Farce hinaus auf die ›Charakterkomödie‹. Zukunftsweisend ist schließlich auch die junge Célie, die erstmals den in den bald folgenden *Ecoles* erhobenen Anspruch der jungen Mädchen auf freie Gattenwahl, wenngleich noch zaghaft, ihrem Vater gegenüber zu vertreten wagt.

Sganarelle ist im Jahr seines Erscheinens kein durchschlagender Erfolg. Doch behält Molière das Stück im Repertoire, so dass es bei seinem Tode mit 123 Aufführungen sein meist gespieltes sein wird. Ähnlich wie *Les précieuses ridicules* wird es noch 1660 plagiiert; Beachtung aber verdient insbesondere ein im gleichen Jahr wiederum von Ribou besorgter Raubdruck, der eine auf der Aufführung basierende Inhaltsangabe jeder Szene enthält (*OC* I 1225 ff.), die ein nicht unwichtiges Dokument für Molières Schauspielkunst ist. Aus den oft umständlichen Formulierungen lässt sich erahnen, worin sich Molière, der den Sganarelle spielte, als ›farceur‹ von seinen Vorgängern unterscheidet: Gestik, Mimik und szenisches Spiel sind für ihn nicht mehr nur mehr oder minder arbiträre Mittel zur Erzeugung von Komik, sondern dienen der Erhellung und Humanisierung der inneren Dimension der Protagonisten. So z. B., wenn Sganarelle vermutlich grotesk bewaffnet auftritt, um Lélie zu töten (Sz. 21), sich dann aber, weil er kaum wagt, ihm in die Augen zu schauen, selbst Tritte versetzt und ohrfeigt.

Molières Zeitgenossen haben sich in der Bedeutung dieser Farce nicht getäuscht. Aufgrund der gestrafften Dramaturgie, der vertieften seelischen Durchdringung der Protagonisten und der Funktionalisierung traditioneller Elemente der Farcenkomik ist es sein erstes ›großes‹ Stück, das auch heute noch Leser und Zuschauer unmittelbarer ansprechen dürfte als die literarhistorisch bekannteren *Précieuses ridicules*.

Bibl.: *196-198; 208,* 77-101. – *J.* Carson, On Molière's Debt to Scarron for *Sganarelle, ou Le Cocu Imaginaire.* In: PFSCL XXV, 49, 1998, 545-554. *G. Mongrédien, Le cocu imaginaire* et *La cocue imaginaire.* In: *300,* 1024-1034. *J.-M.* Pelous, Les métamorphoses de Sganarelle: La permanence d'un type comique. In: *300,* 821-849.

1.6 Der Fehlschlag der Tragödie: ›Dom Garcie de Navarre ou Le prince jaloux‹

Das Stück (Uraufführung 4. Februar 1661) ist Molières einziger Versuch in der Tragödiengattung und zugleich ein totaler Misserfolg.

Nach zwei Wochen zieht er es vom Spielplan zurück, obwohl es ihm allem Anschein nach sehr am Herzen gelegen hat. Bereits vor der Aufführung der *Précieuses ridicules* soll er es in privaten Zirkeln vorgelesen haben, und schon im Mai 1660 bemüht er sich um eine Druckerlaubnis. Offensichtlich hat er es noch fast ein Jahr lang zurückgehalten, um der Eröffnung des ›Palais-Royal‹ größeren Glanz zu verleihen. Nach dem Scheitern übernimmt er zahlreiche Verse und Passagen in spätere Stücke, insbesondere in *Le misanthrope,* aber auch in *Le Tartuffe, Amphitryon* und *Les femmes savantes.* Dennoch wird das Stück zu seinen Lebzeiten nicht gedruckt; es erscheint erstmals 1682 in der von Vivot/La Grange besorgten Gesamtausgabe seiner Werke.

Die Handlung ist im Milieu der spanischen Hocharistokratie angesiedelt. Im Mittelpunkt steht Dom Garcie, Prinz von Navarra, der Done Elvire, Prinzessin von Leon, leidenschaftlich liebt; ohne ihm ihre Liebe einzugestehen, erwidert sie sie mit ebensolcher Leidenschaft. Doch gleichzeitig liebt sie Dom Sylve, mit dem feinen Unterschied allerdings, dass diese Liebe nicht auf Leidenschaft beruht, sondern vernunftgesteuert ist. Die rivalisierende Liebe der Männer und insbesondere die krankhafte Eifersucht des Dom Garcie sind die dramaturgische Triebfeder des Stückes. Jedem der fünf Akte entspricht ein Eifersuchtsanfall des Dom Garcie, bis sich schließlich herausstellt, dass Dom Sylve nur vermeintlicher Prinz von Kastilien, in Wirklichkeit aber Dom Alphonse, Prinz von Leon, und Elvire daher seine Schwester ist.

In dramaturgischer Hinsicht ist *Dom Garcie* also, wie zuvor bereits der *Etourdi,* eine ›comédie à tiroirs‹. Inhaltlich ist das Stück stark von der ›Galanterie‹-Diskussion beeinflusst. So vor allem hinsichtlich der für die Personenkonstellation und Handlungsführung wichtigen Unterscheidung in ›amour-passion‹ und ›amour-estime‹, die unmittelbar auf Mlle de Scudérys ›Carte du pays de tendre‹ zurückverweist. Im Mittelpunkt aber steht die Erörterung einer zentralen ›galanten‹ Frage, ob nämlich ein Liebhaber eifersüchtig sein dürfe oder nicht. Dom Garcies Makel ist gerade die Eifersucht, die allerdings entscheidend aus Elvires Unfähigkeit resultiert, ihm ihre Liebe zu gestehen, also jenen »aveu qui fait tant de peine« auszusprechen. Zu den galanten Elementen kommen die romanesken. So hat Dom Garcie Done Elvire durch die Erstürmung einer Stadt vor einer unehrenhaften Zwangsehe bewahrt und sich dadurch ihrer Liebe allererst würdig erwiesen. Romanesk ist vor allem auch die wundersame Identifizierung des vermeintlichen Dom Sylve als Elvires Bruder Dom Alphonse (V 5), womit endlich der Rivale beseitigt wird und das Stück glücklich enden kann. Darum ist es für Molière gattungsmäßig eine ›comédie‹; aufgrund des Milieus, in dem es spielt, wäre jedoch die Bezeichnung ›comédie héroïque‹, wie für Corneilles *Don Sanche d'Aragon,* mit dem es zahlreiche Gemeinsamkeiten verbindet, oder auch ›tragi-comédie‹, wie für den *Cid,* angemessener. Doch die Woge der ›tragi-comédie‹ ist längst verebbt. In solcher Unzeitgemäßheit liegt ohne Zweifel ein Grund für das Scheitern des Stückes. Hinzu kommt die Verwirrung eines Publikums, für das Molière nach *Les précieuses ridicules* und *Sganarelle* ein Feind des Romanesken und galanter Spitzfindigkeiten ist, der hier jedoch der Versuchung der von ihm lächerlich gemachten Laster selbst erliegt. Schließlich ist auch Molières physiologische Unfähigkeit für heroische oder tragische Rollen in Rechnung zu stellen. Das Publikum, das ihn als Mascarille oder Sganarelle bewundert hatte, dürfte ihn kaum als eifersüchtig aufbrausenden oder wehleidig schmachtenden Prinzen akzeptiert haben. Es scheint, als sei Molière bereits bei der ersten Aufführung ausgepfiffen worden, so dass er sich danach als Darsteller des Dom Garcie ersetzen ließ (*OC* I 1103 und Mongrédien *377* I 141).

Bibl.: *208,* 59-75; *459; 467.* – *J. Chupeau, Dom Garcie de Navarre ou les le-çons d'un échec.* In: CLDS 6, 1984, 67-76. *J. Dubu,* Molière et le tragique. In: *288,* 33-55. *M. Gutwirth, Dom Garcie de Navarre et Le misanthrope:* De la comédie héroïque au comique du héros. In: *281,* 278-304; auch in: *406,* 69-86. *B.-M. Kylander, Dom Garcie de Navarre* – une comédie manquée de Molière. In: *G. Boysen* (Hg.), Actes du XIIᵉ congrès des romanistes scandinaves; 2 Bde. Aalborg 1994, I 297-307.

1.7   Die Geburt der Ballettkomödie: ›Les fâcheux‹

Die ersten acht Monate des Jahres 1661 sind für Molière eine ungemein schöpferische Periode. *Dom Garcie de Navarre* war am 4. Februar uraufgeführt worden. *L'école des maris,* die hier zusammen mit *L'école des femmes* behandelt wird, folgt am 24. Juni. Bereits am 17. August findet die Erstaufführung von *Les fâcheux* statt. Die Abfolge der Daten zeigt, unter welchem Zeitdruck die drei Akte dieser Komödie geschrieben worden sind. Im Vorwort lässt Molière durchblicken, dass er den Auftrag gar erst vierzehn Tage vor der Aufführung erhalten habe: »Jamais entreprise au théâtre ne fut si précipitée que celle-ci, et c'est une chose, je crois, toute nouvelle qu'une comédie ait été conçue, apprise et représentée en quinze jours«. Anlass waren die Feierlichkeiten zur Einweihung von Foucquets Prachtschloss in Vaux-le-Vicomte, von denen La Fontaines Brief an seinen Freund Maucroix ein anschauliches Bild vermittelt (*OD* 522 ff.).

Wie für königliche Festlichkeiten üblich, lautete auch hier der Auftrag: eine Komödie, an die sich ein Ballett anschließen sollte. Molières folgenreicher Einfall besteht darin, die beiden gewöhnlich voneinander unabhängigen Teile zu einer thematischen Einheit zu verbinden. Doch die daraus resultierende neue Kunstform entsteht nicht ohne äußeren Zwang. Da Molière nämlich nicht über genügend Tänzer verfügt, verlegt er die Balletteinlagen an die Aktenden, so dass die gleichen Tänzer die Möglichkeit zum Kostümwechsel haben und mehrfach auftreten können. Damit aber die musikalischen Einlagen nicht als Fremdkörper empfunden werden, ist Molière darauf bedacht »[de] les coudre au sujet du mieux que l'on put, et de ne faire qu'une seule chose du ballet et de la comédie«. Aus Zeitgründen gelingt die Verschränkung der beiden Teile nicht absolut befriedigend. Doch weiß Molière, dass er dem Theater mit Les fâcheux neue Perspektiven eröffnet:

C'est un mélange qui est nouveau pour nos théâtres, et dont on pourrait chercher quelques autorités dans l'antiquité; et, comme tout le monde l'a trouvé agréable, il peut servir d'idée à d'autres choses qui pourraient être méditées avec plus de loisir. (*OC* I 484)

Unter Zeitdruck und materiellen Zwängen vollzieht sich hier ein Stück Theaterrevolution: Les fâcheux sind ein erstes Beispiel jener Ballettkomödien, die in Molières späterem Schaffen einen großen Raum einnehmen werden. Er tut damit einen ersten wichtigen Schritt in Richtung auf ein Gesamtkunstwerk, in dem sich das Wort mit Musik, Tanz und Gesang (Lulli), mit prachtvollen Kostümen und blendenden Dekorationen (Le Brun) zu einer neuen künstlerischen Einheit zusammenfindet. Molière wird in späteren Jahren die in Les fâcheux erprobte Formel perfektionieren; allerdings werden bei ihm die nicht-verbalen Elemente dem Text immer untergeordnet bleiben.

Inhalt und Aufbau von Les fâcheux sind denkbar einfach. Im Mittelpunkt der Handlung steht ein junges Liebespaar: Eraste, der die Geliebte Orphise in einer Parkallee treffen soll und durch zehn ›Lästige‹ immer wieder von seinem Rendez-vous abgehalten wird. Die Abfolge der Begegnungen gestaltet sich nach dem schon aus L'étourdi bekannten additiven Verfahren einer ›comédie à tiroirs‹. Der darin enthaltenen Gefahr der Monotonie entgeht Molière durch kunstvolle, in den drei Akten identische Anordnung: Auf die Begegnung mit dem ersten ›Lästigen‹ folgt eine Szene zwischen Eraste und seinem tölpelhaften Diener; daran schließt sich der Auftritt des zweiten ›fâcheux‹ an, dessen Eraste sich mit Mühe entledigen kann, um mit

Orphise einige kurze, durch Missverständnisse und Eifersucht geprägte Worte zu wechseln, ehe der dritte ›Lästige‹ sie unterbricht. Das größte und letzte Hindernis stellt Orphises Vormund Damis dar, der, obwohl schon in Akt I erwähnt, erst in III 5 auftritt, um Eraste ermorden zu lassen. Doch dessen Diener stürzen sich auf ihn und würden ihn töten, träte Eraste nicht mit dem Schwert in der Hand dazwischen und rettete ihm das Leben. Als Dank wird ihm endlich Orphise zugesprochen.

Der Reiz des Stückes liegt in der Verschiedenheit und Aktualität der Porträts. Denn einerseits schöpft Molière mit Virtuosität aus einem reichhaltigen traditionellen Typenarsenal; zugleich aber karikieren seine eigenen ›Lästigen‹ Typen der zeitgenössischen Gesellschaft. Dabei lässt sich vom aufdringlichen Gernegroß, dem eingebildeten Komponisten und den Duellanten (I 1, 3 + 6) über den Kartenspieler und die theoretisierenden galanten Damen (II 2 + 4) bis zu den im Gelehrtenjargon argumentierenden Humanisten und dem eigennützigen Ratgeber (III 2+3) durchaus ein Crescendo der Lästigkeit wie auch der Aktualität der Karikaturen beobachten. Nicht zufällig soll Ludwig XIV. nach der Uraufführung unter Hinweis auf eine am Hofe allseits bekannte Persönlichkeit um die Hinzufügung eines weiteren ›Lästigen‹, des Jägers Dorante (II 6), gebeten haben.

Der zeitkritische Gehalt von *Les fâcheux* ist daher beträchtlich. Die im engeren Sinn politische Dimension des Stückes wird in der Karikatur des Spekulanten Ormin (III 3) und seinem Ratschlag deutlich, sämtliche französische Küsten zur Förderung des Überseehandels, und natürlich vor allem zur individuellen Bereicherung, mit Häfen zu überziehen. Indem Molière einen solchen Abenteurer, der als Habenichts mit Riesensummen spekuliert, unter die ›fâcheux‹ einreiht, macht er sich bereits hier Colberts auf Stärkung der Zentralmacht bedachte Wirtschaftspolitik zu Eigen, die allen Initiativen, die nur auf individuelle Bereicherung abzielen, abhold ist. Gleichzeitig feiert er in Ludwig XIV. den absoluten Herrscher, der nach Mazarins Tod die Geschicke Frankreichs resolut in die Hand genommen hatte und fest entschlossen ist, alle funktionslos gewordenen ›Lästigen‹ in ihre Schranken zu verweisen:

> Et notre roi n'est pas un monarque en peinture:
> Il sait faire obéir les plus grands de l'Etat.
> Et je trouve qu'il fait en digne potentat.
> Quand il faut le servir, j'ai du cœur pour le faire;
> Mais je ne m'en sens point quand il faut lui déplaire;
> Je me fais de son ordre une suprême loi. (I 6, 280-285)

Die Widmung von *Les fâcheux* an Ludwig XIV.; Molières Versicherung, seine größte Ehre bestehe darin, den König zu erfreuen, ›réjouir‹; die Hoffnung, mittels dessen ›divertissement‹ Frankreich nützlich zu sein, ›ne pas être inutile à la France‹ (*OC* I 481 f.): all dies sind Zeichen einer immer deutlicher werdenden Annäherung Molières an den Hof und der Identifizierung mit dessen Perspektive.

Les fâcheux sind zu Lebzeiten Molières ein dauerhafter Erfolg. Der König sieht das Stück 1661 noch zweimal in Fontainebleau. Ab Anfang November bis Ende Januar 1662 steht es ununterbrochen auf dem Spielplan und erreicht nach *Sganarelle* und *L'école des maris* mit 106 Aufführungen die dritthöchste Aufführungszahl aller Stücke Molières. Die Publikation im Februar 1662 veranschaulicht vor aller Welt die hohe Gunst, in der Molière am Hofe steht und ruft zugleich die ersten Neider auf den Plan. Im Mai 1662 spielt er das Stück noch einmal in Saint-Germain in Gegenwart des Königs. Im Überschwang des Erfolges hatte sich Molière im Vorwort über jene ›lästigen‹ Kritiker mokiert, die den Rang eines Stückes daran bemessen wollen, »si tous ceux qui s'y sont divertis, ont ri selon les règles«. Corneille, der kurz zuvor die *Trois discours sur l'art dramatique* veröffentlicht hatte und sich für den maßgeblichen Theatertheoretiker der Epoche hielt, konnte sich zu Recht getroffen fühlen. Im Streit um Molières folgendes Stück, *L'école des femmes,* wird er eine wichtige Rolle spielen.

Bibl.: *62; 201-208; 226-244; 245,* 285-287. – A.-M. *Desfougères,* Sur les fâcheux dans le théâtre de Molière. In: *389,* 89-104. *J. Gaucheron,* Molière à l'heure des *Fâcheux.* In: *291,* 131-144. *J. Serroy,* Aux sources de la comédie-ballet moliéresque. Structures des *Fâcheux.* In: RTG 39, 1990, 45-52. *M.-O. Sweetser,* Naissance fortuite et fortunée d'un nouveau genre: *Les fâcheux.* In: *329,* 87-98. *R. W. Tobin,* Le chasseur enchâssé. La mise en abyme dans *Les fâcheux.* In: CLDS 6, 1984, 407-417.

1.8 Die Zeitkritik des ›regelmäßigen‹ Dreiakters und des ›klassischen‹ Fünfakters: ›L'école des maris‹ und ›L'école des femmes‹

Es liegen fast auf den Tag genau eineinhalb Jahre zwischen der Erstaufführung der *Ecole des maris* (24. Juni 1661) und der der *Ecole des femmes* (26. Dezember 1662). Beide Stücke verbindet über die Parallelität ihrer programmatischen Titel hinaus eine Reihe wichtiger Gemeinsamkeiten; so sind beide in Versen geschrieben, eine Eigentümlichkeit, die im Fall der dreiaktigen *Ecole des maris* größere Beachtung verdient als bei der fünfaktigen, und also ›hohen‹ *Ecole des femmes;*

weiter nimmt Molière in beiden Stücken kritisch zu aktuellen Fragen seiner Zeit Stellung und erfüllt insofern traditionelle Theaterformen mit neuen Funktionen; auch in der Konzeption und Konstellation der Protagonisten der beiden Stücke geht er neue Wege. Doch werfen wir zunächst einen Blick auf den Inhalt.

Die Protagonisten der *Ecole des maris* sind zwei Brüder, Ariste, sechzig Jahre, und Sganarelle, vierzig Jahre, beide Junggesellen und Vormünder zweier Waisen, der Schwestern Léonor und Isabelle, die sie als Kinder adoptiert und jeder nach seinen Grundsätzen erzogen haben, um sie nun zur Frau zu nehmen. Während der weltoffene Ariste mit Geduld, Vertrauen und Zuneigung vorgeht, ist Sganarelle, obwohl zwanzig Jahre jünger, ein misstrauischer Griesgram, der sich, allen Vergnügungen abhold, an die überlieferten Sitten hält und wortreich eine strenge, lustlose Moral verkündet. Sein Mündel Isabelle hält er von allem geselligen Umgang fern, damit es sich einzig dem Haushalt widme. Doch während Léonor den verständigen und großzügigen Ariste trotz des Altersunterschiedes aufrichtig liebt und gern zur Ehe bereit ist, macht Isabelle erst in der Begegnung mit dem jungen Valère die Erfahrung wahrer Liebe. Dreimal bedient sie sich ausgerechnet Sganarelles, um Valère Botschaften ihrer Liebe zu überbringen. Auch ihre abschließende Heirat mit Valère resultiert aus einer von ihr ins Werk gesetzten Überlistung Sganarelles.

Im Mittelpunkt der *Ecole des femmes* stehen der verknöcherte Junggeselle Arnolphe und sein zwanzig Jahre jüngeres Mündel Agnès. Er hatte es bereits als Kind adoptiert, sodann in ein Kloster gegeben, damit es fern aller weltlichen Versuchungen in christlicher Unschuld erzogen werde; später hatte er es einfachen Bauern anvertraut. Durch eine solche Erziehung hatte er gehofft, sich Agnès möglichst naiv, unverdorben und dumm zu bewahren und selbst als ihr Ehemann für alle Zeiten gegen die Gefahr der Hahnreischaft gewappnet zu sein. Doch in ihrer Arglosigkeit verliebt sich Agnès in den jungen Horace. Die weitere Spannung der Komödie erwächst daraus, dass Horace alle bei Agnès errungenen Erfolge und damit alle Arnolphe gespielten Streiche letzterem ahnungslos berichtet, da er sich durch dessen doppelten Namen (Arnolphe hat sich den prätentiösen Adelstitel M. de La Souche zugelegt) über dessen Identität täuscht. So kann Arnolphe immer wieder Gegenmaßnahmen ergreifen. Schließlich hat es den Anschein, als könnten auch Agnès' immer beredter und entschiedener eingestandene Liebe zu Horace und ihre Abneigung gegenüber Arnolphe die Katastrophe nicht verhindern. Da treten im letzten Augenblick Oronte, Vater des Horace, und Enrique, Agnès' tot geglaubter, soeben aus Amerika heimgekehrter Vater auf. Horace fällt es ange-

sichts der Identität Arnolphes mit M. de La Souche wie Schuppen
von den Augen. Nicht weniger überrascht ist Arnolphe, als er erfährt,
dass Agnès Enriques Tochter ist und Oronte und Enrique ihre Kinder schon lange für einander bestimmt haben. Da Agnès und Horace
nichts sehnlicher wünschen, verlässt Arnolphe, aller Hoffnungen be-
raubt, verzweifelt die Bühne. Damit steht einem Happy-End nichts
mehr im Wege.

Die auffälligste Gemeinsamkeit beider Stücke liegt in der Personenkonstellation und der dadurch bedingten Thematik: auf der einen
Seite der griesgrämige Sganarelle und die sich listenreich gegen ihn
wehrende Isabelle; auf der anderen Seite der verknöcherte Arnolphe,
dem sich Agnès immer entschiedener zu entziehen versucht. Wie Sganarelle in dem weltoffenen Ariste, so hat auch Arnolphe einen positiven Gegenspieler: Chrysalde, der die gleichen Prinzipien vertritt wie
Ariste, ohne dass ihm ein weiblicher Partner zur Seite steht. Damit
wird die Hauptproblematik beider Stücke deutlich: Molière vertieft
hier das schon in *Sganarelle* anklingende Thema der freien Gattenwahl junger Mädchen. War dort die junge Célie ein erster zaghafter
Entwurf eines um Emanzipation bemühten Mädchens, so gehen jetzt
Isabelle und Agnès einen wichtigen Schritt weiter. In *L'école des maris*
erweist sich dies dramaturgisch daran, dass Isabelle die Fäden der Intrige zielstrebig in der Hand hält. Unter dem Vorwand, unehrenhafte
Anträge tugendhaft abweisen zu wollen, überlistet sie Sganarelle
gleich dreimal, Valère jene Botschaften zu übermitteln, die ein Liebes-
geständnis und eine weitere Abstimmung der Liebenden erst ermöglichen. Zwar ist sie sich über die moralische Bedenklichkeit ihres Vorgehens (›projet bien hardi‹, V. 366; ›honteux stratagème‹, V. 1080) im
Klaren, hält es jedoch in Anbetracht ihrer entehrenden Zwangslage
durchaus für gerechtfertigt. Die List ist für sie ein legitimes Mittel zur
Bewahrung ihrer Menschenwürde. Ähnlich Agnès, deren Emanzipation in einem immer selbständigeren Umgang mit der Sprache zum
Ausdruck kommt. Art und Frequenz ihrer sprachlichen Äußerungen
entwickeln sich diametral zu denen Arnolphes. Agnès' Befreiung von
Ohnmacht und Ausgeliefertsein zum selbstbewusst behaupteten eigenen Willen entspricht ein allmähliches Bewusstwerden sprachlicher
Möglichkeiten und ein immer sichereres Verfügen über Sprache, während im Gegensatz dazu Arnolphe in dem Maße, in dem Agnès sich
ihm entzieht, die Herrschaft über die Sprache verliert, bis er außer
sich, ›tout transporté‹, die Bühne verlässt: ›ne pouvant parler‹ (V.
1763 f.).

Durch die Opposition seiner Figuren und der von ihnen vertretenen Positionen greift Molière in die Diskussion einer wichtigen ge-

sellschaftlichen Frage seiner Zeit ein, werden seine beiden Stücke erstmals zu Thesenstücken, so vorsichtig ein solcher Begriff auch zu verwenden ist. Kein Zweifel, dass er durch das entgegengesetzte Verhalten von Sganarelle und Ariste, von Arnolphe und Chrysalde zu den in den mondänen Zirkeln lebhaft diskutierten Fragen der Ehe und insbesondere der freien Gattenwahl Stellung bezieht. Und zwar nicht im Sinne der gängigen Praxis, die dem Vater bzw. Ehemann das absolute Entscheidungsrecht zuspricht. In Sganarelle und Arnolphe zeigt er, bei aller sonstigen Verschiedenheit der Figuren, zwei Wortführer alter Schule: autoritär, egoistisch, von Senilität bedroht, veralteten Prinzipien verhaftet. Dem entspricht ihre Einstellung zu Frauen: misstrauisch, besitzergreifend, auf Unterdrückung bedacht, ›ungalant‹. Einer solchen Auffassung stellt er sodann eine gänzlich andere entgegen: verständig, großzügig, auf Freiheit und Partnerschaft begründet und voll Vertrauen in die sich selbst regulierenden Kräfte einer guten Natur. Zuneigung, Treue und Tugend schließen hier jeden Zwang aus; sie werden vielmehr in Freiheit und durch Vertrauen erworben und praktiziert; ihre Schule sind nicht Bücher und klösterliche Abgeschiedenheit, sondern der keinerlei Einschränkungen unterworfene Verkehr in der Gesellschaft. In den langen Auseinandersetzungen zwischen Sganarelle und Ariste, zwischen Arnolphe und Chrysalde werden diese Positionen immer wieder gegeneinander ausgespielt, und es kann kein Zweifel daran aufkommen, dass Molière auf Seiten Aristes und Chrysaldes, seiner ersten ›raisonneurs‹, steht, so überspitzt in manchen Details deren Äußerungen auch sein mögen, vor allem Chrysaldes Stellungnahme zur Frage der Hahnreischaft (IV 8). Damit aber nimmt Molière eindeutig zugunsten feministischer Forderungen Stellung, wie vor allem der Abbé de Pure und Mlle de Scudéry sie in ihren Romanen erhoben hatten.

Molières Haltung zu ›feministischen‹ Fragen ist ein in der Sekundärliteratur seit alters her umstrittenes Problem (cf. schon Baumal 1927), das sich nicht schlüssig und widerspruchsfrei beantworten lässt. Während er in *Les précieuses ridicules* nur Entartungen eines ›lächerlichen Preziösentums‹ hervorkehrt und auch die dort bereits implizierte Frage der freien Gattenwahl eindeutig ins Lächerliche gekehrt hatte, greift er in seinen beiden *Ecoles* dieses zentrale Anliegen der ›Frauenbewegung‹ explizit auf und macht sich zu dessen bedingungslosem Fürsprecher: auch dies ein Indiz für seine Anpassung an einen mächtigen ›Zeitgeist‹, die im Auftreten seiner ersten ›raisonneurs‹ ihren dramaturgischen Niederschlag findet.

Doch die Gewichtigkeit der Aussage und damit der Thesencharakter beider Stücke werden durch eine Fülle von Farcenelementen ästhetisch kompensiert. In die Nähe der Farce verweist zunächst die Intrige, die in beiden Fällen letztlich nichts anderes ist als ein einer lächerlichen Figur gespielter Streich. Daher setzen Sganarelle und Arnolphe eine lange Tradition betrogener Ehemänner und von jungen Mädchen irregeführter verliebter Greise fort, und auch Arnolphes manische Angst vor dem ›cocuage‹ ist ein unverkennbares Farcenthema. Farcenelemente sind weiter Sganarelles Botengänge zwischen Isabelle und Valère und Isabelles vermeintlicher Dialog mit Léonor (III 2), der an eine entsprechende Szene des *Médecin volant* erinnert. Auch Sganarelles abschließendes Missgeschick, unwissentlich und zu eigenem Schaden die Liebenden vereint zu haben, variiert das Farcenschema des betrogenen Betrügers. Darüber hinaus lassen sich eine Fülle von Szenen anführen, deren Wirkung auf ›niederer‹, der Farce eigenen Situationskomik sowie entsprechender Mimik, Gestik und selbständigen ›lazzi‹ beruht. So insbesondere jene Szenen zwischen Arnolphe und seinen Dienern Alain und Georgette (I 2 + IV 4) sowie zwischen Arnolphe und dem eilig herbeigerufenen Notar (IV 2). Schließlich scheut Molière nicht vor einer ins Zweideutige weisenden Wortkomik zurück, wie in jener später berüchtigten Szene II 5, in der Agnès Arnolphe gesteht, Horace habe ihr sogar ein zunächst nicht näher präzisiertes ›le ... ‹ entwendet, was sich allerdings als harmloser ›ruban‹ entpuppt. In der *Ecole des maris* geht die Nähe zur Farce bis ins Dramaturgische. Nicht zufällig steht das Stück als Dreiakter in der Tradition der ›commedia dell'arte‹ und wurde dementsprechend von Molière jeweils am Ende einer Vorstellung im Anschluss an eine Tragödie oder ›hohe‹ Komödie gespielt. Angesichts solch starker Präsenz von Elementen der ›niederen‹ Farce kann auch der ›Farcenvorwurf‹ nicht überraschen, der gegen beide Stücke erhoben wurde, und insbesondere gegen die sog. ›scène du le‹, von der Conti sagte: »Il n'y a rien de plus scandaleux«.

Nichts wäre allerdings unsinniger, als die beiden *Ecoles* zu Farcen abstempeln zu wollen. Aufgrund der Entschiedenheit der Stellungnahme, der Bündigkeit der Handlungsführung, der differenzierten Zeichnung der Charaktere sowie insbesondere der Vielfalt der komischen Mittel sprengen beide Stücke den Rahmen der herkömmlichen Farce. So ist in *L'école des maris* die Verknüpfung der Szenen derart, dass trotz eines verwirrenden Crescendo der Überraschungen und Verwechslungen die letzte Szene des Stückes wie die Antwort auf die erste anmutet. Voltaire bezeichnete daher diese sich notwendig aus der Handlung und den Charakteren ergebende Lösung als »le meilleur [dénouement] de toutes les pièces de Molière«. Umgekehrt haben nahezu alle Kritiker den künstlichen Schluss von *L'école des femmes* getadelt. Dabei haben sie jedoch nicht bedacht, dass Molière hier durch vierfache naive Zutraulichkeit des Horace gegenüber Arnolphe (I 4; III 4; IV 6; V 2) sehr kunstvoll, wie später in seinem dramaturgisch besten Stück, dem *Tartuffe*, eine immer bedrohlichere Situation der Ausweglosigkeit erzeugt, die sich erst durch das *deus-ex-machina* ähnliche Auftreten von Oronte und Enrique zum Guten wendet.

Was die Personen betrifft, so hatte Sganarelle bereits in der gleichnamigen Farce den aus *Le médecin volant* bekannten Typ hinter sich gelassen. Die dort sichtbar gewordenen Züge erfahren hier eine Vertiefung, und gleichzeitig wird der soziale Status der Figur präzisiert: Sganarelle ist der Vertreter einer sittenstrengen vergangenen Epoche, ein Bürger, der durch Fleiß zu Ansehen und Wohlstand gelangt ist und daher die erfolgreiche ›austérité‹ vergangener Zeiten gegen eine ihm gefährlich anmutende ›vertu fort humanisée‹ (V. 956) der Gegenwart verteidigt. Diese soziale Komponente Sganarelles macht es möglich, dass er, in allen hier angedeuteten Aspekten vertieft, in *L'école des femmes* als der individualisierte Bürger Arnolphe wiederkehrt. Lächerlich sind Sganarelle und Arnolphe, weil sie einer ›ancienne honnêteté‹ anhängen, die sie daran hindert, sich der neuen politischen und sozialen Wirklichkeit und den gewandelten moralischen Normen anzupassen. Die ›raisonneurs‹ Ariste und Chrysalde haben dagegen die notwendige Anpassung bereitwillig vollzogen. Die Opposition Sganarelle/Arnolphe zu Ariste/Chrysalde ist die des veralteten Prinzipien verpflichteten ›retrograden‹ Bürgers zu einem ›aufgeklärten‹, der die nach 1661 sich bietenden Chancen durch Anpassung zu nutzen weiß. Die neue, humanisierte ›honnêteté‹ impliziert aber zugleich eine gewandelte gesellschaftliche Stellung der Frau und verbietet eine Entmündigung, wie Sganarelle und Arnolphe sie praktizieren (möchten). Allerdings ist Arnolphes Charakter ungleich komplexer als derjenige des eher biederen Sganarelle. Die schon von den Zeitgenossen und der späteren Kritik immer wieder getadelte Inkohärenz Arnolphes ist Ausdruck einer mangelnden sozialen Identität: Als reich gewordener Bürger mit überholten patriarchalischen Erziehungsansprüchen erliegt er den Versuchungen der Klassenflucht, so dass er seinen bürgerlichen Namen gegen einen adeligen eintauscht. Er ist zerrissen zwischen einem gesellschaftsfeindlichen Egoismus und der Faszination mondäner Galanterie. Daher sieht er in Agnès lediglich ein Objekt seines Besitzstrebens und leiht zugleich Horace ohne Zögern Geld, damit er Fortschritte in seinem Werben um Agnès machen könne. »Und er muss es wider Willen auch noch tun, als er erfährt, dass [die Verführungsstrategie des Horace] seinem eigenen Mündel gilt [...] Der soziale Zwang, dem er sich aus Ehrgeiz und

Prestigesucht unterworfen hat, ist unaufhebbar [...] So wird er selber zum Opfer seiner ideologischen Zerrissenheit, und das trotz einer intellektuellen Einsicht in den Selbstwiderspruch« (Köhler *146*, 29).

Isabelle führt die mit Célie *(Sganarelle)* einsetzende Reihe der revoltierenden Töchter bzw. jungen Mädchen fort. Sie ist die erste individualisierte Mädchenfigur Molières, der sie trotz (oder wegen?) einer gewissen Bedenkenlosigkeit, mit der sie ihre Listen durchführt, mit aller nur möglichen Sympathie zeichnet. Der Neuheit dieser Gestalt entspricht das Auftreten des Ariste, des ersten molièreschen ›raisonneur‹. Beide werden in Agnès und Chrysalde der *Ecole des femmes* wiederkehren. Der Unterschied beider *Ecoles* liegt darin, dass die zweite alle in der ersten enthaltenen Elemente wieder aufgreift, präzisiert und ›vertieft‹, so dass *L'ecole des femmes* mit Recht als Molières erstes großes, mutig provozierendes satirisches Meisterwerk eine entsprechende ›Cabale‹ bzw. ›Querelle‹ im Gefolge hatte.

Die Peripetien dieser ›Querelle‹ sind von Mongrédien und Couton detailliert dargestellt worden; ferner hat Mongrédien in chronologischer Abfolge alle in diesem Zusammenhang entstandenen Texte publiziert, Couton die wichtigsten (Mongrédien [Hg.] 1971 mit Einleitung; Couton *OC* I 1011 ff.). Die unmittelbar nach den ersten erfolgreichen Aufführungen ausbrechende ›Querelle‹ zieht sich bis März 1664 hin und zeigt, wie groß die Zahl der Feinde Molières inzwischen geworden ist. Ihr Ausgangspunkt ist das ›Hôtel de Bourgogne‹, das sich durch Molières Erfolge direkt bedroht fühlt. Die ›grands comédiens‹ können junge, ehrgeizige Schriftsteller für sich gewinnen (Donneau de Visé, Boursault, Montfleury), doch auch die Brüder Corneille. Darüber hinaus finden sie in religiösen Zirkeln Bundesgenossen. Allerdings muss man sich hüten, die ›Querelle‹ ausschließlich oder überwiegend als Literatenscharmützel zu bewerten. Die Vorwürfe sind allgemeiner und umfassender, so dass Molière sich zu einem doppelten Gegenangriff genötigt sieht: in *La critique de* ›*L'école des femmes*‹ (1. Juni 1663) und in *L'impromptu de Versailles* (18. oder 19. Oktober 1663). Die gegen ihn erhobenen Vorwürfe lassen sich wie folgt klassifizieren: – in theologisch-religiös-moralisch begründete Vorwürfe: Parodie der zehn Gebote in Arnolphes ›Maximes du mariage‹ (III 2); Verunglimpfung des Ehesakramentes; Gotteslästerung; Verletzung des Anstandes: Obszönitäten, Zweideutigkeiten; Frauenfeindlichkeit aufgrund der Kritik an Prüden und Koketten; Untergrabung der königlichen Autorität durch eine Satire der Marquis; – in Vorwürfe dramaturgischer und literarischer Art: Inkohärenz der Personen, vor allem Arnolphes; Gattungsmischung durch Verwendung von Elementen der Tragödie und der Farce; Unwahrscheinlichkeit durch Situierung der Handlung auf der Straße; Darstellung wichtiger Handlungselemente in Berichtform; Plagiatvorwurf; – in persönliche Vorwürfe, die auf Molière als Schauspieler zielen, der nur für die Farce begabt sei, nicht jedoch für die Darstellung von Tragödien und ›hohen‹ Komödien und insofern die wahre Schauspielkunst ruiniere; hinzu kommen verletzende Vorwürfe privater Art, die auf Molières Verhältnis zu Madeleine und Armande Béjart anspielen. Die wahre Dimension der Auseinandersetzung offenbart der Hinweis auf die offensichtlich von höchster behördlicher Stelle ins Auge gefasste »suppression d'une si méchante et si détestable chose (sc. *L'école des femmes*)« (*OC* I 1092). Um die konkrete Gefahr, der sich Molière ausgesetzt sehen musste, zu ermessen, sei an das Schicksal des Dichters Claude Le Petit erinnert, dessen Vergehen in einigen respektlosen Gedichten auf Religion und Staatsgewalt bestanden hatte. Am 1. September 1662 wurde er öffentlich verbrannt, nachdem man ihm zuvor die Hand abgehackt hatte. Wenn Molière die ›Querelle‹ um die *Ecole des femmes* unbeschadet übersteht, so deshalb, weil er die rückhaltlose Unterstützung des Königs genießt. Sichtbares Zeichen solcher Sympathie ist die Aufforderung zur Abfassung des *Impromptu de Versailles,* für Molière die letzte Möglichkeit einer direkten Auseinandersetzung mit seinen Gegnern, vor allem den ›grands comédiens‹; danach wird er alle auch persönlichen Angriffe auf sich beruhen lassen. Ein weiterer Gunstbeweis ist sodann die Übernahme der Patenschaft für seinen ersten Sohn durch den König und ›Madame‹ am 28. Februar 1664.

Wie lässt sich eine solche Parteinahme Ludwigs XIV. für einen umstrittenen Komödianten erklären? Zwei Gründe bieten sich an. Im Zusammenhang von *Les fâcheux* war bereits sichtbar geworden, wie sehr Molière sich zum Fürsprecher einer von Ludwig XIV. und Colbert geprägten stark zentralistischen Politik gemacht hatte. Der Domestizierung der Feudalaristokratie hatte Molière dort besonderen Beifall gespendet und die Verurteilung Foucquets mit keinem Wort beklagt. Wie der Großteil des Wirtschafts- und Handelsbürgertums hat er kein Interesse an der Rückkehr zu Zuständen, wie sie vor der Fronde herrschten. Der für jene Epoche charakteristischen Zersplitterung der politischen Macht und kulturellen Repräsentanz zieht er die neue zentralistische Politik vor, die, wie er am eigenen Beispiel erfährt, gern mit jenen Kräften aus dem Bürgertum kooperiert, die sich ihren politischen Zielen bereitwillig unterordnen. Insofern kommt dem Schluss von *L'école des femmes* besondere Bedeutung zu (cf. Nerlich *444*, 40 ff.). Denn der aus Amerika heimgekehrte Enrique (cf. V. 269 ff., 1634 ff.) ist ein Vertreter jenes aktiven Handelsbürgertums, der vierzehn Jahre zuvor, also 1648, vor der Fronde geflohen war, um nicht Opfer einer von Mazarin verantworteten Steuerpolitik zu werden, die allein zu Lasten des Bürgertums ging. Das umstrittene ›dénouement‹ hat also hohen politischen Aussagewert: Durch die Rückkehr des in Amerika zu Reichtum gelangten Handelskaufmanns Enrique wird in dramaturgisch ausweglos erscheinender Situation das Hindernis Arnolphe neutralisiert. Dieses für die Komödie wichtige Ergebnis bedeutet zugleich die politische Liquidierung des ›Seigneur Arnolphe‹, *alias* ›M. de la Souche‹ (V. 165 ff.), und das heißt eines nur von Adelsprätentionen besessenen und darum ökonomisch nutzlosen, klassenflüchtigen Bürgers. Gleichzeitig signalisiert es die Reintegration eines Vertreters jenes Handelsbürgertums, das für die um Konsolidierung bemühte junge Monarchie von besonderem Nutzen ist. Enriques Eingreifen ist das dramaturgisch sinnfällige Zeichen eines Bündnisses der Absoluten Monarchie mit dem aktiven Teil des Bürgertums, der in dieser Verbindung eine bereitwillig genutzte Chance gesellschaftlichen Aufstiegs erkennt.

Weiter dürfte beim König vor allem die durch Agnès personifizierte Liebeskonzeption Beifall gefunden haben. Zweimal wird sie mit dem Epitheton ›libertin‹ charakterisiert (V. 698 + 990; cf. auch *Ecole des maris* V. 271). Ohne den Begriff auf dem Hintergrund des zeitgenössischen ›libertinage (érudit)‹ und Molières Lukrezbegeisterung überstrapazieren zu wollen, ist doch unbestreitbar, dass Agnès die Verkörperung eines optimistischen Glaubens an die Instinktsicherheit einer reinen, guten Natur ist. Sie ist, mehr noch als Chrysalde, die zukunftsweisende Identifikationsfigur des Stückes. Arnolphes Vorhaltung: »Mais il fallait chasser cet amoureux désir« weiß sie nur mit der Gegenfrage zu beantworten: »Le moyen de chasser ce qui fait du plaisir?« (V. 1526 f.). Als Schuld oder gar im christlichen Sinn als Sünde will ihr ihr Verhalten nicht erscheinen. Selbst Arnolphe hatte ihr gesagt, »qu'il se faut marier pour ôter le péché« (V. 1511). Da aber die Ehe mit Horace das einzige Ziel ihrer Liebe ist, können alle anderen Vorhaltungen sie nicht treffen. Molières Kühnheit, ja das Skandalträchtige seiner *Ecole des femmes* besteht darin, eine solche Konzeption auf die Bühne zu bringen und sie mit derjenigen Arnolphes zu konfrontieren, der Liebe mit Unterordnung und erzwungener Treue gleichsetzt und bei Nichtbefolgung nur Höllenstrafen anzudrohen weiß (V. 719 ff.). Was Molière hier bloßlegt, ist der Missbrauch der Religion zum Zwecke individueller Einschüchterung und Unterdrückung von Freiheit. Gerade das aber widerspricht seinen libertinistischen Überzeugungen, die sich mit A. Adam wie folgt beschreiben lassen: »[Il] a pour toute morale ascétique une hostilité raisonnée et

de principe, il fait confiance à la vie, à la spontanéité, à la liberté [...]
L'effort de culture morale où il met son idéal lui semble incompatible avec la contrainte extérieure, avec l'ignorance, la routine, la soumission aveugle à des formules imposées« (*331*, 285). Daher entlarvt insbesondere die zentrale Szene III 2, eine Satire der christlichen Ehemaximen des Heiligen Gregor, Religion als Hemmnis einer Emanzipation der Frau bzw. allgemeiner eines gesellschaftlichen Fortschritts.

Die am Beispiel der Agnès verkörperte Liebeskonzeption ist aber letzten Endes ein primär zielloser, amoralischer, ja anarchischer Lebenstrieb, der hier wie in den meisten ›großen‹ Komödien Molières wie selbstverständlich in die Ehe mündet. Sehr viel freier und ungezügelter wird er später in den zahlreichen für den König geschriebenen Ballettkomödien zum Ausdruck kommen. Der Triumph der allein der Natur vertrauenden, wenngleich hier institutionell gebändigten Liebe: das ist die kühne, nicht nur allen Arnolphes skandalös anmutende Lehre der *Ecole des femmes*. Sie musste Ludwig XIV., der in eine leidenschaftliche Liebesaffäre mit Louise de la Vallière verstrickt war und Bossuet soeben wegen zu aufdringlicher Fastenpredigten für drei Jahre des Hofes verwiesen hatte, wie eine Bestätigung anmuten. Kein Wunder also, wenn Molière angesichts solch weitreichender politischer und moralischer Übereinstimmungen schon 1663 in die Reihe der mit Gratifikationen geehrten Künstler aufgenommen wird; kein Wunder auch, wenn er in seinem rasch folgenden *Remerciement au Roi* ›nouveaux efforts‹ ankündigt und dem König verspricht, seine ganze Kunst und Schaffenskraft einzusetzen »à sa gloire ainsi qu'à ses plaisirs«.

Bibl.: *Ecole des maris; Ecole des femmes: 61-62; 126; 197-198; 332; 387,* 115-148; *402; 428; 436; 462; 466.* – *Molière, L'école des femmes,* hrsg. von S. Rossat-Mignod; Paris 1964 (Editions Sociales). *Ders., L'école des femmes,* hrsg. von P. Dandrey; Paris 2000 (Livre de poche). – *R. Albanese, jr.,* Pédagogie et didactisme dans *L'école des femmes.* In: RN 16, 1974, 114-123. *R. Baader,* Religion und Preziosität in der *Ecole des femmes.* In: GRM 26 (NF), 1976, 205-212. *Fr. Baumal,* Molière, auteur précieux; Paris s. d. (1927). *M. Bourbeau-Walker,* L'échec d'Arnolphe. La loi du genre ou faille intérieure? In: PFSCL XI, 20, 1984, 79-92. *A. Corbellari,* Le séducteur par nature: le personnage d'Horace dans *L'école des femmes.* In: PFSCL XXIII, 44, 1996, 229-247. *P. Dandrey,* Structures et espaces de communication dans *L'école des femmes.* In: Littérature 63, 1986, 65-89. *M. Defrenne, L'école des femmes* de Molière, une école de théâtre. In: *80,* I 73-86. *J. Emelina,* Le grès d'Agnès et les paradoxes de la comédie. In: *285* I, 63-81. *G. Forestier,* Le classicisme de Molière ou la quête de la reconnaissance littéraire. In: IL 43, 1990, 17-20. *J. F. Gaines,* L'éveil des sentiments et le paradoxe de la conscience dans *L'école des femmes.* In: FR 70, 1997, 407-415. *S. Gaudelus,* La mise en spectacle de la religion royale: recherches sur la dévotion de Louis XIV. In: *8*, 513-529. *H. G. Hall*, Parody in *L'école des femmes*. In: *360*, 129-143. *M. Kuch*, ›Vieillesse‹ und ›honnêteté‹. Alte Männer und Frauen im Theater Molières. In: *M. Guille/R. Kiesler*, Romania una et diversa. Philologische Studien für Th. Berchem zum 65. Geburtstag; 2 Bde. Tübingen 2000, I, 715-738. *V. Krause*, Bâtardise et cocuage dans *L'école des femmes*. In: EsCr 36, 1996, 73-81. *R. Larson*, The Iconography of Feminine Sexual Education in the 17th Century: Molière, Scarron, Chauveau. In: PFSCL XX, 39, 1993, 499-516. *B. Magné*, *L'école des femmes* ou la conquête de la parole. In: RSH 145, 1972, 125-140. *Ders.*, Présence et fonction de l'idéologie religieuse dans *L'école des femmes*. In: Etudes sur Pézenas IV, 3, 1973, 37-48. *Ch. Mazouer*, Les *Ecoles* au théâtre jusqu'à Marivaux. In: Revue Marivaux 3, 1992, 5-19. *G. Mongrédien* (Hg.), La querelle de *L'école des femmes*. Comédies de Donneau de Visé u. a.; 2 Bde. Paris 1971. *N. Peacock*, Molière: *L'école des femmes*; Glasgow 1988. *M.-H. Prat*, Le dialogue inséré dans le théâtre de Molière: Formes et fonctions. In: *315*, 79-91. *J. Scherer*, La communication dans *L'école des maris*. In: *323*, 211-216. *J. Schulze*, Hahnrei und verliebter Ehemann. Höfische und ›bürgerliche‹ Einstellung zu Ehe, Liebe und Gesellgkeit in der französischen Komödie zwischen 1661 und 1750. In: *R. Behrens/U. L. Figge* (Hg.), Entgrenzungen; Würzburg 1992, 210-220. *E. Schulze-Witzenrath*, Sprachhandlung und hohe Komödie in Molières *Ecole des femmes*. In: Poetica 10, 1978, 154-187. *J. Serroy*, De *L'école des femmes* à Britannicus. In: *297*, 53-65. *H. Stenzel*, Ecriture comique et remise en ordre politique: Molière et le tournant de 1661 ou De *L'école des maris* à *L'école des femmes*. In: *80*, I 87-98. *M.-O. Sweetser*, La nature et le naturel chez Molière: le cas d'Agnès. In: *324*, 443-452. *R. W. Tobin*, Les mets et les mots. Gastronomie et sémiotique dans *L'école des femmes*. In: Semiotica 51, 1984, 133-145.

La critique de ›L'école des femmes‹; *L'impromptu de Versailles*: *211; 347*, 13-25. – *M. Baschera*, Théorie théâtrale dans *L'impromptu de Versailles*. In: *92*, 177-185. *Chr. Biet*, Le roi et l'auteur. In: Comédie-Française 7, 1993, 92-100. *S. Chevalley*, Impromptu de Versailles, 1673-1971. In: *283*, 238-253. *M. Fumaroli*, Microcosme comique et macrocosme solaire: Molière, Louis XIV et *L'impromptu de Versailles*. In: RSH 145, 1972, 95-114. *R. Pensom*, Molière et le théâtre dans le théâtre. In: Poétique 27, 1996, 321-332.

2.   Die ›politischen‹ Stücke der mittleren Phase

2.1   Periodisierungsprobleme

Die Begrenzung der zweiten Schaffensphase Molières bereitet Schwierigkeiten, weil deren Ende nicht durch einen ›Bruch‹ in thematischer oder formaler Hinsicht markiert wird und auch durch bedeutende biographische Ereignisse nicht eindeutig festgesetzt werden kann.

Unter Berücksichtigung der bereits erwähnten gesellschaftlichen und
politischen Veränderungen, die sich zwischen 1668 und 1671 vollziehen (cf. S. 20 ff.), fällt die Entscheidung hier zugunsten des Frühjahrs
1670.

Der Zeitraum zwischen Frühjahr 1664 und Frühjahr 1669 ist
durch die Auseinandersetzungen um den *Tartuffe* geprägt. Der erste
Beleg der gegen das Stück einsetzenden Kampagne stammt vom 17.
April 1664; am 5. Februar 1669 findet die Erstaufführung der end-
gültigen Fassung statt; im März erscheint das Stück sodann als Buch.
Damit endet ein fünfjähriger Kampf, aus dem Molière schließlich als
Sieger hervorgeht. Die endgültige Aufführung des *Tartuffe* ist für ihn
eine Stunde des Triumphes und der Gewissheit der rückhaltlosen
Unterstützung des Königs. Es verwundert daher kaum, wenn Ludwig
XIV. ihn in immer stärkerem Maße mit der Gestaltung königlicher
Festlichkeiten beauftragt. So überträgt er nicht mehr Isaac de Benserade, der bislang das Monopol der Hofballette innehatte, sondern
Molière die alleinige Ausgestaltung der für Karneval 1670 geplanten
Festlichkeiten. Dieser Karneval von Saint-Germain wird damit für
ihn zum Augenblick höchster königlicher Sympathie, aber zugleich
auch der Abwendung insofern, als der König eine ihm von Molière
eigens zugedachte Rolle nicht mehr, wie bisher üblich, selbst tanzt,
sondern sich aus Schicklichkeitsgründen vertreten lässt. Das in diesem Verzicht zum Ausdruck kommende Bemühen um größere Würde gibt den Feierlichkeiten des Jahres 1670 ein ernsteres Gepräge als
früheren Festen und signalisiert zugleich den Abschied von einem
stark libertinistisch geprägten Jahrzehnt, für das das Hofballett ein
bevorzugtes Mittel der Selbstdarstellung war und dessen moralische
und ästhetische Prinzipien in Molières Hofballetten ablesbar sind.
Dieser Wandel des geistigen Klimas wird über die Ernennung Bossuets zum Prinzenerzieher schließlich zur Aufhebung des Ediktes von
Nantes und zur bigotten Verdüsterung der Spätzeit Ludwigs XIV.
führen. Das ›divertissement royal‹ von Saint-Germain ist daher auch
das letzte Hofballett zu Molières Lebzeiten. Von etwa diesem Zeitpunkt an wandelt sich sein Werk.

Den so begrenzten Zeitraum kennzeichnet eine heterogene Pro-
duktion: auf der einen Seite jene ›klassischen Meisterwerke‹, auf denen Molières Ruhm heute fast ausschließlich beruht: *Le Tartuffe; Dom
Juan; Le misanthrope; Amphitryon; L'avare;* auf der anderen eine Fülle
meist in Vergessenheit geratener Ballettkomödien. Darüber hinaus
eine Farce: *Le médecin malgré lui.* Hier zeigt sich sogleich die Künst-
lichkeit traditioneller Klassifikationen. Denn die bisher unter dem
Oberbegriff ›Ballettkomödien‹ zusammengefassten Stücke weisen be-

trächtliche Unterschiede auf. Insbesondere diejenigen der zweiten Phase, die wiederum in zwei Untergruppen aufzuteilen sind: zunächst jene Ballettkomödien im Stil der *Fâcheux,* die in einem mehr oder minder deutlich identifizierbaren zeitgenössischen Milieu spielen und meist satirischen Charakter besitzen; und andererseits Stücke ›galanten‹ Charakters, in denen ein höfisches Normensystem vorherrscht, die Handlung jedoch in ferne Länder verlagert wird, so dass ihnen ein evasorischer bzw. utopischer Charakter eignet. Aufgrund der Tradition, in der sie stehen, werden sie nunmehr ›Hofballett‹ (›ballet de cour‹) genannt. Gemeinsam ist diesen beiden Untergruppen zweierlei: zunächst ihre Entstehung anlässlich königlicher Festlichkeiten und, daraus resultierend, zweitens die Verbindung von Wort, Musik und Tanz. Dem zuvor als Farce qualifizierten Dreiakter *Le médecin malgré lui* ermangelt es lediglich an diesen beiden Merkmalen, um als Ballettkomödie im Stil der *Fâcheux* bezeichnet zu werden.

Wichtigstes äußeres Merkmal dieser zweiten Phase ist Molières herausragende Stellung am Hof. Sie ist derart, dass der König inmitten der ›Querelle‹ um den *Tartuffe* die Schirmherrschaft über seine Truppe übernimmt, so dass sie sich ab August 1665 ›Troupe du Roi‹ nennen darf. Kein Wunder also, wenn er als ein über die Grenzen Frankreichs hinaus bekannter Künstler gefeiert wird, den seine Feinde zu fürchten haben (*OC* II 265). Molière ist zum fest etablierten Hofdichter geworden und der König von nun an sein primärer ›Auftragsgeber‹. Zeugnis seiner einzigartigen Stellung sind die zahlreichen Hofballette und Ballettkomödien. In chronologischer Reihenfolge entstanden sie aus folgenden Anlässen:

– Januar 1664 – Louvre
  Le mariage forcé (Einakter in Prosa)
– Mai 1664 – Versailles: »Les plaisirs de l'île enchantée«
  La princesse d'Elide (Fünf Akte, eineinhalb in Versen, der Rest in Prosa)
  Le Tartuffe (Dreiakter in Versen)
– September 1665 – Versailles
  L'amour médecin (Dreiakter in Prosa)
– Dezember 1666 bis Februar 1667 – Saint-Germain: »Le ballet des muses«
  Mélicerte (Zwei Akte, unvollendet, in Versen)
  Pastorale comique (Einakter in Versen)
  Le sicilien ou L'amour peintre (Einakter in Prosa)
– Juli 1668 – Versailles: »Le grand divertissement royal de Versailles«
  George Dandin (Dreiakter in Prosa)

- Oktober 1669 – Chambord
  Monsieur de Pourceaugnac (Dreiakter in Prosa)
- Februar 1670 – Saint-Germain: »Le divertissement royal«
  Les amants magnifiques (Fünfakter in Prosa)

2.2 Die Hofballette

Im Folgenden werden zunächst Molières Hofballette summarisch skizziert. Dabei bilden *Les amants magnifiques* nicht zufällig den Schlusspunkt einer mit *La princesse d'Élide* einsetzenden Reihe von Hofballetten, zu der auch *Mélicerte, Pastorale comique* und *Le sicilien ou L'amour peintre*, letztlich aber auch die komplexe ›tragédie-ballet‹ *Psyché* gehören. Alle anderen Ballettkomödien, also *Le mariage forcé, L'amour médecin, George Dandin* und *Monsieur de Pourceaugnac* werden ebenso wie die Farce *Le médecin malgré lui* aus der folgenden Darstellung ausgeschlossen, da sie aufgrund ihrer Thematik eher den Ballettkomödien von Molières dritter Schaffensphase zuzuordnen sind.

Der oberflächlichste gemeinsame Nenner von Molières Hofballetten ist ihre heterogene Erscheinungsform: unabgeschlossen, in Prosa und/oder Versen, Ein-, Drei- oder Fünfakter. Dies deutet auf eilige Abfassung, auf Auftragsarbeit unter Zeitdruck hin. In der Tat mangelt es nicht an entsprechenden Hinweisen, ja Entschuldigungen. Daraus allerdings, wie in der älteren Forschung häufig geschehen, die Folgerung abzuleiten, Molière habe diese Stücke unwillig und ohne innere Anteilnahme geschrieben, ist mit Sicherheit unberechtigt. Der Molière unserer Bildungs- und Theatertradition ist der bürgerliche Molière, »tout occupé d'observer la vie sociale. Le Molière véritable fut un artiste et un poète, qui portait en lui un rêve de beauté où le chant, l'orchestre et la danse venaient heureusement s'associer à la parole« (Mélèse 257, 64). In der Vorrede zu *Le sicilien* weist Molière den Leser auf die Notwendigkeit hin, sich bei der Lektüre des Textes immer die ›ornements‹ der anderen Künste zu vergegenwärtigen, da das Stück ohne sie aller Anmut (›grâces‹) entbehre. Alle Ballettkomödien, seien es Ballettkomödien im engeren Sinne oder die hier zur Diskussion stehenden Hofballette, basieren daher auf dem Prinzip der Einheit aller Künste, von der, wie *Le sicilien ou L'amour peintre* zeigt, auch die Malerei nicht ausgeschlossen wird. Da die Stücke noch dazu häufig im Freien aufgeführt werden, Wasserspiele und Feuerwerk einbeziehen und auch zahlreiche Abend- und Nachtszenen enthalten, die durch Fackeln erhellt werden, kommt es zu einer engen Verbindung von Kunst und Natur, zu einer Synthese gegensätzlichster Prinzipien in einer übergeordneten künstlerischen Einheit.

Ohne auf die uferlose ›Barock‹-Diskussion und die Frage der Abgrenzung des französischen ›Barock‹ von der ›Klassik‹ einzugehen, sei hier folgendes festgestellt: Wenn diese Begriffe im Folgenden verwendet werden, meint ›barock‹ die für die Ballettkomödie im weiteren Sinn des Wortes charakteristische, auf ein ›Gesamtkunstwerk‹ zielende Verbindung aller Künste. Demgegenüber bezeichnet ›klassisch‹ die den ›großen‹ Fünfakter kennzeichnende Konzentration und Vereinheitlichung der Kunstmittel: Vorherrschaft des Wortes, Respektierung der drei Einheiten, relativ untergeordnete Bedeutung der ›niederen‹ Komik. Grundsätzlich unhaltbar ist die These, Molières Theater habe sich von einem ›unregelmäßigen‹ barocken zu einem ›regelmäßigen‹ klassischen entwickelt. So wie Molière entsprechend den Bedürfnissen seines Publikums gleichzeitig Farcen, Ballettkomödien und ›große‹ Fünfakter abfasst, bedient er sich auch gleichzeitig der ›barocken‹ und der ›klassischen‹ Schreibweise.

Mit seinen Hofballetten ordnet sich Molière in eine bis ins 16. Jh. zurückreichende Tradition ein, die zwischen 1650 und 1670 ihren Höhepunkt erreicht. Molières Beitrag in dieser Geschichte des ›ballet de cour‹ besteht in einer einmaligen Konzentration der künstlerischen Mittel und einer Intensivierung der Aussage. Vor ihm war das Hofballett meist nur eine lockere Abfolge von Szenen, bei denen auch Musik und Tanz keine Einheit bildeten, sondern Tanz, Kostüme, Dekor und Musik sich allenfalls zu einem pomphaften Gebilde ohne künstlerischen Gesamtwert verbanden. Das Hofballett galt primär als Möglichkeit prunkhafter Selbstdarstellung. Daher waren seine Darsteller in den meisten Fällen hohe Repräsentanten der höfischen Gesellschaft. Aufschlussreich ist in diesem Zusammenhang das 1653 aufgeführte *Ballet royal de la nuit,* in dem der spätere Ludwig XIV. erstmals in mythischer Überhöhung als Sonnengott auftritt. Auch anlässlich der oben aufgeführten Feierlichkeiten tritt Ludwig XIV. mehrfach als Tänzer in Erscheinung, wie er überhaupt thematische Vorgaben macht, an die sich seine Librettisten halten müssen. So auch Molière im Fall der *Princesse d'Elide* und insbesondere der *Amants magnifiques.* Doch tritt die Wende in der Geschichte des Hofballetts ausgerechnet mit dem letztgenannten Stück ein; denn der ursprünglich von Molière vorgesehene Auftritt Ludwigs XIV. als Meeresgott Neptun entfällt im letzten Augenblick: Beeindruckt entweder von Vorhaltungen kirchlicher Kreise oder von Vorwürfen, die Racine in *Britannicus* (1669) an die Adresse Neros richtet (V. 1471 ff.), nämlich seine Zeit in Vergnügungen zu verlieren, die des Herrschers eines mächtigen Reiches unwürdig seien, tritt Ludwig XIV. von nun an nicht mehr als Tänzer auf (cf. *OC* II 647).

Zentrales Thema der Hofballette ist die Liebe, um die in immer neuen Variationen alle Stücke kreisen. Es ist eine schicksalbedingte, absolute Liebe, die sich über alle Hindernisse, seien es Standesgrenzen oder die väterliche Autorität, hinwegsetzt. Einer solchen Liebesleidenschaft gilt ein breit angelegter Hymnus zu Beginn der *Princesse d'Elide*. Eine solche Liebeskonzeption ermöglicht sodann die Entfaltung einer stark preziös geprägten Liebesphilosophie, ja -kasuistik. Daher zieren sich die weiblichen Protagonisten, vor allem die Prinzessin in *La princesse d'Elide* und Eriphile in *Les amants magnifiques,* wie echte Preziöse und schrecken vor dem Eingeständnis ihrer Liebe zurück. Dagegen gesteht die griechische Sklavin Isidore freimütig: »La grande ambition des femmes est, croyez-moi, d'inspirer de l'amour. Tous les soins qu'elles prennent ne sont que pour cela« (*Le sicilien* Sz. 6). Erst recht sind die Männer darauf bedacht, ans Ziel ihrer Wünsche zu gelangen; doch werden sie immer wieder durch einen preziösen Galanteriekodex sowie die Forderungen nach ›générosité‹ und ›magnanimité‹ in ihre Schranken gewiesen und warten ungeduldig auf ein Zeichen der Zuneigung oder Erhörung. Doch jenseits aller preziösen Liebeskasuistik ist der Tenor dieser Ballette ein sehnsüchtiger Ruf nach Freiheit und unbeschwerter Liebe. »Et pourquoi, sans être blamable,/ Ne peut-on pas aimer/ Ce que l'on trouve aimable?«, lautet die Klage einer Schäferin in *Les amants magnifiques.* Ihr Ideal sieht sie im instinktsicheren Verhalten der Tiere realisiert: »Hélas! Que vous êtes heureux,/ Innocents animaux, de vivre sans contrainte,/ Et de pouvoir suivre sans crainte/ Les doux emportements de vos cœurs!« (*OC* II 669). Ohne Mühe ließe sich eine Fülle gleichlautender Verse anfügen, die alle das antike *carpe-diem*-Motiv variieren und sich gleichzeitig auf die Vorstellung einer unverdorbenen, instinktsicheren ›nature‹, berufen, die bereits deutlich den Naturbegriff des 18. Jh.s antizipiert. Dramaturgische Konkretisationen der Existenz einer solchen reinen Natur sind in *La princesse d'Elide* und *Les amants magnifiques* der ungestüme Einbruch eines Bären bzw. Wildschweins (»un fort vilain animal«; V 1), die mit ihrer elementaren Naturkraft das kunstvoll-künstliche Gleichgewicht, die *Concordia triumphans* (McGowan, 1993) der der höfischen Etikette verpflichteten Welt aufs höchste gefährden und daher schnellstens eliminiert werden.

Die lässige, allem Zwang abholde ›naturhafte‹ Moral der obigen Verse entspricht dem Tenor des Eingangshymnus aus *La princesse d'Elide,* der zugleich eine an den jungen Prinzen gerichtete Liebeslehre ist. Als Quintessenz ergibt sich daraus, dass Liebe die Kardinaltugend eines jeden Fürsten und Ausweis einer edlen Seele sei, »Et qu'il est malaisé que sans être amoureux / Un jeune prince soit et grand et généreux«. Derartige von Couton als ›propos laxistes‹ bezeichnete Verse charakterisieren die Stimmung der Ballette und sind zugleich ein getreues Spiegelbild der Stimmung am jungen Hof Ludwigs XIV. Duchêne charakterisiert die Festlichkeiten im Zusammenhang der »Plaisirs de l'île enchantée« als »une grande fête païenne« (*350*, 388). Wie sehr auch Bossuet auf Bitten der Königinmutter schon 1662 in seinen Fastenreden bemüht ist, den in mehrere Liebesaffären verwickelten König auf den rechten Weg zurückzubringen, ist dieser doch noch längst nicht bereit, solchen Vorhaltungen Rechnung zu tragen. Statt den rigoristischen Moralvorstellungen des einflussreichen Theologen folgt er lieber der lässigeren Moral der von ihm bestallten Dichter, allen voran Isaac de Benserade und Molière. Couton beschreibt die dadurch am Hof entstehenden Gegensätze wie folgt: »Morale de prédicateur, morale de poète s'opposent; c'est-à-dire, à mettre les choses sur un autre plan, vieille cour et jeune cour; ou, si l'on préfère, vie chrétienne et libertinage« (*OC* I 745). Es wird deutlich, wie Molière bereits mit *L'école des femmes,* die ja einer ähnlichen Liebeskonzeption verpflichtet war, einflussreichen Kreisen des Hofes suspekt, ja gefährlich erscheinen musste.

Der laszive oder auch subversive Charakter einer solchen Liebesphilosophie wird in den Hofballetten durch die Verlagerung der Handlung in eine idealisierte raum-zeitliche Ferne auf den ersten Blick zwar gemildert. Daher spielen diese Stücke entweder in einem arkadisch anmutenden Griechenland oder in einem von Licht und Wärme durchfluteten Sizilien; dies aber hat zur Folge, dass das ursprünglich subversiv Anmutende plötzlich Züge des Utopischen annimmt. Auf dem Hintergrund eines imaginären Arkadien vollzieht sich, bei Ausschaltung aller Konflikte der zeitgenössischen Realität, eine überaus nuancenreiche, alle traditionellen Normen in Frage stellende Analyse seelischer Empfindungen, vor allem der Freundschaft und der Liebe. Kritiker haben auf eine bereits Marivaux antizipierende Subtilität entsprechender Analysen hingewiesen (Jasinski *143*). Und tatsächlich gelangt Molière in seinen Hofballetten zu einer Differenzierung seelischer Affekte, wie sie wohl nur unter der gleißenden Sonne eines utopischen Arkadien möglich ist, nicht aber im realistischen Rahmen seiner bürgerlichen Komödien, deren Probleme gänzlich anders gelagert sind. Darin liegen der Gewinn und das Neuartige seiner Hofballette, dass er mutiger und differenzierter als in seinen ›großen‹ Komödien dem Theater einen bis dahin verschlossenen seelischen Bereich eröffnet und zugleich die Frage suggeriert, ob die hier idealisierten ›natürlichen‹ Beziehungen zwischen den Geschlechtern immer nur Utopie bleiben müssen.

Dieser utopische Charakter der Hofballette sollte jedoch über ihren allseits transparenten Wirklichkeitsbezug nicht hinwegtäuschen. Nicht allein in einer Übereinstimmung der Liebeskonzeptionen auf der Ebene dichterischer Fiktion und höfischer Wirklichkeit ist er nachweisbar; und auch nicht nur in einer mythischen Stilisierung der Herrscherfiguren dieser Stücke, die derjenigen Ludwigs XIV. durchaus entspricht. Wichtiger ist das Eindringen bürgerlich-rationaler Denkstrukturen und Wertmaßstäbe in eine ansonsten mit allen Elementen der Utopie ausgestattete wirklichkeitsflüchtige Welt. So treten in *La princesse d'Elide* und *Les amants magnifiques* Hofnarren auf: Moron und Clitidas, deren Funktion es ist, in eine von höfischen Konventionen geprägte Welt nicht-aristokratische Gegenwerte einzuführen. Daher dient ihnen vor allem der Einbruch von Bär und Wildschwein dazu, alle heroischen Werte der Tapferkeit im Namen des gesunden Menschenverstandes in Frage zu stellen, ja lächerlich zu machen. Da aber Moron und Clitidas in beiden Stücken dominierende dramaturgische Funktion ausüben, wird gleichzeitig unterhalb des höfisch-aristokratischen Normensystems, ebenso stilisiert wie dieses, ein Gegensystem von Werten sichtbar, das man trotz seiner Verzerrung ins Clowneske getrost als bürgerlich bezeichnen darf. Im Namen bürgerlicher Rationalität wird in *Les amants magnifiques* eine vom Astrologen Anaxarque inszenierte grobschlächtige Täuschung entlarvt und somit der Einfluss der Astrologie in diesem Stück und am Hof Ludwigs XIV. *ad absurdum* geführt. Dass es sich hierbei um eine höchst gefahrvolle Staatsaffäre handelt (die Anfänge der ›Affaire des poisons‹, in die hohe Mitglieder des Hofes verwickelt sind, fallen in das Jahr 1670), vergegenwärtigt sich Clitidas in einem wichtigen Aparte (I 2). Schließlich ist symptomatisch, dass in *Les amants magnifiques* keiner der beiden aristokratischen Liebhaber die Gunst der Prinzessin erringen kann, sondern der ›homme de mérite‹ Sostrate, der, ursprünglich bürgerlicher Herkunft, sich nunmehr als General im Dienst des Königs nützlich macht. Auffällig ist in diesem Stück die häufige Verwendung des Begriffs ›mérite‹: Das bürgerliche Verdienst für den Staat gilt mehr als die ›naissance‹, d. h. die geburtsbedingte Zugehörigkeit zur Feudalaristokratie. Aus deren Perspektive kommt es in *Les amants magnifiques* zur ersten ›mésalliance‹, die in der sozialen Wirklichkeit umso häufiger wird, je weiter das Jahrhundert fortschreitet und der Adel verarmt. Besonders aufschlussreich ist, dass Molière, der dieses Thema zuvor erst einmal, ins Provinzmilieu verfremdet, dargestellt hatte (*George Dandin*), es jetzt zum Mittelpunkt eines Hofballetts macht und damit über die Vorgabe des Königs, welche die Figur des Sostrate nicht vorsah, weit hinausgeht. Auch dies ein wenn nicht utopisches, so doch bezeichnendes antizipatorisches Element, das ›mittels des Festes‹ spielerisch eine neue Ordnung ›etabliert‹ (McGowan).

Allerdings wird auch dieses sogleich durch eine für alle Hofballette gültige Ästhetik des ›émerveillement‹ abgemildert. Das Hofballett ist eine narzistische Kunst, die ihren Zweck mit der genüsslich ausgekosteten Selbstdarstellung einer höfischen Gesellschaft voll und ganz erfüllt. Daher sollen diese Stücke keine Probleme aufwerfen, sondern zielen auf das ›divertissement‹ einer schmalen gesellschaftlichen Oberschicht und sind Vorwand für eine Entfaltung von Pracht und Luxus, die Spiegelbild realer politischer Macht sein möchte. Diese Fusion aller Künste mit einer domestizierten Natur hat aber zur Folge, dass in Molières Hofballetten das Ästhetische Vorrang vor dem Komischen hat, also das ›émerveiller‹ vor dem ›(faire) rire‹, das ›(In-)Staunen-(Versetzen)‹ vor dem Lachen. Was daher auch an zeitgenössischen Problemen oder an subversiv Utopischem in sie einfließen mag, wird sogleich bis zur Unkenntlichkeit ästhetisch neutralisiert. Dies dürfte wohl die Erklärung dafür sein, dass der letzten Endes kaum minder gefährliche Gehalt dieser Stücke selbst anlässlich ihrer Aufführung im ›Palais-Royal‹ nicht wahrgenommen wurde. Anders ist es im Fall jener ›großen‹, ›klassischen‹ Komödien dieser zweiten Phase, die im Folgenden vorgestellt werden sollen.

Bibl.: *62; 84; 126; 211; 226-244; 245*, 299-345, 365-384; *421*. – *Molière, Le mariage forcé*. Edition critique par J. Prest; Exeter (GB) 1999. – *N. Akiyama*, Les comédies-ballets de Molière et le ballet de cour. In: Etudes de langue et littérature française 68, 1996, 17-30. *B. W. Alsip*, Myth and Fairy Tale in Molière's *La princesse d'Elide*. In : PFSCL X, 1983, 221-232. *L. E. Auld*, Theatrical Illusion as Theme in *Les amants magnifiques* (comédie-ballet). In: RN 16, 1974, 144-155. *Cl. Bourqui*, La bergerie comique: Molière et l'inspiration pastorale. In: *D. Dalla Valle* (Hg.), Franco-Italica 1996, 1: Pastorale italiana. Pastorale francese / Pastorale italienne. Pastorale française, 139-150. *M.-Cl. Canova*, Le roi, l'astrologie, le bouffon et le poète. Figures de la création dans *Les amants magnifiques* de Molière. In: SCFS 18, 1996, 121-131. *N. Dufourcq*, Les fêtes de Versailles. La musique. In: *288*, 67-75. *J. Guicharnaud*, Les trois niveaux critiques des *Amants magnifiques*. In: *283*, 21-42. *Ch. Mazouer*, Le mariage forcé de Molière, Lully et Beauchamp. Esthétique de la comédie-ballet. In: *319*, 91-98. *P. Mélèse*, Molière à la cour. In: *288*, 57-65. *M. M. McGowan*, Concordia triumphans: L'ordre rétabli au moyen de la fête. In: Chloe. Beihefte zum Daphnis 15, 1993, 5-24. *J. Morel*, Sur *La princesse d'Elide*. In: *221*, 327-335. *F. Népote-Desmarres*, Molière, auteur pastoral? Aperçu sur quelques rapports avec la politique de Louis XIV. In:

Litt. classiques 11, 1989, 245-257. *S. Schult Ulriksen, Les amants magnifiques* – ›régale‹ baroque. In: *K. Gundersen/S. Schult Ulriksen* (Hg.), Représentations et figurations baroques; Oslo 1997, 199-209. *J.-P. van Elslande,* Molière ou le moraliste de la fête. In: *299,* 363-374. *J. Vanuxem,* La scénographie des fêtes de Louis XIV auxquelles Molière a participé. In: *288,* 77-89. *A. E. Zanger,* The spectacular gift. Rewriting the royal scenario in Molière's *Les amants magnifiques.* In: RoR 81, 1990, 173-188.

Barock-Klassik: 72; 83; 124; 139; 144-145; 157; 164; 211; 222; 431; 451. – *R. Mandrou,* Tragique XVIIe siècle. In: Annales E.S.C. 1957, 305-313. *Ders.,* Le baroque européen: mentalité pathétique et révolution sociale. In: Annales E.S.C. 1960, 898-914. *G. Molinié,* La forme et le contenu: La portée du concept de baroque littéraire. In: *D. L. Rubin* (Hg.), Studies in Early Modern France; Charlottesville 1994, Bd. 1: World and Image, 1-8.

2.3 ›Dévotion‹ als gesellschaftliche Norm gegen staatsgefährdende Frömmelei: ›Le Tartuffe‹

Unter den drei ›politischen‹ Komödien der mittleren Phase nimmt *Le Tartuffe* aufgrund seiner Entstehungs- und Wirkungsgeschichte einen besonderen Platz ein. Mit großer Wahrscheinlichkeit reicht Molières Beschäftigung mit diesem Stück in den Sommer 1663 zurück. Aus der ›Querelle‹ um die *Ecole des femmes* hatte er sich mit dem Hinweis zurückgezogen, er durchschaue den Trick (›artifice‹) seiner Gegner, die ihn durch ihre Angriffe lediglich von wichtigeren Dingen abhalten wollten, und hinzugefügt: »Molière aura toujours plus de sujets qu'il n'en voudra; et tout ce qu'il a touché jusqu'ici n'est rien que bagatelle au prix de ce qui reste« (*L'impromptu,* Sz. 4 + 5). Fast auf den Tag genau sechs Monate später setzt die Kampagne gegen den *Tartuffe* ein. D'Argenson, der Historiograph der ›Compagnie du Saint-Sacrement‹, vermerkt anlässlich einer Versammlung ihrer Mitglieder vom 17. April 1664: »On parla fort ce jour-là de travailler à procurer la suppression de la méchante comédie du *Tartuffe.* Chacun se chargea d'en parler à ses amis qui avaient quelque crédit à la Cour pour empêcher sa représentation« (Mongrédien *377,* I 214). Schon vor der Premiere also ist das Stück kirchlichen Kreisen ein Dorn im Auge. Doch ungeachtet solcher Intrigen findet die Uraufführung am 12. Mai 1664 im Rahmen der Festlichkeiten der »Plaisirs de l'île enchantée« statt. Zur Aufführung gelangt die erste Fassung des Stückes, das wir heute nur in seiner dritten Version kennen. Doch wie sahen der erste und zweite Entwurf aus?

Unbestritten ist, dass lediglich drei Akte der heute fünfaktigen Komödie aufgeführt wurden. Eine heftige philologische Diskussion hat sich nun daran entzündet, ob die heutige Fassung die Erweiterung einer ursprünglich dreiaktigen Fassung ist oder ob Molière ein unvollendetes Stück aufgeführt habe. Solche Überlegungen haben sogar zur (hypothetischen) Rekonstruktion eines *Urtartuffe* (Cairncross *338*) geführt. Mehrheitlich neigt die neuere Forschung (Michaut, Couton, Jasinski, Duchêne) jedoch zu der Annahme, die in Versailles aufgeführte Fassung habe in drei Akten ein abgerundetes Stück dargestellt. Hier die Gründe, auf die sich diese Annahme stützt: In seinem *Registre* vermerkt La Grange ausdrücklich: »On y [à Versailles] a représenté [...] trois actes de *Tartuffe* qui étaient les trois premiers«. Im September findet sich der Eintrag, die Truppe habe »par ordre de Monsieur [...] les trois premiers actes du *Tartuffe*« gespielt. Dagegen erwähnt er unter dem 29. November »par ordre de Mgr. Le Prince de Condé« die Aufführung des »*Tartuffe* en cinq actes«. Es liegen keine triftigen Gründe vor, diese Äußerungen des insgesamt zuverlässigen La Grange in Zweifel zu ziehen. Weiter hat Jasinski (*365*, 203) darauf aufmerksam gemacht, dass das Ende des heutigen 3. Aktes für zahlreiche Komödienschlüsse Molières charakteristisch ist. Was bedeutet das für die erste Fassung? Mit großer Wahrscheinlichkeit endete der *Urtartuffe* mit dem Siege des Heuchlers. In totaler Verblendung verweist Orgon seinen Sohn des Hauses, vermacht Tartuffe sein Hab und Gut und fordert ihn auf, allen Vorhaltungen anderer zum Trotz seine Frau regelmäßig zu besuchen: »Non, en dépit de tous, vous la fréquenterez«. Ein Schwerpunkt dieser ersten Fassung wäre daher ein traditionelles Farcenthema: Der gehörnte Ehemann, der hier umso lächerlicher und gefährlicher ist, als er sich in allen Entscheidungen blind den heuchlerischen Ratschlägen seines Rivalen unterwirft. Zugleich ist es ein bitteres Stück mit ähnlich unversöhnlichem Ausgang wie später *George Dandin*, der, ebenfalls ein Dreiakter, wie der *Urtartuffe* Bestandteil höfischer Festlichkeiten sein wird.

Die Erstfassung wirft ein noch wichtigeres Problem auf, das der sozialen Zuordnung Tartuffes (cf. S. 98 f.). Nach den vorliegenden Dokumenten zu urteilen, war der Tartuffe dieser Fassung niedriger sozialer Herkunft, gehörte dem geistlichen Stande an, in dem er eine Möglichkeit des gesellschaftlichen Aufstiegs sah, trug eine Tonsur, war Diakon, vielleicht sogar Priester (*OC* I 835 f.). Die Provokation der Erstfassung, die den Untertitel *L'hypocrite* trug, ist also deutlich: Mittels der Figur eines Geistlichen illustriert Molière die Macht einer religiösen Gruppe oder Clique, deren Mitglieder sich unter Vortäuschung hehrer moralischer Absichten in wohlhabende bürgerliche Familien einschleichen, die sie ruinieren und zerstören, weil sie letztlich nur ihre persönliche Bereicherung im Auge haben. Kein

Wunder, wenn das Stück unmittelbar nach seiner Aufführung verboten wird. Dies Verbot, das nur die öffentlichen Aufführungen betrifft, wird vom König persönlich ausgesprochen, und zwar trotz des großen Gefallens, das er an dem Stück gefunden hatte, über dessen Inhalt und Tendenz er ganz offensichtlich bereits vor der Aufführung informiert war; doch sei die darin vorgenommene Unterscheidung zwischen echter und falscher Frömmigkeit nicht so eindeutig, dass nicht mancher Zuschauer es als antireligiös verstehen könne. Verantwortlich für dieses Verbot sind vermutlich Ludwigs ehemaliger Erzieher, Hardouin de Péréfixe, Erzbischof von Paris und Sprachrohr einer theologisch orthodox orientierten Gruppierung am Hof, des ›parti dévot‹, sowie insbesondere die Königinmutter. Noch ist Ludwig nicht stark genug, sich deren Einfluss zu widersetzen.

Mit dem Verbot seines Stückes beginnt Molières insgesamt fünfjähriger Kampf um dessen endgültige Freigabe. Wie rüde der Kampf vor allem von kirchlicher Seite geführt wird, zeigt ein Pamphlet des Pierre Roullé, Pfarrer der Pariser Gemeinde Saint-Barthélemy, der in Molière einen »démon vêtu de chair et habillé en homme« sieht, *Le Tartuffe* als »production impie et irréligieuse, licencieuse et libertine« bezeichnet und Molière kurzerhand zum Tode auf dem Scheiterhaufen bestimmt (*OC* I 1143 f.). Doch der Sympathie und des Schutzes des Königs sicher, verfolgt dieser beharrlich sein Ziel.

Die Aufführung vom 29. November 1664 im Hause Condés zeigt, dass das Stück inzwischen zu einem Fünfakter angewachsen ist. Inwieweit diese Fassung mit der zweiten, von der wir uns ein genaues Bild machen können, identisch ist, entzieht sich unserer Kenntnis. Unter dem Titel *Panulphe ou L'imposteur* gelangt sie am 5. August 1667 zur Aufführung. Der König befindet sich zu diesem Zeitpunkt auf dem Flandernfeldzug; Verwaltung und Justiz sind daher dem Präsidenten des Pariser Parlaments, Guillaume de Lamoignon, unterstellt. Er ist ein aufgeklärter Förderer der Literatur, zugleich aber aktives Mitglied der ›Compagnie du Saint-Sacrement‹, die, obwohl bereits 1660 verboten, insgeheim noch erheblichen Einfluss ausübt. Unmittelbar nach der ersten Aufführung lässt Lamoignon das Theater schließen; wenige Tage später (11. August) verbietet Hardouin in einem Hirtenbrief, »de représenter, lire ou entendre réciter la susdite comédie, soit publiquement soit en particulier [...] et ce sous peine d'excommunication« (*OC* I 1145). Damit scheint das Schicksal des Stückes für alle Zeiten besiegelt. Bereits am 8. August hatte Molière La Grange und La Thorillière mit einer Bittschrift nach Lille geschickt; doch kann der König sie nicht empfangen, lässt ihnen aber mitteilen, er werde das Stück nach seiner Rückkehr prüfen. ›Le se-

cond placet‹ gibt wichtigen Aufschluss über die inzwischen von Molière vorgenommenen Veränderungen. Noch informativer allerdings
ist eine Ende August 1667 anonym veröffentlichte *Lettre sur la comédie de ›L'imposteur‹*, an der Molière möglicherweise als Berater oder
Mitarbeiter beteiligt war und die den Handlungsverlauf der zweiten
Fassung Akt für Akt und Szene für Szene beschreibt (*OC* I 1147-
1180).

Die wichtigsten Änderungen sind Abmilderungen (›adoucissements‹) und betreffen die Titelfigur. Aus dem Heuchler (›hypocrite‹)
Tartuffe ist jetzt der Betrüger (›imposteur‹) Panulphe geworden, der
nicht mehr dem geistlichen Stand angehört, sondern ›homme du
monde‹ ist. Molière insistiert auf dieser Veränderung, die er auch in
der Kleidung sichtbar macht: Panulphe ist wie ein normales Mitglied
der höfischen Gesellschaft gekleidet: »un petit chapeau, de grands
cheveux, un grand collet, une épée, et des dentelles sur tout l'habit«.
Dieser und einiger anderer Änderungen zum Trotz muss der Eindruck entstanden sein, als seien die erste und zweite Fassung letztlich
identisch. Zwischen dem Verbot dieser Fassung und der endgültigen
Freigabe liegen weitere achtzehn Monate. Welche Schritte Molière
während dieser Zeit unternahm, wie es möglich war, dass Ludwig
XIV. sich schließlich über das kirchliche Verbot hinwegsetzte, bleibt
im Dunkeln. Der Vergleich der endgültigen Fassung mit dem Resü-
mee der zweiten Fassung in der *Lettre sur la comédie de ›L'imposteur‹*
zeigt, dass Molière weitere ›adoucissements‹ vorgenommen hat.

Insgesamt betrachtet ist der letztlich glückliche Ausgang der
›Querelle du *Tartuffe*‹ ein Triumph in vielfacher Hinsicht: ein Triumph Molières, der deswegen so hartnäckig auf der Durchsetzung
dieser Komödie beharrt, weil sie für ihn das bisher wichtigste Beispiel
eines gesellschaftlich engagierten Theaters darstellt und er sein
Schicksal als Autor an das Schicksal dieser Komödie bindet; denn »il
est très assuré, Sire, qu'il ne faut plus que je songe à faire des comédies, si les tartuffes ont l'avantage« (›Second Placet‹), doch ebenso ein
Triumph des Königs, insofern er nach dem ruhmreichen Friedensschluss von Aachen (2. Mai 1668) im Bewusstsein seiner politischen
Macht durch die ›Paix de l'église‹ (Sept. 1668 / Jan. 1669) den Einfluss der religiösen Gruppierungen zu neutralisieren trachtet, sich von
den beengenden Fesseln moralischer Bevormundung befreit und gegen den kirchlichen Bannspruch ein Stück durchsetzt, das einen
bereits ins 18. Jh. weisenden Religionsbegriff propagiert.

Die endgültige Aufführung des *Tartuffe* am 5. Februar 1669 wird
für Molière zu einem triumphalen Ereignis. Der Rekordeinnahme
von 2.860 Pfund nach zu urteilen, muss das Theater bis weit über

den ›letzten Platz‹ ausverkauft gewesen sein; achtundzwanzig Aufführungen in Folge bestätigen den Erfolg. Um jedoch die Unwiderruflichkeit des Erreichten sicherzustellen, lässt Molière das Stück bereits Ende März mit einem wichtigen programmatischen Vorwort versehen in Buchform erscheinen. Die Auflage ist schnell vergriffen, so dass schon Anfang Juni eine zweite Auflage notwendig ist, die über das Vorwort hinaus auch die Bittschriften an den König enthält. Grundlage der folgenden Interpretation ist naturgemäß diese letzte Fassung mit dem Titel *Le Tartuffe ou L'imposteur.*

Durch Vortäuschung eines exemplarischen religiösen Lebenswandels ist es Tartuffe gelungen, sich in das Haus des wohlhabenden Pariser Bürgers Orgon einzuschleichen. Seine eifrigsten Anhänger sind Orgon selbst und dessen Mutter, Mme Pernelle. In der Expositionsszene I 1 wirft sie der versammelten Familie vor, statt den frommen Ratschlägen Tartuffes zu folgen, einen allzu aufwendigen, mondänen Lebensstil zu praktizieren. Dorine, ›suivante‹ und nicht ›servante‹ von Orgons Tochter Mariane, berichtet in I 2 dessen Schwager Cléante, bis zu welchem Grad Orgon von Tartuffe ›besessen‹ ist. Doch schon tritt Orgon auf (4) und bestätigt die Richtigkeit ihrer Aussagen: Statt sich nach dem Wohlergehen seiner soeben genesenen Frau zu erkundigen, hat er buchstäblich nur Tartuffe im Kopf. Wie groß dessen Einfluss auf ihn tatsächlich ist, zeigt Szene 5, in der Orgon dem ›raisonneur‹ Cléante gegenübersteht. Orgons Verblendung geht so weit, dass er Mariane nicht, wie versprochen, Valère zur Frau geben möchte, sondern Tartuffe. – Die Endgültigkeit seines Entschlusses teilt Orgon Mariane in II 1 mit. Dorine versucht, ihm die Unmenschlichkeit seines Planes klarzumachen, bringt sodann die durch Missverständnisse entzweiten Liebenden wieder zusammen und ergreift schließlich die Initiative, die zur Demaskierung Tartuffes führen soll (2-4). – Danach wird Elmire, Orgons zweite Frau, Tartuffe um eine Unterredung bitten, um seine wahren Absichten zu erkunden und Einfluss auf ihn auszuüben (III 1). Um Zeuge dieser Unterredung zu werden, versteckt sich der hitzköpfige Damis, Sohn aus Orgons erster Ehe, in einem Kabinett. Nach Tartuffes Auftritt (2), einer der berühmtesten Szenen des französischen Theaters, gleitet die Unterredung zwischen Elmire und Tartuffe schnell in eine Liebeserklärung Tartuffes und die Aufforderung zum Ehebruch ab. Geschickt widersetzt sich Elmire und fordert von Tartuffe, er möge die Hochzeit zwischen Mariane und Valère unterstützen; nur dann werde sie Schweigen über den Vorfall bewahren (3). Da stürzt Damis aus seinem Versteck, um Tartuffe zu entlarven (4). Doch statt ihm Glauben zu schenken, fällt Orgon auf die raffiniert inszenierte Heuchelei Tartuffes herein, enterbt Damis und jagt ihn aus dem Haus (6). Nun gibt Tartuffe vor, das Haus zu verlassen, aber Orgon bedrängt ihn zu bleiben, vermacht ihm alle seine Güter und fordert ihn auf, Elmire häufig zu besuchen (7). – In den beiden letzten Akten beschleunigt sich die Handlung: Cléantes Vorhaltungen weicht Tartuffe mit Drohungen und Spitzfindigkeiten aus (IV 1). Mariane möchte lieber ins Kloster eintreten als Tartuffe heiraten; doch lässt sich Orgon durch nichts erweichen (2+3). Schließlich bittet Elmire Orgon, sich unter dem Tisch zu verbergen, während sie in einer erneuten Unterredung Tartuffe als skrupellosen Heuchler entlarvt. Als er sich schließlich über Orgons Leichtgläubigkeit mokiert, erkennt dieser endlich Tartuffes wahren Charakter (5). Er verweist ihn des Hauses; doch da die Schenkung bereits unterzeichnet ist, hat Tartuffe Orgon fest in der Hand (6-8). – Als zusätzliches Erpressungsmittel verfügt er über eine ihm von Orgon anvertraute Kassette mit Geheimpapieren, aus denen hervorgeht, dass Orgon einen von der Justiz gesuchten ehemaligen Frondeur aus Freundschaft deckt (V 1). Als der Gerichtsvollzieher M. Loyal auftritt, um die Familie Orgon aus dem Hause zu weisen, ist endlich auch Mme Pernelle von Tartuffes Schlechtigkeit überzeugt (3-5). Doch schon kommt Valère, um Orgon eine Kutsche und Geld zur Flucht anzubieten; denn seine Verhaftung stehe unmittelbar bevor (6). Da tritt Tartuffe auf, um Orgon mit Hilfe des Haftrichters festzunehmen. Allerdings wendet sich das Blatt im letzten Augenblick. Auf ausdrücklichen Befehl des Königs soll nicht Orgon, sondern Tartuffe verhaftet werden: Er sei ein lang gesuchter Schurke, mit dessen Verbrechen man ganze Bände füllen könne.

Unter dramaturgischen Gesichtspunkten wird der *Tartuffe* widersprüchlich beurteilt, eine Tatsache, welche die komplexe Textgeschichte und die Spekulation über die Erstfassung widerspiegelt. Drei Dinge werden kontrovers diskutiert: die Funktion von Akt II; die (allzu) retardierende Exposition und der aufgesetzt wirkende Schluss. Zum ersten Punkt schreibt Adam lakonisch: »Le IIe acte est vide et l'on devine que Molière a eu des difficultés à le remplir« (*331*, 319). Für Kritiker, die wie Cairncross (*338*) den *Urtartuffe* im Wesentlichen aus den heutigen Akten I, III und IV rekonstruieren wollen, ist Akt II eine späte Zutat, die aus der Notwendigkeit resultiert, das Stück auf fünf Akte auszudehnen. Allerdings sind auch diese Kritiker empfänglich für die Subtilität der ›dépit-amoureux‹-Szene II 4, die mit der Szene IV 3 des gleichnamigen Stückes und der Szene III 10 des *Bourgeois gentilhomme* eine brillante Trias bildet. Schon der Verfasser der *Lettre sur la comédie de ›L'imposteur‹* hatte sie ausführlich analysiert und ihre psychologische Wahrscheinlichkeit und dramaturgische Notwendigkeit hervorgehoben. Insgesamt wirkt in der Ökonomie der endgültigen Fassung Akt II als ästhetisch notwendiger und willkommener Ausgleich zwischen den hoch dramatischen Akten I und III; unbeschwertes Lachen ist nur in diesem Akt des *Tartuffe* möglich. Die endgültige Bewertung von Akt II hängt eng mit der eigenwilligen Exposition des Stückes zusammen: Die für die Intrige notwendigen Elemente werden nur nach und nach mitgeteilt. So erfährt der Zuschauer erst in II 1 von Orgons Plänen, Mariane mit Tartuffe zu verheiraten, und erst in III 3 wird deutlich, dass Tartuffe Elmire begehrt. Noch auffälliger ist das für das Theater der Klassik nahezu einmalige Auftreten der Titelfigur erst zu Beginn von Akt III. Ist Tartuffe in der Erstfassung bereits in Akt II aufgetreten, so dass die ›Leere‹ diese Aktes durch dessen nachträgliche Ausweitung bedingt ist? Alle derartigen Überlegungen bleiben Spekulation. Der heutige Zuschauer muss sich mit dem ›verspäteten‹ Auftreten Tartuffes in III 2 als gegeben abfinden und wird es in den meisten Fällen als dramaturgisch gelungen ansehen. Es resultiert daraus ein facettenreiches indirektes Porträt Tartuffes sowie eine ständig größer werdende Spannung beim Zuschauer: »J'ai mis tout l'art et tous les soins qu'il m'a été possible pour bien distinguer le personnage de l'hypocrite d'avec celui du vrai dévot. J'ai employé pour cela deux actes entiers à préparer la venue de mon scélérat« (›Préface‹). Goethe sagte im Gespräch mit Eckermann (26. Juli 1826) von der Exposition des *Tartuffe* (womit er allerdings nur Sz. I 1 meinte): »Sie ist nur einmal in der Welt da; sie ist das Größte und Beste, was in dieser Art vorhanden«. Man darf diese Würdigung ohne Einschränkung auf die Gesamtexposition übertragen. Unter dem Gesichtspunkt der Spannungsprogression ist auch der Komödienschluss zu werten. Das Eingreifen des Königs, vertreten durch den ›Haftrichter‹, setzt eine bis zu diesem Zeitpunkt unaufhaltsam erscheinende Progression des Bösen außer Kraft; noch zu Beginn der letzten Szene hat es den Anschein, als triumphiere in dieser Komödie eine ›verkehrte Welt‹. Molière hat sich einer solchen Technik häufiger bedient (cf. vor allem *L'école des femmes).* Im Fall des *Tartuffe* ist die künstlich erscheinende Lösung jedoch textgeschichtlich und ideologisch von höchster Notwendigkeit: Der indirekte Auftritt des Königs, in der Komödie eine Ausnahme, ist eine Huldigung Molières an Ludwig XIV. So wie der König durch die Freigabe des Stückes der ›Querelle du Tartuffe‹ ein Ende bereitet, hebt er im Stück eine ›verkehrte Welt‹ auf und liquidiert deren Urheber. In der Fiktion des Stückes ist er ebenso wie in der Wirklichkeit das wahre Zentrum der Macht und alleiniger Garant der Ordnung.

Für die Konzeption seines Titelhelden konnte Molière auf eine lange Tradition zurückgreifen. Unter dem Druck der Gegenreformation bildet sich nämlich bald ein neues Verhalten gegenüber wachsenden religiösen Zwängen heraus, die Heuchelei. Bereits 1532 erscheint mit Aretinos *L'hipocrito* erstmals der literarische Typ des Heuchlers als Bühnenprotagonist; von daher leitet sich eine literarische Tradition ab, deren wichtigste Texte Molière einschließlich Aretinos *L'hipocrito* mit einiger Sicherheit gekannt hat (Michaut *375 Luttes,* 86 ff.), wenngleich Bourqui (*335,* 246-275) einen direkten Einfluss Aretinos ausschließt. Auch der Name des Protagonisten stammt aus dem Italienischen und hat eine lange, verwirrende Geschichte (Montgomery, 1973). In dem *Dictionnaire italien et françois* von N. Duez (1664) konnte Molière unter ›truffa‹ die Form ›tartuffo‹ als synonym zu ›truffe‹ in der Bedeutung ›Betrüger‹, ›Gauner‹, ›Schurke‹ finden. Innerhalb der skizzierten Tradition wird der ›Betrüger Tartuffe‹ mit einer bestimmten Anzahl immer wiederkehrender Attribute ausgestattet: Veranlagung zu Sinnlichkeit mit entsprechenden äußerlichen Kennzeichen; eine kaum verhüllte sexuelle Gier; eine zur Schau gestellte Frömmigkeit; die Neigung, sich zu einflussreichen Gruppierungen zusammenzuschließen; sein bevorzugtes Betätigungsfeld eine intakte bürgerliche Familie. Daraus ergibt sich auch die Grundstruktur der Handlung in Molières ›Quellen‹: »Dans tous les cas, il s'agit de l'›impatronisation‹ d'un personnage duplice auprès d'un puissant naïf. L'hypocrite en profite pour courtiser la femme de sa dupe. Il est finalement démasqué« (*335,* 247). Alle diese Merkmale werden sich in Molières *Le Tartuffe* wiederfinden.

Wen stellt nun Tartuffe als Figur dar? Auf textimmanenter Ebene ist sein sozialer Status nach den in der zweiten Fassung vollzogenen ›adoucissements‹ der eines ›homme du monde‹ (cf. S. 94), genauer eines ›gentilhomme‹, der sich durch ein Übermaß an Frömmigkeit selbst ruiniert hat und, obwohl ›gueux‹, jetzt im Haus Orgons die Macht des Familienvaters usurpiert (V. 55 ff.). Durch Schenkungen hofft Orgon, ihm behilflich zu sein, seinen ursprünglichen sozialen Status zurückzugewinnen, so dass er dann auch für Mariane eine angemessene soziale Partie darstellt (V. 478 ff.). Selbst von der kritischen Dorine wird Tartuffes Zugehörigkeit zur (Provinz-)Aristokratie nirgends in Frage gestellt (V. 502, 645 ff.). Molières Kühnheit, den später als ›fourbe renommé‹ entlarvten ›imposteur‹ Tartuffe (V. 1904 ff.) dem Adel zuzuordnen, verdient als erstes festgehalten zu werden. Hinsichtlich seiner physischen Erscheinung ist Tartuffe mit allen Merkmalen eines Sanguinikers ausgestattet (V. 234 ff., 647). Entsprechend der noch für Molière verbindlichen antiken Temperamenten-

lehre zeichnet sich der Sanguiniker durch eine starke sinnliche Veranlagung aus, die naturgemäß auch den sexuellen Bereich umfasst (*OC*
I 1350). Daher ist Tartuffe nicht allein für Dorines Reize empfänglich
(III 2), sondern verfolgt gleichzeitig die Verlobung mit Mariane und
die Verführung Elmires. Sein Hang zum weiblichen Geschlecht und
sein Wille zur Bereicherung sind vermutlich der Grund für die Tätigkeit als ›directeur de conscience‹ im Haus Orgons. Der Begriff selbst
fällt im Stück nicht; doch bezeichnet Dorine Tartuffe als allmächtigen
›directeur prudent‹ Orgons, auf dessen gesamtes Handeln er maßgeblichen Einfluss ausübt (V. 179 ff.).

Die Aufgaben eines ›directeur de conscience‹ dürfen nicht mit denen eines Beichtvaters verwechselt werden. Dessen Tätigkeit wurde in
den meisten Fällen von Gemeindepfarrern ausgeübt, die jedoch in
vielen Kreisen der höheren Gesellschaft als nicht standesgemäß abgelehnt wurden. Statt dessen vertraute man sich in Gewissensfragen einem frei gewählten ›directeur de conscience‹ an, der nicht Geistlicher,
sondern Laie war. Sie wohnten, wie Tartuffe, im Haus der Familien,
befassten sich mitunter als ›directeurs d'études‹ mit der Erziehung der
Kinder, wenngleich ihre wichtigste Aufgabe in der Gewissensführung
der Erwachsenen bestand. Das bekannteste Beispiel eines solchen ›directeur de conscience laïc‹ ist Pascal, dessen Briefe an seine Schwester
wegen ihrer moralischen Strenge Berühmtheit erlangt haben. Der
›Beruf‹ eines ›directeur de conscience‹, aus der Gegenreformation her-
vorgegangen, erfreut sich im 17. Jh. großer Beliebtheit; seine Vertreter »schießen wie Pilze aus dem Boden« (Adam). Dies resultiert aus
der Existenz einer nicht präzis zu definierenden breiten sozialen
Schicht theologisch Gebildeter zwischen Klerus und Laientum, die
nicht mit kirchlichen Weihen ausgestattet ist und durch keine entsprechende Institution erfasst wird, »une plèbe cléricale où les aven-
turiers abondaient« (Adam *331*, 299 ff.). Deshalb ist auch Tartuffes
soziale Identität nur schwer auszumachen. Als sicher darf gelten, dass
Molière ihn in der ersten Fassung mit den – insbesondere vestimen-
tären – Attributen eines Geistlichen ausgestattet, diese Provokation in
der zweiten Fassung jedoch in der dargestellten Form (cf. S. 94) abgemildert hat, ohne ihn damit eindeutig als Priester oder Laien aus-
zuweisen. »Etait-il prêtre? Molière ne le disait nulle part, soyons-en
sûrs, mais il ne disait nulle part le contraire. Il en faisait un directeur,
ce qui ne décidait rien. Les spectateurs étaient libres d'imaginer tout
ce qui leur plaisait« (ibid. 313).

Diesen der sozialen Wirklichkeit entnommenen Typ haben schon
Molières Zeitgenossen mit einer Reihe konkreter Vorbilder identifiziert, und auch neuere Literaturhistoriker weisen gern auf mögliche

Übereinstimmungen zwischen der fiktiven Bühnenfigur und Molières ›Modellen‹ hin; die reichhaltige Palette der Vorbilder umfasst in erster Linie geistliche Würdenträger der unterschiedlichsten sozialen Provenienz (Scherer 1966; Couton *OC* I 875 ff.). Allerdings schließt gerade die Vielfalt möglicher Modelle eine eindeutige Identifizierung aus, die zweifellos weder Molières Intentionen entsprochen haben dürfte noch der weiter reichenden Bedeutung des Stückes gerecht wird.

Was die verschiedenen Modelle des Tartuffe miteinander verbindet, ist in Molières Perspektive die Praxis einer moralisch verwerflichen, für das Gemeinwohl gefährlichen Heuchelei. Erinnern wir daran, dass Molière vermutlich schon ab Sommer 1663 an diesem Stück arbeitet (cf. S. 91), das in der Erstfassung den Untertitel *L'hypocrite* tragen wird. Hypokrisie charakterisiert in vielfacher Schattierung menschliches Verhalten in ›le monde‹; in der streng hierarchisch strukturierten Höfischen Gesellschaft sind Anpassung und Verstellung gleichsam ›naturgegebene‹, lebensnotwendige Verhaltensformen. Vor allem aber ist die Kirche als der größte Grundbesitzer des Königreiches eine wahre Brutstätte der Heuchelei; laut Schätzungen ist ein Fünftel bis die Hälfte des französischen Territoriums in ihrem Besitz; folglich hat sie eine Menge lukrativer Pfründe zu vergeben, und der Zustrom junger Adeliger zu ihren Ämtern ist groß. Im Fall mangelnder Rechtgläubigkeit konnte sich also deren Vorspiegelung und ostentative Zurschaustellung auszahlen. Angesichts eines solchen innerkirchlich weit verbreiteten Verhaltens hatten Moraltheologen eine Doktrin ausgearbeitet, der zufolge Heuchelei nur dann als Todsünde zu verurteilen war, wenn auch die sie begleitende Handlung oder das Handlungsziel selbst eine Todsünde darstellten; in den meisten anderen Fällen war sie eine lässliche oder gar keine Sünde. Unter Umständen konnte sie sogar zu einer notwendigen Durchgangsstufe auf dem Wege zur Wahrheit werden: Anfangs ohne innere Überzeugung ausgeübte kirchliche Riten konnten, wie selbst Pascal festgestellt hatte, in eine echte Bekehrung münden. Daher war die Beurteilung der Heuchelei in theologischer Sicht äußerst prekär; sie war ein mit Umsicht zu behandelnder Sonderfall (›cas réservé‹; cf. Couton 1969). Gerade das aber macht sie für Molière zu einem ›vice privilégié‹, dessen Folgen für den Staat gefährlicher sind als diejenigen aller anderen ›Laster‹ (›Préface‹).

In theologischer Perspektive ist Tartuffe daher keineswegs eine nur mit negativen Attributen ausgestattete Figur. Immerhin kann er die Bekehrung Orgons und Mme Pernelles für sich verbuchen und müht sich im gleichen Sinn um die restliche Familie. Welches dabei seine

innersten Absichten sind, bleibt im Dunkeln. Nicht zufällig gibt es in
diesem Stück weder einen Monolog noch ein Gespräch Tartuffes mit
einem Diener oder Vertrauten, in denen er sein Inneres enthüllt. Ihn
umgibt, ja er ist ›une zone d'ombre‹ (Serroy 1999). Können die genannten Handlungen daher durchaus noch ehrenwerten Zielen dienen, kommt Tartuffe bei anderen Gelegenheiten eine ihren Ursprün-
gen entfremdete und im Zusammenhang des Stückes pervertiert
erscheinende Kasuistik zu Hilfe. Schon Pascal hatte in seinen *Lettres
provinciales* gegen die Auswüchse jener von den Jesuiten im Namen
der Gegenreformation ›verfeinerten‹ Moraltheologie polemisiert, die
einerseits selbst bei schwachen oder zweifelhaften Gegengründen das
Gewissen von der Befolgung allgemein verbindlicher Normen befrei-
en und andererseits moralisch zweideutige Handlungen durch die
Rechtmäßigkeit des verfolgten Zieles legitimieren konnte. Wenn auch
der spanische Theologe Escobar als einer der Wortführer ausdrücklich
die Legitimierung der Mittel durch die Rechtmäßigkeit des Zieles
missbilligte, hatte sich in der moraltheologischen Praxis eine bedenk-
liche Laxheit durchgesetzt. Vielfach galten nur der öffentliche Skan-
dal und der Wille zur Sünde um der Sünde willen als Todsünden; lü-
gen, betrügen, ja selbst töten und erst recht die Befriedigung
natürlicher Triebe waren im schlimmsten Fall lässliche Sünden. Daher
sieht sich Orgon als gelehriger Schüler Tartuffes guten Gewissens in
der Lage, »à faire des serments contre la vérité« (V. 1592); und erst
recht kann sich Tartuffe, da mit allen Subtilitäten der ›direction
d'intention‹ vertraut, bedenkenlos auf die fragwürdigsten Handlungen einlassen. Wenigstens auf zwei Beispiele sei verwiesen. Indem
Orgon Tartuffe sein gesamtes Vermögen vermacht, ruiniert er in materieller Hinsicht (und nicht nur in dieser) seine Familie. Sollte dies
nicht ein hinreichender Grund für Tartuffe sein, auf die Schenkung
zu verzichten? Im Gegenteil, so sagt er, werde er sie davor bewahren,
in falsche Hände zu geraten und könne sie zum Ruhm des Himmels
und zum Wohl des Nächsten nützen (IV 1, 1237 ff.). Selbst die Verführung Elmires stellt für sein Gewissen kein Hindernis dar. Seine
diesbezüglichen Äußerungen in IV 5, 1481 ff. sind die Entlarvung
jener Kasuistik, die es ermöglicht, jedes Mittel zur Erreichung jedwe-
den Zieles zu rechtfertigen:

> Le ciel défend, de vrai, certains contentements;
> Mais on trouve avec lui des accommodements.
> Selon divers besoins, il est une science
> D'étendre les liens de notre conscience,
> Et de rectifier le mal de l'action
> Avec la pureté de notre intention. (V. 1487-1492)

Wenn die Auseinandersetzungen um die gesellschaftliche Funktion des Theaters Mitte der 60er Jahre ihren Höhepunkt erreichen (cf. S. 35 f.; *OC* I 859), ist dies aus kirchlicher Sicht darin begründet, dass sich Molière mit dem *Tartuffe* zum Schiedsrichter in komplexen theologischen Fragen aufwirft und dabei die Rolle eines gefährlichen Simplifikators spielt. Daher erklären sich die heftigen kirchlichen Angriffe auf ihn. Als deren Urheber nennen zeitgenössische Dokumente einen ›parti dévot‹, auch ›la cabale des dévots‹ genannt. Die Anhänger dieses ›parti dévot‹ gehören der ›Compagnie du Saint-Sacrement‹ an, einer 1629 gegründeten Gesellschaft, die sich aus Vertretern des Feudaladels und des gehobenen Bürgertums sowie der Geistlichkeit rekrutiert und der Ausübung frommer Werke verschrieben hat. Sie versteht sich als laizistische theologische Reformbewegung, in der Geistliche keine Ämter ausüben dürfen. Ihr bevorzugtes Betätigungsfeld ist die bürgerliche Familie, Ziel ihres Handelns eine innerweltliche ›sainteté‹, auf die sie mittels der ›direction de conscience‹ mit Zielstrebigkeit, ›efficacité‹, zugleich aber ›verschwiegen‹, ›en secret‹, hinarbeitet. ›Le secret‹ ist ein Schlüsselbegriff zum Verständnis des Vorgehens der ›Compagnie‹, weil er Diskretion garantiert und die Zurschaustellung Gott wohlgefälliger Taten verhindert. Derartige Tätigkeit im Geheimen kann jedoch leicht zu einer solchen im Untergrund werden und Verdacht schüren. Daher erweckt die ›Compagnie‹ auch mehrfach das Missfallen Richelieus und Mazarins, weil sie sich juristische und politische Kompetenzen anmaßt. Am Hof findet sie Rückhalt bei der Königinmutter; als weitere wichtige Persönlichkeiten gehören ihr Bossuet, Lamoignon und Conti an. In den Augen ihrer Gegner ist aus der ›Compagnie du Saint-Sacrement‹ längst eine ›cabale des dévots‹ geworden. Ende 1660 wird sie verboten, setzt ihre Tätigkeit aber insgeheim fort. Der Tod der Königinmutter im Januar 1666 bedeutet praktisch auch ihr Ende; eine letzte Erwähnung findet sich im Mai 1667 (Tallon 1990, 22).

Kein Zweifel, dass Molière den ersten *Tartuffe* im Rahmen der »Plaisirs de l'île enchantée« nur mit Billigung des Königs aufführen konnte; zu offensichtlich sind die Bezüge zwischen Tartuffes Vorgehen und den Praktiken der ›Compagnie‹. Indes betrifft die in dieser Komödie entfaltete Thematik nicht in erster Linie die Heuchelei, wie breit auch der Raum ist, den dieser Aspekt einnimmt. Pointiert formuliert ist die Hypokrisie letztendlich ein Nebenschauplatz des *Tartuffe*, auf dessen ›wahrer Bühne‹ der Konflikt zweier miteinander unvereinbarer Konzeptionen von christlicher Religion ausgetragen wird, einer orthodoxen und einer mondänen, d. h. weltlichen, bereits säkularisierten. Dabei erweisen sich der Autor und sein Stück als vollkommen konform mit den mondänen, libertinistischen Vorstellungen der ›jeune cour‹, dessen Zentrum der junge lebenslustige König ist, und stehen damit zugleich in flagrantem Gegensatz zu den orthodoxen moralischen Werten der um die Königinmutter, Bossuet, Conti und Lamoignon versammelten ›vieille cour‹, dem Kern des ›parti dévot‹. Diese zwei inkompatiblen Formen religiösen Verhaltens bezeichnet Molière als den Gegensatz von ›vraie‹ zu ›fausse dévotion‹ bzw. ›hypocrisie‹ (›Ier Placet‹; ›Préface‹) und illustriert ihn an vier Personen: Tartuffe, Orgon, Mme Pernelle, Cléante. Dabei ist vor allem Tartuffe Repräsentant der falschen Frömmigkeit: Heuchelei, gewissenloser Egoismus, Missbrauch eines geistlichen Amtes, ehebrecherische Intentionen – all dies macht ihn, neben dem Dom Juan des gleichnamigen Stückes, zur schwärzesten Gestalt des molièreschen Theaters. Nur Cléante traut ihm das Gefühl der Reue zu – ein Hoffnungsschimmer, der die finstere Gestalt gegen Ende ein wenig aufhellt (V. 1950).

Falsche Frömmigkeit wird auch in Orgon und Mme Pernelle gebrandmarkt. Dabei fällt Mme Pernelle die Rolle der Doublette ihres Sohnes zu, dessen Religiosität wiederum nur ein naiver Abklatsch derjenigen Tartuffes ist. Nicht nur in praktischen Belangen der Haushaltsführung lässt er sich blenden; in seinem mangelnden Unterscheidungsvermögen macht er sich selbst die perfidesten kasuistischen Thesen Tartuffes zu eigen. Enthüllend ist die Szene I 5, 273 ff.: Orgon spricht hier von der Lehre Tartuffes, die der Seele einen tiefen Frieden beschere; angesichts dieser neuen Heilslehre erweise sich alles menschliche Treiben als nichtig; der Umgang mit Tartuffe befreie ihn von allen menschlichen Bindungen. Die beiden letzten Verse der Passage

> Et je verrais mourir frère, enfants, mère et femme,
> Que je m'en soucierais autant que de cela

sind in ihrer Unmenschlichkeit eine groteske Zuspitzung und sollen dem Zuschauer das verhängnisvolle Maß der Verblendung Orgons sichtbar machen. Das sprachliche Verhalten Molières in dieser Passage ist das gleiche wie anlässlich der ersten Begegnung zwischen Tartuffe und Elmire in III 3, 933 ff. Hier wie dort bedient er sich einer religiös überhöhten Stilführung und macht zugleich die Scheinheiligkeit dieser Sprache sichtbar, die im Fall Tartuffes kunstvoll gesucht ist, im Fall Orgons dagegen auf Dummheit und Verblendung beruht. Kein Zweifel, dass Mme Pernelle und Orgon lächerliche Protagonisten dieser so häufig das Tragische streifenden Komödie sind. Molières provozierende Kühnheit besteht jedoch darin, mit der Entlarvung

Tartuffes auch ihrer beider Frömmigkeit als unglaubwürdig hinzustellen.

Bleibt schließlich der ›raisonneur‹ Cléante. Wenn Molière der falschen Frömmigkeit die wahre hat gegenüberstellen wollen, kann nur der ›véritable homme de bien‹ Cléante (›Préface‹) sie verkörpern. Die Definition des Begriffs deckt sich zur Zeit Molières weitgehend mit derjenigen des ›honnête homme‹; allerdings dominiert die moralische und soziale Komponente. Daher ist ein ›homme de bien‹ derjenige, ›qui pratique le bien, la charité‹. Beides sind nicht exklusiv christliche Tugenden; die Gebote rechtschaffenen Handelns und eines durch ›caritas‹ geprägten mitmenschlichen Verhaltens lassen sich seit alters her moralphilosophisch begründen; auch humanistischer Auffassung stehen sie nicht fern. In der *Introduction à la vie dévote* (1608/09) des François de Sales hatten sie eine für das 17. Jh. höchst einflussreiche zeittypische Ausprägung erfahren; der durch die Vermeidung aller (dogmatischen) Extreme und eine vernunftbezogene, weltoffene Frömmigkeit sich auszeichnende ›humanisme dévot‹ de Sales' bildet auch die Grundlage von Cléantes Verhalten. Zum Verständnis seiner Religiosität ist wiederum die Szene I 5, Schlussszene und Höhepunkt des Aktes, besonders aufschlussreich. Christliche Argumente transzendenter, eschatologischer oder sonst wie theologisch bzw. dogmatisch identifizierbarer Art lassen sich bei Cléante nicht finden. Stattdessen enthüllt er Orgons pseudo-christliche Äußerungen entsprechend den simpelsten Geboten der Humanität als unmenschlich, indem er dessen oben zitierten dümmlich verblendeten Versen ironisch entgegenhält: »Les sentiments humains, mon frère, que voilà«. Als einzige Tugend nimmt er visuelles Wahrnehmungs- und Unterscheidungsvermögen für sich in Anspruch, nämlich »d'avoir de bons yeux« (V. 320). Sehen ist hier gleichbedeutend mit dem Erkennen der Wirklichkeit und dem Vermögen, Sein und Schein zu unterscheiden, Menschen und Dinge ihrer sozialen Bedeutung entsprechend einzuordnen. Diese Fähigkeit des ›faire distinction‹ ist für Cléante eine der wichtigsten Tugenden. In der zentralen Passage, in der er der ›hypocrisie‹ die ›vraie dévotion‹ gegenüberstellt (V. 318 ff.), greift er auf dies Unterscheidungsvermögen zurück und resümiert seine Fähigkeit wie folgt:

> Mais, en un mot, je sais, pour toute ma science,
> Du faux avec le vrai faire la différence. (V. 353 f.)

Wie wenig ein solches Verhalten, das Orgons religiösem Wahn als Norm entgegengesetzt wird, allerdings christlich begründet ist, zeigt die Tatsache, dass der gleiche Ausdruck ›faire la différence du faux avec le vrai‹ der Definition des ›bon sens‹ zu Beginn von Descartes'

Discours de la méthode entspricht. Möglicherweise als zu provokant, vermeidet Molière jedoch den Begriff des ›bon sens‹ als Synonym zu ›vraie dévotion‹ und bedient sich stattdessen sinnverwandter Begriffe wie ›juste nature‹ und ›raison‹. Cléantes Religiosität ist eher ein Appell an die ›raison‹ als der Glaube an göttliche Offenbarung und Gnadenakte. Zum Abschluss einer ausführlichen Charakterisierung und Ablehnung der ›fausse dévotion‹ gelangt er sodann zu einer positiven Bestimmung der Frömmigkeit des ›vrai dévot‹: »[sa] dévotion est humaine, est traitable« (V. 390). Wahre Frömmigkeit entspricht daher in seinen Augen einer rein innerweltlich verstandenen Vernünftigkeit und einem darauf sich gründenden Verhalten; und dies dürfte sich mit Molières Auffassungen decken. Wo dieser sich nämlich im eigenen Namen, wie in der ›Préface‹, mit Forderungen des Christentums auseinandersetzt, geschieht es nicht auf dogmatischer Ebene, sondern im Bereich der praktischen Lebensphilosophie. Tartuffe und Orgon verstoßen nicht so sehr gegen kirchliche Dogmen als vielmehr gegen die simpelsten Gebote der Humanität und darauf sich gründenden Zusammenlebens, Tartuffe aus Kalkül, Orgon aus Verblendung. Beider Frömmigkeit ist daher diskreditiert. An deren Stelle setzt Cléante sein einfaches Credo: »On les voit [sc. les vrais dévots], pour tous soins, se mêler de bien vivre« (V. 398).

›Raison‹, ›juste nature‹, ›bon sens‹, ›bien vivre‹, ›faire distinction‹ machen also für Molière die ›vraie dévotion‹ aus. Die *Lettre sur la comédie de ›L'imposteur‹* fasst den skizzierten Religionsbegriff noch lakonischer und kategorischer: »Il est certain que la religion n'est que la perfection de la raison, du moins pour la morale, qu'elle la purifie, qu'elle l'élève [...], enfin que la religion n'est qu'une raison plus parfaite« (*OC* I 1170). Bereits Descartes hatte die ›raison‹ als ein ›principe universellement répandu‹ bezeichnet; als solche sei sie unabhängig von Epochen, Klimazonen und Nationalitäten anwendbar, aber auch lehrbar und erweckbar. Wenn aber Religion nichts anderes ist als ein gesteigerter Ausdruck der Vernunft, entbehrt sie aller transzendenten Bezüge und ist auch nicht mehr an die Institutionen der Kirche gebunden, sondern wird wie ›bon sens‹ und ›raison‹ zu einem universalen Vernunftprinzip und als ›(vertu) humaine et traitable‹ zu einer gesellschaftlichen Verhaltensnorm.

In dieser konsequenten, weit über François de Sales hinausgehenden Verweltlichung der ›dévotion‹ ist *Le Tartuffe* durchaus ein Stück Religionskritik, eine ›production impie‹ (Picard 1969). Allerdings sollte man Molière nicht der Heuchelei zeihen, weil er unter dem Vorwand, die ›fausse dévotion‹ von der ›vraie dévotion‹ abzugrenzen, letztlich nur materialistisch-libertinistisches Gedankengut vermittelt

(Cairncross 1972 in *300*); denn in seinen Komödien geht es in keinem Fall um theologische oder besser dogmatische, sondern immer ›nur‹ um gesellschaftliche Fragen (›la morale‹). Im *Tartuffe* zeigt er daher die unheilvolle Diskrepanz zwischen einer mit christlichem Anspruch auftretenden, pervertierten Sittenlehre und den zerstörerischen Folgen ihrer Anwendung im familiären und gesellschaftlichen Zusammenleben. Zum ersten Mal wird damit auf dem Theater ein deutlicher Bruch zwischen christlicher und weltlicher Sittenlehre vollzogen. Gleichzeitig setzt Molière der ins Negative stilisierten ›dévotion‹ seines Heuchlers einen allein auf soziales Verhalten eingeschränkten Religionsbegriff entgegen, der in seiner Vernunftbezogenheit bereits aufklärerische Züge trägt. Daher lobte Voltaire die ›vertu vraie et éclairée‹ Cléantes und hielt dessen Reden für »le plus fort et le plus élégant sermon que nous ayons dans notre langue«.

Tartuffes Verdammung durch den König ist, über die Parteinahme gegen eine pervertierte Form religiösen Verhaltens hinaus, zugleich Parteinahme zugunsten einer gesellschaftlichen Gruppe auf Kosten einer anderen. *Le Tartuffe* ist die erste große ›bürgerliche‹ Komödie Molières, insofern der Schauplatz des Stückes ein bürgerliches Interieur ist und Personenbeziehungen und Konflikte der bürgerlichen Familie präsent sind wie in keinem anderen Stück Molières zuvor. Wird daher Tartuffe bei aller Vagheit der Angaben mit Recht dem Adel zugeordnet, haben seine Verurteilung und die Rehabilitierung Orgons als Hausherr hohe gesellschaftspolitische Aussagekraft. Sie wird noch dadurch gesteigert, dass der König Orgon den Schutz seines Freundes aus der Zeit der Fronde ausdrücklich verzeiht. Sein Eingreifen zugunsten Orgons ist daher auch ein Indiz für die hohe Bedeutung, die die Absolute Monarchie Ludwigs XIV. in ihrer ersten Dekade dem Bürgertum beimisst.

Allein das Eingreifen des Königs ermöglicht einen glücklichen Ausgang des Stückes und die für die Komödie notwendige Entspannung von Protagonisten und Publikum. Trotzdem fällt dem heutigen Zuschauer das Lachen beim *Tartuffe* meist schwerer als bei anderen ›hohen‹ Komödien Molières. Dies liegt vermutlich an der Nähe des Stückes zu einem ›bürgerlichen Trauerspiel‹, zu dem es bei nur geringfügigen Änderungen umgeschrieben werden könnte. Die *Lettre sur la comédie de* ›L'imposteur‹ stellt jedoch unmissverständlich fest, dass Tartuffe eher lächerlich als hassenswert ist. Seine Lächerlichkeit ist in erster Linie charakterlich begründet, d.h. im Kontrast zwischen seiner ›temperament‹-bedingten sinnlichen Veranlagung und dem hohen, nirgends erfüllten moralischen Anspruch eines ›directeur de conscience‹. Doch auch Orgon, von Molière gespielt, und Mme Pernelle sind lächerliche Figuren, deren Komik in ihrem Charakter liegt. Allerdings sollte über dieser ›hohen‹ Komik nicht die Palette anderer komischer Mittel vergessen werden, deren sich Molière bedient. Auf die mit starken ›commedia dell'arte‹-Effekten durchsetzte Komik der ›dépit-amoureux‹-Szene wurde bereits hingewiesen (cf. S. 96). Weiter finden sich vor allem Elemente der Farcenkomik: So in II 2 die mehrfach unterbrochene Rede Orgons oder die verfehlte Ohrfeige (cf. auch I 1,168); sodann das Ende von Akt III mit Orgons ›Einladung‹ an Tartuffe (cf. S. 92; 96); vor allem aber IV 4, die gewagteste Szene des Stückes, die ein reines Farcenthema gestaltet: der ›gehörnte‹ Ehemann unter dem Tisch (oder im Schrank etc.), während der Liebhaber seine Frau zu verführen sucht. Hinzuzudenken sind zahlreiche mimische, gestische und szenische Effekte, so dass eine abwechslungsreiche Skala komischer Mittel in dieser häufig am Abgrund agierenden Komödie die staatsgefährdende Frömmelei einer ›fausse dévotion‹ dem Gelächter preisgibt zugunsten einer schon aufklärerisch anmutenden Vernunftreligion. Die Empörung des ›parti dévot‹ und der Vorwurf, »la méchante comédie du *Tartuffe*« sei eine »production impie, irréligieuse, licencieuse et libertine«, sind aus orthodoxer Perspektive leicht nachvollziehbar. Duchêne resümiert den von Molière seit den *Ecoles* durchlaufenen Weg wie folgt: »C'est probablement le roi qui a poussé Molière à écrire *Tartuffe* pour contrecarrer le parti dévot [...] Après l'autorité du père et du mari, il sape celle du directeur de conscience, et, à travers lui, celle de l'Église. En attendant de dénoncer en Don Juan la nocivité de la noblesse abandonnée à son bon plaisir...« (*350*, 394).

Bibl.: *62*; *332*; *350*, 375- 394, 535-542; *359*; *387*, 149-215; *393*; *418*; *428*; *461*; *464*; *466*; *503*. – Molière, Le Tartuffe ou L'imposteur. Intr. et notes par S. Rossat-Mignod. Paris 1959; 31970 (Ed. Sociales). Ders., Le Tartuffe ou L'imposteur – Der Tartuffe oder Der Betrüger, hrsg. und übers. von H. Köhler; Stuttgart 1986. – Fr. Assaf, Tartuffe, sincérité de la feinte. In: *80*, I 59-71. E. Auerbach, Kap. XV: »Der Scheinheilige«. In: *138*. St. Bold, Molière and Authority: From the Querelle de l'Ecole des femmes to the Affaire Tartuffe. In: Romance Quaterly 44, 1997, 80-92. J. Brody, Amours de Tartuffe. In: *308*, 227-242. P. Bürger, Le Tartuffe. In: *151* I, 227 ff. P. F. Butler, Tartuffe et la direction spirituelle au XVIIᵉ siècle. In: *339*, 57-69. Ders., Orgon le dirigé. In: *339*, 71-84. J. Cairncross, Tartuffe, ou Molière hypocrite. In: *300*, 890-901; auch in: *281*, 305-319. Ders., Propos sur Tartuffe; Elomire Hypocondre. In: *326*, 93-98. S. Chevalley, Les plaisirs de l'île enchantée. In: *292*, 34-43. P. Clarac, La morale de Molière d'après Le Tartuffe. In: RHT 1, 1974, 15-26. G. Couton, Réflexions sur Tartuffe et le péché d'hypocrisie, ›cas réservé‹. In: RHLF 69, 1969, 404-413. P. Gabaudan de Cortes, La cassette de Monsieur Orgon. In: *30*, 215-229. J. F. Gaines, Tartuffe et les paradoxes de la foi. In:

XVIIᵉ Siècle 45, 1993, 537-549. *L. Gossman,* Molière and *Tartuffe.* Law and Order in the XVIIth Century. In: FR 43, 1969, 901-912. *R. Guichemerre, Tartuffe* ou le dépassement de la farce. In: *327,* 165-174. *H. G. Hall,* Some background to *Tartuffe.* In: *360,* 144-158. *Ders.,* L'allusion chez Molière. L'innocence d'Agnès et le dénouement de *Tartuffe.* In: *319,* 333-339. *Ders.,* Tartuffe, False Friend. In: *320,* 193-197. *E. James,* Molière Moralized: The *Lettre sur la comédie de l'Imposteur.* In: SCFS 13, 1991, 105-113. *H. R. Jauß,* Der *Tartuffe*-Skandal im Lichte von Mimesis und Simulation. In: *A. Kablitz/ G. Neumann* (Hg.), Mimesis und Simulation; Freiburg, 1998, 121-144. *W. Jaynes,* Critical Opinions of Cléante in *Tartuffe.* In: OeC 6, 1981, 91-97. *R. Krüger,* Molières *Tartuffe.* Zur Kunst des absolutistischen Bündnisses. In: Lendemains 9, 35, 1984, 111-122. *D. Kullmann,* Die franz. Alexandrinerko-mödie in deutschen Übersetzungen (Am Beispiel von Molières *Tartuffe*). In: *501,* 225-267. *C. Lamiot,* Le *Tartuffe* de Molière: un coup de théâtre. In: *285* II, 107-122. *R. McBride,* L'imposteur bipolaire. In: *302,* 92-100. *Ders.,* Cé-cité et clairvoyance dans *Le Tartuffe.* In: *285* IV-V, 323-343. *E. D. Montgo-mery, Tartuffe:* The History and Sense of a Name. In: MLN 88, 1973, 838-840. *N. Peacock, Tartuffe:* Another Look. In: SCFS 14, 1992, 177-189. *H. Philipps,* Molière: la querelle du *Tartuffe* et la querelle du théâtre. In: *285* II, 69-88. *R. Picard, Tartuffe,* ›production impie‹? In: *339,* 43-55. *J. Plantié,* Molière et François de Sales. In: *300,* 902-927. *R. Robert,* Des commentai-res de première main sur les chefs-d'œuvre les plus discutés de Molière. In: RSH 81, 1956, 19-49. *J. Scherer,* Structures de *Tartuffe;* Paris 1966, ²1974. *J. Serroy,* Tartuffe, ou l'autre. In: *89,* 153-162. *Ders.,* Jean-Jacques, Tartuffe et le sein de Dorine. In: RTG 51, 1996, 175-188. *M.-O. Sweetser,* Hypocrisie et dramaturgie chez Molière. In: PFSCL XVI, 30, 1989, 95-109. *A. Tallon,* La Compagnie du Saint-Sacrement (1629-1667). Spiritualité et société; Pa-ris 1990. *R. W. Tobin, Tartuffe,* texte sacré. In: *319,* 375-382. *K. W. Wolfe,* Le caractère polémique de la *Lettre sur la comédie de l'Imposteur.* In: Actes de Las Vegas, hrsg. von M.-F. Hilgar; Paris/Seattle/Tübingen 1991, 29-35.

2.4 Die Perversion der sittlichen und religiösen Ordnung: ›Dom Juan ou Le festin de pierre‹

Dom Juan ist ohne Zweifel dasjenige Stück Molières, dessen Deutun-gen am stärksten divergieren. Dies liegt einmal an der Komplexität der Titelfigur, die wie keine andere des molièreschen Theaters Be-standteil der Weltliteratur ist, insofern geradezu mythische Dimensi-onen besitzt und bis zu Brecht und Frisch immer neue Deutungen freisetzt; zum anderen an einer Freiheit der dramaturgischen Gestal-tung, die den Rahmen des klassischen Theaters zu sprengen scheint; und nicht zuletzt an einer überaus verwirrenden Textgeschichte.

Entgegen einer noch heute weit verbreiteten Auffassung hat Mo-lière das Stück nicht in Eile konzipiert und abgefasst, um die durch das Verbot des *Tartuffe* entstandene Spielplanlücke zu füllen. Die auffällige Verwendung von ›hohem‹ Fünfakter und ›niederer‹ Prosa könnte einen solchen Schluss zwar nahelegen; doch haben Jurgens/Maxfield-Miller (*366*, 399-401) den Vertrag entdeckt, in dem Molière am 3. Dezember 1664 bei zwei Pariser Malern die Dekoration eines prachtvollen Maschinenstückes in Auftrag gibt, das an verschiedenen Orten spielen soll. Die Tatsache, dass Molière sich nicht an seinen gewöhnlichen Bühnenbildner wendet, spricht für die Besonderheit des neuen Projekts; auch geht aus dem Vertrag hervor, dass er bereits zu diesem Zeitpunkt präzise Vorstellungen über den Handlungsaufbau und die Individualität der einzelnen Akte besitzt. Die Uraufführung findet am 15. Februar 1665 unter dem Titel *Le festin de pierre* statt. Nach fünfzehn erfolgreichen Aufführungen erscheint das Stück nach der Osterpause nicht mehr auf dem Spielplan. Ein direkter Hinweis auf ein Verbot lässt sich allerdings nicht finden; doch folgte Molière mit großer Wahrscheinlichkeit einem diskreten Geheiß, vermutlich aus der näheren Umgebung des Königs, auf weitere Aufführungen zu verzichten.

Ähnlich wie der *Tartuffe* provoziert auch *Le festin de pierre* eine ›Querelle‹. Bereits von der zweiten Aufführung an muss ›la scène du pauvre‹ (III 2), in der Dom Juan einen Armen zu gotteslästerlichem Fluchen auffordert, um sich eine Goldmünze zu verdienen, gestrichen werden; und schon im April erscheint die Schmähschrift eines nicht genauer identifizierbaren Sieur de Rochemont mit dem Titel *Observations sur une comédie de Molière intitulée ›Le festin de pierre‹*, in der Molière der Vorwurf des Atheismus gemacht wird. Darauf ergreifen Freunde Molières in einer *Réponse* sowie einer *Lettre sur les observations* ... (*OC* II 1199-1230) für ihn Partei. Trotzdem wird das Stück zu seinen Lebzeiten nicht mehr gespielt. Im Auftrag seiner Witwe stellt Thomas Corneille 1677 eine stark abgeschwächte Fassung in Versform her; bis 1841 gelangt ausschließlich diese Version auf französischen Bühnen zur Aufführung. Die Originalfassung wird erst 1841 im ›Théâtre de l'Odéon‹ und 1847 in der ›Comédie-Française‹ wieder aufgeführt. Für den Text des *Festin de pierre* hatte Molière bereits im März 1665 eine Druckerlaubnis erhalten, sie aber bezeichnenderweise nicht genutzt. Unter dem Titel *Dom Juan ou Le festin de pierre* erscheint das Stück 1682 erstmals in der Ausgabe von La Grange. Doch hält die dem ›Zeitgeist‹ entsprechend verschärfte Zensur (cf. Minois *107*, 137 ff.) es nun für zu gefährlich und subversiv, so dass die schon fertiggestellte Ausgabe (›édition non-cartonnée‹) nur in stark korrigierter Form mit entsprechenden Ersatzblättern (›cartons‹) als ›édition cartonnée‹ im Handel erscheinen kann. Nur vier unterschiedlich

stark zensierte Exemplare der ›édition non-cartonnée‹ sind erhalten.
1683 erscheint in Amsterdam eine weitere Ausgabe, deren Text mit
großer Wahrscheinlichkeit auf die von Molière gespielte Fassung zurückgeht, ohne dass geklärt wäre, auf welche Weise der Herausgeber
in den Besitz des Textes gelangt ist. Zusätzlich zu den ›exemplaires
différemment censurés‹ der ›édition non-cartonnée‹ enthält sie einige
wichtige Passagen, auf deren Publikation La Grange offensichtlich aus
Furcht vor der Zensur freiwillig verzichtet hatte. Jeder heutigen Ausgabe des *Dom Juan* haftet daher eine gewisse Willkür oder Vorläufig-
keit an, da sie nach Einsicht oder Intention des Herausgebers auf einer Collage eines der ›exemplaires différemment censurés‹ der ›édition
non-cartonnée‹ von La Grange und der Amsterdamer Ausgabe beruht. Erst jüngst hat Joan DeJean *Le festin de pierre* nach der Ausgabe
von Amsterdam mit allen verfügbaren Varianten kritisch herausgege-
ben. Sollte diese Ausgabe allgemein anerkannt werden, hätte dies für
die Zukunft eine in vielen Details sowie zweifellos auch in seiner Ge-
samtaussage veränderte, radikalere Sicht des *Dom Juan* zur Folge; es
bedeutete mit Sicherheit eine gewisse Relativierung der gerade im
letzten Jahrzehnt überaus zahlreichen Aufsätze und Monographien
zum Stück. Die folgenden Ausführungen legen, wie diese Studie
insgesamt, den Text des *Dom Juan* in der von Couton besorgten Fassung der ›Edition de la Pléiade‹ zu Grunde.

Die Aufführungs- und Textgeschichte des *Dom Juan* lassen den
provokativen Charakter eines Stückes erahnen, das zu Molières Lebzeiten nur ein einziges Mal in der vom Autor gewünschten Form gespielt werden durfte und danach rund 180 Jahre auf seine prekäre
Rehabilitierung warten musste. Hier zunächst eine Zusammenfassung
der Handlung des Stückes, die sich auf den ersten Blick wie ein
Patchwork mit zwei personalen Konstanten, Dom Juan und seinem
Diener Sganarelle, darbietet und sich erst im Nachhinein zu einer
sinnvollen Struktur ordnet.

Im Gespräch zwischen Sganarelle und Gusmann, dem Schild-
knappen Elvires, erfährt der Zuschauer, dass Dom Juan Elvire aus
dem Kloster entführt, geheiratet und bereits verlassen hat. Sganarelle
entwirft von Dom Juan das Porträt eines ›grand seigneur méchant
homme‹ (I 1), der wenig später ein entsprechendes Bekenntnis ablegt:
Wie Alexander ferne, fremde Länder erobert, so möchte er seine Lie-
beseroberungen endlos ausdehnen (2). Für Elvire, die ihn verfolgt,
hat er nur Spott übrig; denn er denkt schon wieder an eine neue Ent-
führung (3). – Doch scheitert der Entführungsversuch einer jungen
Verlobten; Dom Juan kann gerade noch von Pierrot vor dem Ertrin-
ken gerettet werden. Charlotte, eine junge Bäuerin, der Pierrot diese

Rettung erzählt, interessiert sich lebhaft für Dom Juan (II 1) und fällt prompt auf dessen Verführungsversuch herein (2). Als Pierrot sich zur Wehr setzt, erhält er Ohrfeigen (3). Eine andere junge Bäuerin, Mathurine, ebenfalls von Dom Juan verführt, stellt ihn in Gegenwart Charlottes zur Rede; doch zieht sich Dom Juan geschickt aus der Affäre (4), als er erfährt, dass bewaffnete Männer ihn suchen (5). – Verkleidet irren Dom Juan und Sganarelle auf der Flucht durch einen Wald. Von Sganarelle zur Rede gestellt, gesteht Dom Juan, dass er nur an die Mathematik glaubt (III 1). Einem Armen, der ihnen den Weg zur Stadt weist und sich trotz ständiger Gebete in großer Not befindet, gibt Dom Juan schließlich ›pour l'amour de l'humanité‹ einen Golddukaten (2). Sodann rettet er einen von drei Dieben angegriffenen Edelmann vor dem Tod: Es ist Elvires Bruder Dom Carlos, der Dom Juan nicht kennt (3). Doch Dom Alonse, Elvires zweiter Bruder, erkennt ihn wieder und will ihn töten. Dom Carlos widersetzt sich, und man einigt sich auf ein Duell zu einem späteren Zeitpunkt (4). Da entdeckt Dom Juan zwischen den Bäumen die Statue eines Kommandeurs, den er vor sechs Monaten getötet hat. Herausfordernd lädt er ihn zum Essen ein. Sganarelles Schrecken ist groß, weil die Statue mit Kopfnicken die Einladung annimmt (5). – Als Dom Juan sich zum Essen anschickt (IV 1), erscheint zunächst M. Dimanche, ein Gläubiger, dessen er sich mit großem Geschick entledigt (2+3); eher unverfroren dagegen entledigt er sich seines Vaters, der ihm mit Zurückhaltung und Empörung zugleich seinen Lebenswandel vorwirft (4). Danach teilt Elvire ihm mit, dass sie auf ihre Liebe und Rache verzichtet, um ins Kloster zurückzukehren (6). Schließlich erscheint die Statue des Kommandeurs. Unbeirrt trinkt Dom Juan auf sein Wohl und nimmt für den folgenden Tag eine Einladung an (7+8). – Dom Juan täuscht seinen Vater, indem er vorgibt, seinem bisherigen Lebenswandel abzuschwören und sich ganz der Religion zuzuwenden (V 1). Gegenüber Sganarelle entwickelt er eine Theorie der Heuchelei, die als modisches Laster wie alle zeitgenössischen Laster im Grunde eine Tugend sei (2). Als nächstes versucht er, Dom Carlos mit dem Hinweis auf seine Bekehrung abzuspeisen (3). Doch die Statue tritt erneut auf und zieht ihn unter Blitz und Donner in die Tiefe der sich öffnenden Erde. Übrig bleibt Sganarelle, der seinem Lohn nachjammert (6).

Die Inhaltsangabe macht bereits dramaturgische Eigenheiten des Stückes deutlich, die ihm eine Sonderstellung innerhalb des molièreschen Werkes, ja innerhalb des Theaters der Hochklassik einräumen: ein auf den ersten Blick nahezu totaler Verstoß gegen wichtige Grundsätze der klassischen Regelpoetik, insbesondere gegen die Regeln der drei Einheiten. So ist unter strengen Regelansprüchen Akt II nicht ausreichend in eine einheitliche Handlung eingebunden. Weiter spielt das Stück nicht an einem einheitlichen Ort, sondern Akt I in bzw. vor einem Palast, II auf dem Lande nahe dem Meeresstrand, III in einem Wald etc. Die Zeitstruktur erscheint ebenfalls recht locker: Es fällt z. B. schwer, sich die Wandlung Elvires von einer leidenschaftlich liebenden zu einer verzeihenden und verzichtenden Frau innerhalb eines Zeitraums von vierundzwanzig Stunden vorzustellen. Klassischer Dramaturgie entspricht ebenfalls nicht die Fülle der Personen, die oft nur in einer oder zwei Szenen auftreten. So betrachtet steht *Dom Juan* einem ›Schubladenstück‹ wie *Les fâcheux* sehr nahe, eine Beobachtung, die insbesondere für Akt IV zutrifft. Gegen eine strenge Regelpoetik verstößt auch die soziale Zusammensetzung der Protagonisten, die vom unteren Dritten Stand über den Dienerstand und das Bürgertum bis hinauf in den Hochadel reicht. ›Unklassisch‹ erscheint schließlich das Nebeneinander, ja oft die Gleichzeitigkeit von Tragik und Komik, von christlich-transzendenten Elementen und solchen der ›commedia dell'arte‹ und der Farce. Vor allem die Literaturwissenschaftler des 19. Jh.s einschließlich Michaut sind nicht müde geworden, auf diesen ›regelwidrigen‹ Aspekt des *Dom Juan* hinzuweisen. Den Grund solcher Regelverstöße sah man allgemein in der spanischen Herkunft des Stoffes, dann aber auch in der Annahme einer schnellen Abfassung des Stückes. Seit jedoch nach der Entdeckung von Jurgens/Maxfield-Miller die ›Lückenbüßer‹-Theorie für *Dom Juan* nicht mehr haltbar ist, bemüht sich die neuere Forschung um eine Neubewertung der dramaturgischen Eigenheiten des *Dom Juan*, die als von Molière sorgfältig kalkuliert angesehen werden.

Zum Verständnis der Intentionen Molières und seiner Originalität zunächst ein Blick auf die literarische Tradition des Dom-Juan-Stoffes (cf. Gendarme de Bévotte 1970; Schröder 1912): Der Spanier Tirso de Molina hatte ihn zu Beginn des 17. Jh.s mit *El burlador de Sevilla y convidado de piedra* in die Literatur eingeführt. Dom Juan ist bei ihm ein ausschweifender Edelmann, der ein junges Mädchen zu vergewaltigen sucht und ihren zu Hilfe eilenden Vater tötet, Reue und Bekehrung aber immer wieder von sich weist. Es ist ein christliches Erbauungsstück mit zahlreichen Episoden, in denen sich Tragisches und Komisches vermengen, alles jedoch auf das göttliche Strafgericht über einen verstockten Sünder hinzielt. Von Spanien aus gelangt der Stoff nach Italien, wo er Mitte des Jahrhunderts von zwei Autoren, Cicognini und Giliberto, im Stil der ›commedia sostenuta‹ bearbeitet wird. Während Gilibertos verloren gegangene Fassung keine Einschätzung ermöglicht, kommt es Cicognini vor allem darauf an, sein Publikum durch eine Mischung aus Komik und Übernatürlichem amüsant zu unterhalten. Bedeutsam ist weiter, dass sich die ›commedia dell'arte‹ des Stoffes bemächtigt und von den Italienern des ›Petit Bourbon‹ eine entsprechende Fassung unter dem Titel *Le festin de pierre* aufgeführt wird. Obwohl die ›lazzi‹ dominieren, ist auch in dieser Fassung die Erbauungstendenz offensichtlich. Wichtiger für Molière sind allerdings die französischen Adaptationen des gleichen Themas: zunächst diejenige des Schauspielers Dorimond, der 1658 in Lyon und 1661 in Paris die Tragikomödie *Le festin de pierre ou Le fils criminel* aufführt; und weiter die gleichnamige Tragikomödie (1659) Villiers', eines Schauspielers des ›Hôtel de Bourgogne‹. Bei beiden ist Dom Juan ein Rebell gegen die väterliche Autorität und gegen Gott; beiden Fassungen ist darüber hinaus eine mit dem Erscheinen einer Statue verbundene christlich-erbauliche Intention gemein. Es gilt als sicher, dass sich Molière an den nächst liegenden französischen Fassungen von Dorimond und Villiers inspiriert und des weiteren dem italienischen Scenario Cicogninis einige Details entnommen hat; Tirsos Stück hat er nicht oder kaum verwendet. Mit *Le festin de pierre* greift er also ein Thema auf, das sich beim Publikum aufgrund der Mischung aus Komik und Tragik sowie der Verwendung von Maschinen, die den Einbruch der Transzendenz, also des ›merveilleux‹, ermöglichen, großer Beliebtheit erfreut und einen sicheren Erfolg verspricht (cf. Bourqui *335, 374-415*).

Molières dramaturgische Leistung im Vergleich zu seinen Vorlagen besteht zunächst in einer beachtlichen Konzentration der raum-zeitlichen Struktur und damit der Handlungsstruktur. Als erster hat Pintard (1966) gezeigt, dass Molière die für den Handlungsablauf notwendige Zeit auf sechsunddreißig Stunden beschränkt (Akt I-IV: ein Tag vom Morgen bis zum Abend; Akt V: der Abend des folgenden Tages). Unter Hinweis auf die Entdeckung von Jurgens/Maxfield-Miller kann er weiter Molières Bemühen veranschaulichen, die verschiedenen Handlungsschauplätze räumlich einander möglichst anzunähern, so dass in der kurzen verfügbaren Zeit nur geringe Distanzen überwunden werden müssen. Keck (1998) weist detailliert nach, dass unter dem Gesichtspunkt der dramaturgischen Topographie *Dom Juan* »besonders streng durchkomponiert« ist. In diesem Sinn durchsetzt Molière sein Stück daher auch mit Vorankündigungen, Querverweisen und Leitmotiven, die sämtlich der Straffung der Handlung dienen. Zu dieser formalen Konzentration kommt eine inhaltliche. Sie ist nicht so sehr, wie in der älteren Forschung mehrfach betont, im Charakter Dom Juans als gewissenlosem Verführer begründet (wenngleich auch nicht völlig davon unabhängig), als vielmehr auf verschiedenen thematischen Ebenen fassbar. So sieht Couton die Einheit des Stückes in einem wachsenden Abscheu, den die Hauptperson hervorruft und der durch ein Crescendo bedingt ist, der von einem ›libertinage sentimental‹ (I 2) über einen ›libertinage intellectuel‹ (III 1) zur ›hypocrisie‹ als bewusst praktizierter Lebensform (V 2) führt (*OC* II 18). Ähnlich äußert sich Leclerc (Hg. 1975, 20 ff.). Pruner (1974) seinerseits sieht die Einheit des Stückes in den nicht beglichenen ›Schulden‹ Dom Juans (besonders auffällig am Beispiel von M. Dimanche: IV 2+3): Akt I-III zeigten die Schuldanhäufungen Dom Juans, Akt IV und V die verschiedenartig endenden Versuche der Schuldeintreibung. Truchet (1972 in *300*) wiederum verweist auf die theologisch zentralen Begriffe des ›endurcissement‹ sowie der Hypokrisie der ›conversion‹. Die dramaturgische Progression und Einheit des Stückes liegen für ihn darin begründet, dass Molière Dom Juan gerade in dem Augenblick untergehen lässt, da er in seiner Verstocktheit nicht einmal angesichts des Todes über die nur geheuchelte Bekehrung Reue zu empfinden bereit ist. Für Dandrey (1991 und *404*) liegt ein Einheit stiftendes Element in der häufigen Verwendung des literarischen Topos des ›éloge paradoxal‹, der sich auf die unterschiedlichsten Gegenstände richtet: Das Lob des von der Kirche verbotenen Tabaks (I 1), der Unbeständigkeit in der Liebe (I 2), der vermeintlichen Schönheit Charlottes (II 2), der Heuchelei als einer Erfolg versprechenden Lebensform durch Dom Juan (V 2), das unfreiwillig lächerliche Lob der Medizin, der Religion, der Schöpfung und ihrer wundersam funktionierenden Ordnung durch Sganarelle (III 1) verleihen dem Stück insgesamt eine im Theater Molières einmalige subversive Sprengkraft. Delmas (1984) verweist auf die Nähe des *Dom Juan* zum zeitgenössischen ›théâtre à machines‹ und sieht im reichlichen Gebrauch dieses dramaturgischen Elements eine wichtige ›entreprise d'unification‹, durch die sich *Dom Juan* einem ›nouveau type de théâtre total‹ annähere. Diesen und anderen Arbeiten (Guitton 1972 in *300*; Stenzel 1983 und *387*) ist das Bemühen gemein, ein sich auf den ersten Blick der klassischen Ästhetik verweigerndes Stück dieser wiederum anzunähern, um Molières dramaturgische Leistung angesichts der Heterogenität der Vorlagen angemessen zu würdigen. Allen diesen Versuchen zum Trotz aber stellt *Dom Juan* in der Entwicklung des molièreschen Theaters einen Wendepunkt dar, markiert eine ›dramaturgie de rupture‹ (Horville 1972) auf dem Wege zu freieren dramatischen Formen, die sein späteres Theater charakterisieren werden.

Die dramaturgische Konzentration hat zugleich eine Vertiefung und Intensivierung der Hauptfigur zur Folge. Wer ist Dom Juan? Er zeigt sich nacheinander in dreifacher Gestalt. Zunächst als Verführer. Sganarelle sieht in ihm einen ›grand scélérat‹ und ›grand seigneur méchant homme‹ und meint damit vor allem den sinnlichen Aspekt; er sei ein ›épouseur à toutes mains‹, dem keine Frau widerstehen könne. Dom Juan bestätigt dies Porträt in einer langen Tirade, in der ein unbändiger und zunächst unschuldig erscheinender Spieltrieb sichtbar wird: die Lust am immer neuen Anfang einer Liebe, die Lust an der Eroberung und am nicht enden wollenden ›changement‹, die Lust aber auch am Zerstören und an der Traurigkeit, die jeder Befriedigung folgt. Zweifellos liebt dieser unersättliche Liebhaber aller Frauen keine einzige seiner Eroberungen. Seine Liebe ist ein Spiel, an dem sein Herz keinen Anteil nimmt und in dem die Freude der Verführung sich selbst rechtfertigt. Doch wird schon bald die Kehrseite seines ›libertinage‹ sichtbar. So verspottet er Elvire, die er einst selbst aus dem Kloster entführt hat, treibt ein bedenkenloses Spiel mit Charlotte und Mathurine, schlägt Pierrot, der ihm das Leben gerettet hat, und tut alles, um dessen Verlobte zu verführen.

Zum Verführer gesellt sich der Atheist. Im Gegensatz zu Dorimond und Villiers, deren Dom Juan noch gegen Gott revoltiert und dessen Existenz damit zugleich bestätigt hatte, glaubt Molières Protagonist an kein göttliches Wesen. Er ist Atheist oder, in der Terminologie der Zeit, ›libertin‹, ›esprit fort‹. Natürlich kann Molière ihn kein explizites Bekenntnis ablegen lassen, doch antwortet er auf Sganarelles eindringliche Fragen entweder gar nicht oder ausweichend: Er glaubt weder an Gott noch an den Teufel oder die Hölle oder die Unsterblichkeit der Seele. Sein Credo erschöpft sich in einem selbstsicheren Bekenntnis zur Mathematik: »Je crois que deux et deux sont quatre, Sganarelle, et que quatre et quatre sont huit« (III 1). Daher können ihn auch überirdische Wesen wie die Statue nicht erschüttern, wenngleich er wissbegierig einen Blick hinter deren äußere Erscheinung werfen möchte. Provokatorisch und blasphemisch ist schließlich, trotz ihrer Widersprüchlichkeit, die nach der Uraufführung gestrichene ›scène du pauvre‹: In der Gestalt des Armen scheint sie zwar eine christliche Weltordnung zu bestätigen, prangert aber in Wahrheit doch wohl eher deren für die soziale Wirklichkeit verhängnisvolle Konsequenzen an. Wenn Dom Juan dem Armen schließlich ›pour l'amour de l'humanité‹ ein Almosen gibt, verbirgt sich hinter dieser Formel eine nicht christlich begründete Mitmenschlichkeit, die bereits ein aufklärerisches Humanitätsideal antizipiert.

Der dritte Aspekt seiner Persönlichkeit ist die Heuchelei. Sie wird erst in V 2 in ihrer vollen Tragweite sichtbar. Schon die Abweisung Elvires (I 3) erfolgt mit fadenscheinigen Argumenten; ein Meister-

werk der Heuchelei ist die Charlotte und Mathurine gleichzeitig vor-
gespielte Versicherung unverbrüchlicher Liebe (II 4); auf Verstellung
schließlich beruht die Dom Carlos gegebene Zusage, ihn mit Dom
Juan bekannt zu machen. Das eigentliche Bekenntnis zur Heuchelei
als einem ›vice à la mode‹ erfolgt jedoch erst in V 2. Dom Juan gelingt es zunächst, seine vorgetäuschte Bekehrung so brillant darzustellen, dass sowohl Dom Louis als auch Sganarelle davon überzeugt
sind. Erst dann gibt er in einer monologartigen Passage Einblick in
sein Inneres: Der ›vice privilégié‹ der Heuchelei eröffne ihm die Möglichkeit, seinen sündhaften Gewohnheiten weiter nachzugehen und
sich zugleich als ›vengeur des intérêts du Ciel‹ auszugeben.

In Dom Juans Porträt dominieren also die dunklen Züge. Da aber,
entsprechend der ›doctrine classique‹, nicht einmal ein Tragödienheld
uneingeschränkt abschreckend sein darf, stattet auch Molière seinen
Dom Juan mit einigen positiven Eigenschaften aus: ein unbestreitba-
rer Mut und ein allzu schnell verletzbares Ehrgefühl, wie es das Eingreifen zugunsten des von Dieben bedrohten Dom Carlos zeigt;
Skepsis gegenüber allem Transzendenten und Wissbegier zugleich; vor
allem eine spielerische Eleganz und jugendliche Leichtfertigkeit. Dennoch empfindet Molière für ihn keinerlei Sympathie, wie nahe er
auch sonst der libertinistischen Bewegung seiner Zeit gestanden haben mag. Die Einsicht, die Dom Juan in sein Inneres gibt, schließt
insbesondere in Akt V, aber auch in den meisten Episoden der anderen Akte nahezu jede Identifikationsmöglichkeit aus.

Schließlich ist das Stück eine Stellungnahme Molières zur einflussreichen Bewegung des ›libertinage‹ im 17. Jh. Gemeint ist mit dem
Begriff keineswegs wie im 19. Jh. nur sexuelle Freizügigkeit; ›libertinage‹ ist vielmehr nach dem Selbstverständnis der ›seriösen‹ Vertreter
dieser Bewegung eine intellektuell reflektierte, materialistisch-atheis-
tische Weltanschauung, die ihre geistigen Grundlagen aus der Philosophie Epikurs und Lukrez' herleitet. Es sind die meist bürgerlichen
›libertins‹, die sich ab etwa 1624 der parallel zur Ausbildung der Absoluten Monarchie um sich greifenden Orthodoxie in wissenschaftlichen und philosophisch-theologischen Fragen widersetzen. Dabei
entwickeln sich drei Spielarten des ›libertinage‹: ein in Fragen des
Glaubens und der Lebensführung bewusst provozierender ›libertinage
scandaleux‹ bzw. ›blasphématoire‹, dessen Repräsentanten im Wesentlichen dem Adel zuzuordnen sind, dessen Höhepunkt mit der Fronde zusammenfällt, der aber auch am Hofe Ludwigs XIV. noch eine
große Zahl von Anhängern besitzt; sodann ein ›libertinage érudit‹
bzw. ›critique‹, der vom Bürgertum getragen wird und sich der Tradition des Humanismus und Rationalismus verpflichtet fühlt und jede

intellektuelle, moralische und religiöse Orthodoxie in Zweifel zieht; und schließlich ein eher agnostizistischer ›libertinage‹, der, geistigen Spekulationen abhold, sich im Gefolge Montaignes und Charrons einer natürlich-kreatürlichen, irdischen Weisheit (›suivre nature‹) anvertraut, ein stark epikureisch geprägter »libertinage subtil et secret qui, sans éclat, accomplissait, à travers le siècle, une véritable révolution des valeurs morales« (Adam 55, 7). Dieser letzten Form des ›libertinage‹, die in der Philosophie Gassendis ihre beste Ausprägung gefunden hat und deren Skeptizismus in eine Apologie der sinnlichen Freuden des Lebens (›volupté‹) umschlägt, hängt auch Molière an (cf. S. 24). In der Gestalt seines Protagonisten ist *Dom Juan* eine heftige Verurteilung jenes provozierenden, gotteslästernden ›libertinage‹, dessen Vertreter Molière am Hof beobachten kann und die jenen stillen, subversiven, zukunftsweisenden ›libertinage‹, dem er selbst anhängt, in Misskredit bringen. Und dies wiederum hat zur Folge, dass jede Form von Freiheit des Denkens und der Lebensführung, wie später *Le Tartuffe* zeigt (cf. I 4, 314, 320; II 2, 524; V 1, 1621), theologischer und moralischer Orthodoxie als Häresie erscheint.

Man muss sich all dies vergegenwärtigen, wenn man Molières Intentionen angemessen würdigen will. Denn er hat diese sich allmählich zum zeitlosen Mythos ausbildende Figur mit einer Fülle zeitgenössischer Attribute ausgestattet. Man braucht nicht unbedingt so weit zu gehen, in Dom Juan ein Porträt Contis sehen zu wollen (cf. *OC* II 1292 ff.), wenngleich eine solche ›Aufschlüsselung‹ der Figur eine beachtliche satirische Dimension verleiht. Insgesamt sind derartige Deutungen jedoch zu einengend. Allgemeiner betrachtet ist Dom Juan der ›homme de cour‹ (I 3) aus altem Feudaladel, Repräsentant einer überlebten Adelsgeneration, die sich allein noch einem veralteten Wertesystem verpflichtet weiß (Dom Carlos, Dom Alonse), ansonsten aber ein ›parasitäres‹ Dasein fristet. Der Verlust militärischer und politischer Funktionen schlägt bei ihm in unersättliche erotische Eroberungslust um. Dies ist die Bedeutung von Dom Juans Vergleich mit Alexander. Allgemeiner gesprochen geißelt Molière in der Person Dom Juans die Depravation einer nicht mehr zeitgemäßen aristokratischen Moral zugunsten einer ›Vertragsmoral‹ (Pruner: ›morale contractuelle‹), die das Bürgertum zu entwickeln und durchzusetzen sucht. Der Wortführer einer solchen Konzeption, der ›raisonneur‹, fehlt bezeichnenderweise in diesem Stück; damit mangelt es ihm an einer normgebenden Mitte. Es ist aber aufschlussreich, dass bürgerliches ›mérite‹-Denken ausgerechnet in Dom Louis' Tirade gegen seinen Sohn (IV 4) zum Ausdruck kommt. Des weiteren ist die Mehrheit der Abenteuer, in die Dom Juan verwickelt wird, auch ohne

explizite ›Einblendung‹ einer bürgerlichen Moralauffassung hinreichend schockierend. Wie Boileau ein Jahr zuvor in Satire V *De la noblesse* gegen jenen Adel zu Felde zog, der sich über alle moralischen
und sozialen Normen glaubte hinwegsetzen zu können, ist auch Molières *Dom Juan* ein Angriff gegen entsprechende Auswüchse. Vorbilder des ›grand seigneur méchant homme‹ gab es im Umkreis des Hofes in großer Zahl. Ludwig XIV. schätzte Boileaus Satire sehr »et ›la
loua extrêmement‹; elle allait dans le sens de la politique bourgeoise
du roi et de son ministre Colbert« (Adam *187*, 899). Dasselbe gilt für
Molières *Dom Juan*.

Das bisher Gesagte betrifft jedoch nur einen, wenngleich zentralen Aspekt des Stückes; ebenso wichtig ist, dass *Dom Juan* eine Etappe in der ›Querelle du *Tartuffe*‹ darstellt. Diesem Gesichtspunkt misst
insbesondere Bourqui (1992) große Bedeutung bei. In der Tat verlängert das spätere Stück Situationen und kommentiert Charakterzüge,
die im *Tartuffe* möglicherweise im Zwielicht geblieben waren. Ein
Beispiel: Um sich Elvires zu entledigen, bedient sich Dom Juan einer
dem religiösen Bereich entlehnten Sprache: »Il m'est venu des scrupules; j'ai ouvert les yeux de l'âme; le repentir m'a pris«; er verlasse sie
daher »par un pur motif de conscience« (I 3). Einer ähnlich religiös
argumentierenden Sprachführung hatte sich auch Tartuffe bedient,
um Elmire zu verführen, so dass sich beide Szenen ergänzen und
kommentieren: »Accomodante casuistique, à qui l'on peut devoir à la
fois les joies de la conquête amoureuse et le plaisir de rompre« (Couton *OC* II 19). Während Tartuffes Innerstes verschlossen bleibt (Fehlen eines Monologs), enthüllt Dom Juan in einer langen monologartigen Passage seine Strategie im amourösen Bereich (I 2), wie er auch
wortreich seine Konzeption einer nur geheuchelten Frömmigkeit
rechtfertigt (V 2), während sein Atheismus nur indirekt zum Ausdruck kommt. Vor allem letztere Passage enthält Formulierungen und
Begriffe (›Cabale‹, ›parti‹), die als kaum verhüllter Angriff auf die
›Compagnie du Saint-Sacrement‹ verstanden werden mussten –
ebenso wie Sganarelles ›éloge paradoxal‹ des Tabaks (I 1), dessen Genuss sie streng verboten hatte. Für Bourqui praktiziert und bekennt
Dom Juan eine gegen den ›parti dévot‹ gerichtete ›anti-morale dévote‹ (1992, 61). Unter der Maske vorgespielter Frömmigkeit wird
Dom Juan also sein lasterhaftes Leben fortsetzen und sich zugleich
einer ›impunité souveraine‹ erfreuen. Den einzig zutreffenden Kommentar gibt Sganarelle mit der Feststellung: »Voilà le comble des abominations.« Die vorgetäuschte Bekehrung Dom Juans ist fast gänzlich eine Erfindung Molières; sie verleiht der Figur ihre dämonische
Dimension, aber auch ihre Aktualität in der Auseinandersetzung um

den *Tartuffe*: Dom Juan ist jener nun allerdings gesteigerte ›faux dévot‹, als welcher Tartuffe in der Erstfassung des gleichnamigen Stückes offensichtlich nicht erkannt worden war. Aus vollem Herzen verweist Molière ihn und all die, die er in der Wirklichkeit bezeichnen soll, in die Hölle.

Kann *Dom Juan* daher überhaupt noch als Komödie angesehen werden? Die Antwort hängt wesentlich von der Bewertung der zweiten Hauptfigur des Stückes, von Sganarelle, ab, der in 26 von 27 Szenen auftritt (während Dom Juan in zwei Szenen fehlt: I 1; II 1) und dessen Wichtigkeit dadurch unterstrichen wird, dass Molière diese Rolle spielte. Hüten sollte man sich zuallererst davor, in ihm einen Vertreter des ›gesunden Menschenverstandes‹ oder des ›einfachen Volkes‹ und damit u. U. ein Sprachrohr Molières sehen zu wollen. Zwar taxiert Sganarelle Dom Juan schon einleitend als ›grand seigneur méchant homme‹, erlaubt sich auch gelegentlich ein kritisches Urteil über seine Taten (I 3), warnt Charlotte und Mathurine vor ihm (II 4); ja, er scheint sich auch von Dom Juans Atheismus distanzieren zu wollen, versucht sich daher an einem teleologischen Gottesbeweis (III 1) und setzt im Anschluss an Dom Juans vorgetäuschte Bekehrung zu einer vorwurfsvollen Tirade an (V 2). Doch gerade in den beiden letzten Fällen verliert er den Faden seiner Argumentation und relativiert durch die Form des Vortrags das Vorgetragene selbst. Darüber hinaus ist er feige, allenfalls gerissen, aber weder intelligent noch wissbegierig und außerdem abergläubisch, so dass er gleichzeitig an Gott und den Teufel, aber auch an Knecht Ruprecht und den Werwolf glaubt. Zweifellos nimmt er unter Molières Dienergestalten eine Sonderstellung ein, indem er zwar mehrfach gegen Dom Juan aufbegehrt, sich zugleich aber auch immer wieder unterordnet. Sganarelle ist eine zutiefst zwiespältige und zerrissene Persönlichkeit: Trotz aller an Dom Juan geübten Kritik besitzt er kein eigenes Standesbewusstsein und durchschaut auch das gegenseitige Abhängigkeitsverhältnis von Herren- und Dienerstand nicht. Daher kommt er über ein Nachäffen nicht hinaus und bleibt auch trotz Kleidertausch Diener. Wenn er sich in seinem Glaubensbeweis verheddert und zu Boden stürzt, ist dies ein sinnfälliges Zeichen des Scheiterns seines Aufschwunges in den Herrenstand. Adams Feststellung »Il éprouve de la fierté à servir un si beau monstre« (*331*, 332), trifft vermutlich am besten den Kern seiner widersprüchlichen Persönlichkeit. Der treffendste zeitgenössische Kommentar zum Verständnis der Figur findet sich in Rochemonts *Observations*. Danach war in Molières Inszenierung nicht so sehr Dom Juan der Bösewicht des Stückes, sondern vielmehr Sganarelle: »Le maître et le valet jouent la divinité différemment: le maître attaque avec audace, et le valet défend avec faiblesse; le maître se moque du Ciel, et le valet se rit du foudre, qui le rend redoutable [...]; le maître ne croit rien, et le valet ne croit que le Moine bourru«. Der Verfasser der Schrift unterscheidet des weiteren vier Formen der Gott-losigkeit, von denen er drei bei Sganarelle wiederfindet, aber nur eine bei Dom Juan. Die gefährlichste Figur des Stückes ist daher für ihn der von Molière gespielte Sganarelle, und zwar aufgrund einer verwir-renden Doppelbödigkeit, »qui se moque de Dieu et du Diable, qui joue le Ciel et l'Enfer, qui souffle le chaud et le froid, qui confond la vertu et le vice, qui croit et qui ne croit pas, qui pleure et qui rit, qui reprend et qui approuve, qui est censeur et athée, qui est hypocrite et libertin, qui est homme« et démon tout ensemble« (*OC* II 1204 f.). Statt einen Gegenpol zu Dom Juan darzustellen, bilden Herr und Diener ein zwielichtiges Gespann, dessen beide Teile sich zwar in vie-lem voneinander unterscheiden und zugleich doch wieder ergänzen.

Die in langer Farcentradition stehende Figur des Sganarelle ist da-her auch ein sicherer Garant der Komik. Typische Farcenkomik fin-det sich z. B. in II 3, in der sich Sganarelle von den zahlreichen Ohr-feigen versehentlich die letzte einhandelt; oder in IV 3, in der Sganarelle sich hinter dem Rücken Dom Juans von dessen Essen be-dient. In den Bereich der Farcenkomik gehören auch die Verklei-dungsszene und der Rollentausch zwischen Herr und Diener in II 5/ III 1, aber auch die Dialektszenen des 2. Aktes. Hinzu kommen Ele-mente aus der Tradition der ›commedia dell'arte‹, wie z. B. die paral-lele ›Liebeserklärung‹ Dom Juans an Charlotte und Mathurine in II 4, »l'exemple le plus spectaculaire de répétition; tour de force; chef-d'œuvre de duplicité morale et stylistique« (Scherer *222,* 352), oder auch die Abfertigung von M. Dimanche. Wichtiger ist jedoch die jede ernsthafte Fragestellung sogleich wieder nivellierende sprachli-che, mimische und/oder gestische Komik Sganarelles. Diese Diener-gestalt ist in ihrer Doppelbödigkeit die äußerste Steigerung jener im Sganarelle der gleichnamigen frühen Farce bereits angelegten Wider-sprüche: »Prodigieuse création, toute en dessous et en retours, où le clin d'œil corrige la valeur des paroles, où le ricanement vient démen-tir et bafouer les phrases édifiantes, figure de coquin et d'imbécile tout ensemble, qui déshonore la vertu par ses moqueries et la religion plus encore par sa stupidité« (Adam *331,* 333). Auch alle religiösen Fragen geraten in den durch Sganarelle verursachten Strudel der Lä-cherlichkeit. Rochemont macht Molière daher zum Vorwurf, selbst noch die Verdammung Dom Juans lächerlich gemacht zu haben. Die Schlussszene sei ein theatralisches Feuerwerk; der göttliche Bann-strahl, »foudre imaginaire«, »foudre en peinture«, könne weder eine

Fliege vertreiben noch einer Maus Furcht einjagen; es sei »un foudre, qui n'offense point le maître et qui fait rire le valet«. Auch für die Zuschauer sei er lediglich ein weiterer Anlass zum Lachen und für Molière die letzte Gelegenheit einer Provokation göttlicher Gerechtigkeit. Die Allgegenwart Sganarelles verleiht nicht nur den herkömmlichen Farcenthemen und -szenen des *Dom Juan* ihr eigenes Gepräge, sondern zieht das Stück trotz seiner hoch greifenden Thematik als Ganzes immer wieder auf die Ebene der Farce herab. Darin liegt vermutlich seine größte Provokation. Wenn Molière die wütenden Attacken und Drohungen seiner Feinde lebend überstanden hat, ist dies nur dem mächtigen Schutz Ludwigs XIV. zu verdanken, der, ohne das Stück persönlich gesehen zu haben, doch seiner Grundtendenz ganz offensichtlich zustimmte. Er soll sich befriedigt darüber geäußert haben, dass der Freigeist Dom Juan seine gerechte Strafe erleide. Weitere Aufführungen des Stückes wollte oder konnte er nicht durchsetzen. Doch bereitet die Ernennung von Molières Truppe am 14. August 1665 zur ›Troupe du Roi au Palais-Royal‹ auf dem Höhepunkt der Auseinandersetzungen den Angriffen auf Molière schlagartig ein Ende. »C'était une extraordinaire promotion [...], un signe visible de sa grande faveur, la meilleure des garanties contre toutes les attaques qu'on pouvait diriger contre lui« (Duchêne *350*, 423).

Sganarelle ist mit Sosie aus *Amphitryon* die komplexeste Dienergestalt in Molières Theater. Wenn Molière seinen Dienern/Innen und Vertrauten (Dorine im *Tartuffe;* Sbrigani in *Monsieur de Pourceaugnac;* Scapin in den *Fourberies...;* Toinette in *Le malade imaginaire* u. a.) häufig entscheidende dramaturgische Funktion zubilligt, lässt er sie doch die ständehierarchische Ordnung nie ernsthaft in Frage stellen; im Gegenteil steht ihr Handeln ganz im Dienste der positiven Protagonisten seiner Stücke, meist der jungen Liebenden als den Repräsentanten einer vernünftigen, naturgemäßen Ordnung. Auch Sganarelle und Sosie versuchen sich allenfalls in der spielerischen und sogleich wieder zurückgenommenen Übernahme von Rollen und Funktionen ihrer Herren; doch ermangelt es ihren seltenen Ansätzen des Aufbegehrens und der Reflexion über die eigene soziale Situation an einem klaren Bewusstsein der historischen Dialektik von Herr und Knecht. Dennoch markieren gerade sie in der Entwicklungsgeschichte der literarischen Dienergestalten eine wichtige Etappe auf jenem Weg, der über Diderots *Jacques le fataliste* zu Mozarts / da Pontes Leporello (*Don Giovanni*) und schließlich zu Beaumarchais' Figaro führen wird. Die von Figaro proklamierte Aufhebung einer ständischen Hierarchie kann Molière indes aus einer gänzlich anderen gesellschaftlichen Situation heraus Sganarelle und Sosie höchstens spielerisch erproben lassen.

Bibl.: *285* I, 143-196; *292; 332; 359; 373; 387; 395; 397; 404; 418; 461-462; 466.* – Molière, *Dom Juan ou Le festin de Pierre.* Intr. et notes par G. Leclerc; Paris 1975 (Ed. Sociales). *Ders., Dom Juan ou Le festin de pierre – Don Juan oder Der steinerne Gast,* hrsg. und übers. von H. Stenzel; Stuttgart 1989. *Ders., Dom Juan,* hrsg. von J.-P. Collinet; Paris 1999 (Livre de poche). *Ders., Le festin de pierre (Dom Juan).* Ed. critique du texte d'Amsterdam par J. DeJean; Genf 1999. – *R. Albanese, jr.,* Dynamisme social et jeu individuel dans *Dom Juan.* In: EsCr 36, 1996, 50-62. *Ders.,* Hypocrisie et dramaturgie dans *Dom Juan.* In: *285* II, 123-144. *A. Albert-Galtier,* L'itinéraire de Dom Juan: six décors pour une pièce à machines. In: Cahiers du Dix-Septième 6/2, 1992 ('96), 87-100. *M. Bareau,* Esthétique et transaction dans le *Dom Juan* de Molière. In: *80* I, 121-129. *G. Blaikner,* Die Blasphemie in *Dom Juan.* In: Neophilologus 74, 1990, 361-373. *K. A. Blüher,* Le *Dom Juan* de Molière et la tradition de la dramaturgie baroque. In: *320,* 31-51. *Cl. Bourqui,* Polémique et stratégies dans le *Dom Juan* de Molière; Paris/Seattle/Tübingen 1992 (PFSCL, Biblio 17-69). *P. Brunel,* Dom Juan meurtrier. In: *323,* 231-238. *P. Campion,* Le caractère symbolique de la scène théâtrale dans le *Dom Juan* de Molière. In: RHT 46, 1994, 137-154. *J.-P. Collinet,* Avatars de Dom Juan. In: IL 34, 1982, 12-22. *P. Dandrey,* Le *Dom Juan* de Molière et la tradition de l'éloge paradoxal. In: XVIIᵉ Siècle 172, 1991, 211-227; auch in *P. Ronzeaud,* 1993, 175-191. *Ders.,* Le commandeur de Molière: Miracle ou mystification? In: *B. Didier/G. Ponnau* (Hg.), Le commandeur et Don Juan; Nantes 1994, 31-52. *M. Defrenne,* Une unité scénique. ›La remontrance‹ dans le *Dom Juan* de Molière. In: StF 26, 1982, 408-425. *Chr. Delmas, Dom Juan* et le théâtre à machines. In: LCDS 6, 1984, 125-138; auch in *160,* 105-138 und in *P. Ronzeaud,* 1993, 138-148. *L. G. de Donville,* Don Juan: Un ou multiple? In: *285* I, 145-162. *J. Doolittle,* L'humanité du *Dom Juan* de Molière. In: *339,* 85-107. *M. L. Farrell, Dom Juan* et l'économie sociale. In: *80* I, 109-119. *G. Forestier,* Langage dramatique et langage symbolique dans le *Dom Juan* de Molière. In: *319,* 293-305; auch in *P. Ronzeaud,* 1993, 161-174. *L. Fourcaut,* Don Juan et la déconstruction des idéologies. Une lecture du *Dom Juan* de Molière. In: L'Ecole des lettres 89, 1989, 63-80. *J. F. Gaines, Dom Juan* et les paradoxes de la rêverie. In: *80* I, 99-108. *D. Gambelli,* Le *Dom Juan* de Molière et les machines de la tragédie. In: *297,* 43-52. *G. Gendarme de Bévotte,* La légende de Don Juan. Son évolution dans la littérature des origines au romantisme; Paris 1907; Reprint Genf 1970. *C. Gossip,* Du Molière revu et corrigé: *Le festin de pierre* de Thomas Corneille. In: *285* IV-V, 113-134. *S. Guellouz,* De la ›traduction‹ à l'original: la ›résurrection‹ de *Dom Juan* au XIXᵉ siècle. In: *Dies.* (Hg.), Postérités du Grand Siècle, Elseneur 15-16; Caen 2000, 119-135. *E. Guitton,* Molière juriste dans *Dom Juan.* In: *300,* 945-953; auch in *P. Ronzeaud,* 1993, 93-99. *H. G. Hall,* ›La scène du pauvre‹ of *Dom Juan* in context. In: *360,* 159-177. *F. Hallyn,* La dernière ruse de Dom Juan? In: *320,* 199-205. *R. Horville, Dom Juan* de Molière. Une dramaturgie de rupture; Paris 1972. *Ders.,* Le fonctionnement binaire du théâtre français du XVIIᵉ siècle. In: *303,* 361-374. *Ders.,* A propos du *Dom Juan* de Molière. Pour une lecture pluriel-

und der des *Misanthrope* liegt außer *Dom Juan* die Ballettkomödie *L'amour médecin,* die zu diesem Zeitpunkt heftigste, personenbezogene Ärztesatire Molières. Auch in *Le misanthrope* klingt die aus dem Verbot des *Tartuffe* resultierende Verbitterung spürbar nach.

Das Stück war zu Lebzeiten Molières nicht der große Reinfall, als der es häufig dargestellt wird. Zwar sinken die Einnahmen nach der zweiten Aufführung schnell ab; doch erfreut sich das Stück ab September zusammen mit *Le médecin malgré lui* wachsender Beliebtheit. Bis zu Molières Lebensende erfährt es dreiundsechzig Aufführungen und zählt daher durchaus zu seinen erfolgreichen Stücken. Auffällig ist allerdings, dass Ludwig XIV. es nie am Hofe hat aufführen lassen. Ist dies ein Akt der Missbilligung? Wir müssen später darauf zurückkommen. Dem stünde allerdings das Urteil Boileaus entgegen, der seine Wertschätzung des Stückes in der berühmt gewordenen Periphrase Molières als ›auteur du *Misanthrope*‹ resümiert.

Man kann die Handlung des *Misanthrope* pointiert folgendermaßen zusammenfassen: Ein ungeduldiger Liebhaber namens Alceste möchte in einer Unterredung mit seiner Angebeteten, Célimène, Gewissheit darüber erlangen, ob er tatsächlich von ihr geliebt wird. Kaum aber hat sich die Möglichkeit eines Gesprächs ergeben, da treten unerwartet Gäste auf und verhindern dessen Fortgang. Diese Grundstruktur füllt Molière kunstvoll und abwechslungsreich aus.– Im Gespräch mit Philinte empört sich Alceste über die allgemeine Verderbtheit der menschlichen Gesellschaft; Aufrichtigkeit stellt für ihn einen Wert dar, den es unbeschadet aller möglichen Konsequenzen zu verwirklichen gelte. Aus dieser Überzeugung resultiert seine Einstellung zu einem Prozess, den er, obwohl im Recht, verlieren möchte (I 1), aber auch seine Verurteilung eines schwülstigen Sonetts von Oronte, dem er ein schlichtes ›Volkslied‹ entgegenstellt (2). Für Philinte gehören Mängel und Schwächen jedoch zur menschlichen Natur; gegenüber dem Absolutheitsanspruch seines Freundes vertritt er die Notwendigkeit der Anpassung und des Kompromisses. Er äußert seine Verwunderung darüber, dass Alceste ausgerechnet in Célimène verliebt ist, eine umschwärmte, kokette junge Witwe, die er aber zur ›sincérité‹ zu bekehren hofft. – Während Alceste in II 1 über die zahlreichen Aspiranten Célimènes Klage führt, gesteht diese ihm ihre Liebe, ist aber nicht bereit, auf den Besuch ihrer Verehrer zu verzichten. Doch drängt Alceste auf eine Entscheidung, zu der es aber nicht kommt. Denn nacheinander treten die beiden am Hof einflussreichen Marquis Acaste und Clitandre auf und werden von Célimène freundlich empfangen. Als auch noch Philinte und Célimènes Kusine Eliante hinzukommen, beginnt, mit Célimène als witzig geistreicher Wortführerin, eine Salonkonversation, deren ausschließlicher Gegenstand das boshafte Porträt abwesender Freunde und Bekannten ist (4; ›scène des portraits‹). Angewidert möchte Alceste dem Spiel ein Ende bereiten; doch da entwirft Célimène von ihm das Porträt eines ewigen Nörglers und Kritikers. Die Szene endet mit einer Kraftprobe zwischen Alceste, Acaste und Clitandre, da jeder Célimènes Salon erst dann verlassen will, wenn die anderen gegangen sind. Der Streit wird jedoch nicht entschieden, denn ein Bote tritt auf, der Alceste vor das Gericht zitiert, um sich dort wegen seines Urteils über Orontes Sonett zu verantworten (6). – In III 1 möchten Acaste und Clitandre klären, wer von ihnen beiden bei Célimène höher in Gunst steht. Célimène hat kaum Zeit, sich über die Anwesenheit der Marquis zu wundern, als Arsinoé kommt, um Célimène unter dem scheinheiligen Mantel der Freundschaft darauf hinzuweisen, dass vor einigen Tagen in einem anderen Salon schlecht von ihrem Lebenswandel gesprochen worden sei. Célimène entkräftet alle Vorwürfe durch entsprechende Gegenvorwürfe und schlägt Arsinoé vor, offen um die Liebe Alcestes zu wetteifern (4). Also erklärt Arsinoé dem soeben zurückgekehrten Alceste kaum verhüllt ihre Zuneigung; auch könne sie ihm am Hof zum verdienten Ansehen verhelfen. Doch höflich und entschieden weist Alceste dies Angebot von sich. In dieser Weise abgeblitzt, sinnt Arsinoé auf Rache: Sie will Alceste Beweise für Célimènes Untreue liefern (5). – In IV 1 berichtet Philinte Eliante von Alcestes ›Aussöhnung‹ mit Oronte: Zwar habe Alceste sein Urteil über dessen Sonett nicht zurückgenommen, ihn allerdings als ›homme de qualité‹ anerkannt. Philinte glaubt, Célimène sei nicht für Alceste geschaffen. Dagegen könnte Eliante Alceste durchaus lieben; doch wäre sie auch bereit, Philinte ihr Herz zu schenken, sollte Alceste sie abweisen. Nun stürzt Alceste mit einem Brief herein, den Célimène Oronte geschrieben haben soll. Um sich für Célimènes Untreue zu rächen, bietet er Eliante seine Liebe an (2). In einer erregten Auseinandersetzung zwischen Célimène und Alceste kommt es schließlich zu einer nicht der Komik entbehrenden Aussöhnung: Alceste erklärt Célimène seine Liebe und überschüttet sie zugleich mit Vorwürfen und sonderbaren Wünschen: Hässlich, arm, ohne gesellschaftlichen Rang solle sie sein, um alles seiner Liebe zu verdanken (3). In diesem Augenblick bringt ein Diener die Nachricht, Alceste solle verhaftet werden; offensichtlich handelt es sich hier um eine Episode jenes in I 1 erwähnten Prozesses. – In der Tat hat Alceste seinen Prozess verloren. In seinem grenzenlosen Hass auf alle Menschen möchte er sich am liebsten aus der menschlichen Gesellschaft zurückziehen. Doch kommt es zunächst noch einmal zu einer Konfrontation mit Philinte (V 1) und

zu einem Zusammentreffen von Alceste und Oronte, die von Célimène eine Entscheidung erwarten (2). Einer solchen weicht sie jedoch aus (2+3), bis sie durch das Verlesen zweier ihrer Briefe an die
Marquis entlarvt wird: Beide hatte sie darin ihrer Zuneigung versichert und sich zugleich über alle anderen Rivalen einschließlich Alceste lustig gemacht. Hierauf ziehen sich alle Liebhaber zurück.
Erstmals kommt es zu einem Gespräch zwischen den Liebenden, das
nicht unterbrochen wird: Alceste will Célimène verzeihen, wenn sie
der Gesellschaft abschwört und ihm in die Einsamkeit folgt; doch
lehnt Célimène dieses Ansinnen ab: Sie braucht das Hofleben, um zu
glänzen und zu verführen. Alceste betrachtet sich jetzt auch Eliantes
als unwürdig. Während diese bereit ist, Philinte zu heiraten, wird Alceste sich in die Einsamkeit zurückziehen, fern einer Welt, in der für
seine ›sincérité‹ kein Platz ist. Philinte äußert die Hoffnung, Alceste
von seinem Vorsatz abzuhalten.

In dramaturgischer Hinsicht gehört *Le misanthrope* zu Molières
regelmäßigen Stücken. Die Einheiten der Handlung, des Raumes und
der Zeit werden in der von den Regeln geforderten Weise eingehalten.
Auffällig ist allerdings zunächst das Ende des Stückes, da es nicht zu
dem für die Komödie charakteristischen Ausgang kommt. Überraschend ist weiter, dass sich entgegen Molières Gepflogenheiten die
Bühne in der letzten Szene nicht mit allen Protagonisten füllt, sondern
das Stück mit einer leeren Bühne endet. Schließlich spielt es in einem
sozialen Milieu, das für die Komödie keineswegs typisch ist. Daraus
resultiert vermutlich auch die bei Molière seltene Tatsache, dass nicht
der Vater als Hindernis zwischen den Liebenden steht, sondern deren
divergierende Auffassungen von Liebe und Welt das ›obstacle‹ bilden.

Ort der Handlung ist der auf der ersten Etage gelegene Salon Célimènes (V. 250 f., 532, 559, 732, 848). Da sich die Empfangsräume
der Feudalaristokratie in den Stadtpalästen im Erdgeschoß befanden,
darf man aus dieser Angabe schließen, dass Célimène nicht dem Adel,
sondern der obersten Schicht von ›la ville‹ angehört (cf. Elias *82*). Der
soziale Ort der Handlung ist daher das gegenüber dem Hof offene
und mit diesem sich vermischende Großbürgertum. Alle Personen
haben offensichtlich Kontakt zum Hof; doch allein Acaste und
Clitandre, die als Marquis auch in anderen Komödien Molières lächerlich gemacht werden, können eindeutig dem niederen Adel zugeordnet werden. (Von Alceste wird später die Rede sein.) Die Protagonisten des *Misanthrope* sind also Repräsentanten der unmittelbaren
sozialen Wirklichkeit Molières.

Lange Zeit herrschte in der Forschung die gegenteilige Meinung
vor, und man sah in den Protagonisten des Stückes Vertreter einer

zeitlosen Typenlehre. Gestützt wird eine solche Interpretation durch die wiederholten Hinweise auf die ›humaine nature‹ (V. 113, 146, 174 u. ö.), der zufolge die Menschen nun einmal so seien, wie sie in diesem Stück dargestellt werden. Den theoretischen Hintergrund einer solchen Interpretation bildet die antike Typenlehre, die seit Empedokles (ca. 450 v. Chr.) zunächst das körperliche Gleichgewicht des Menschen durch eine Mischung der vier Lebenssäfte (›humores‹ = ›humeurs‹) bestimmt sah. Diese Lehre wurde bald auf das psychische Gleichgewicht übertragen. In der Literatur fand die Temperamentenlehre ihren ersten einflussreichen Niederschlag in den *Charakteren* des Theophrast (gest. 287 v. Chr.), dessen sich noch La Bruyère gegen Ende des 17. Jh.s zur Abfassung seiner *Caractères* bedienen wird. Gemeinsam ist beiden Autoren die Vorstellung, die Vielfalt der menschlichen Individuen auf eine begrenzte Zahl von Grundtypen reduzieren zu können.

Ein oberflächlicher Blick auf den *Misanthrope* scheint eine solche typologische Interpretation zu rechtfertigen. So charakterisierte Molière seinen Menschenfeind ursprünglich im Untertitel als ›atrabilaire amoureux‹, d. h. als verliebten, aber aufbrausenden Melancholiker und Griesgram. Zahlreiche Formulierungen des Textes weisen Alceste scheinbar als einen so gearteten zeitlosen Typ aus (V. 6, 90 f., 1171). Ihm gegenüber steht der Phlegmatiker Philinte (V. 166 u. ö.) als Repräsentant einer zeitenthobenen Wahrheit, die zugleich Molières ›Philosophie‹ entspricht. Zu ihnen gesellen sich Célimène als Vertreterin einer zeitlosen, typisch weiblichen Koketterie, Arsinoé als die schon alternde Prüde mit entsprechenden Moralvorstellungen und schließlich die aufrichtige Eliante (V. 215 f.). Mit einigem Geschick lassen sich schließlich auch Oronte, Acaste und Clitandre einer differenzierten, zeitlosen Typologie zuordnen (Jasinski 1963, 121-226). Eine historisch-soziologische Interpretation sollte allerdings darum bemüht sein, die Dialektik zwischen jener scheinbar zeitlosen Typenhaftigkeit der Charaktere und ihrer geschichtlich bedingten Aktualisierung deutlich zu machen. Nur so kann jenseits eines ›zeitlosen‹ Typenkonfliktes der ideologisch befrachtete Normen- und Generationenkonflikt sichtbar werden, der das eigentliche Thema des *Misanthrope* ist.

Wer also sind Philinte und Alceste? Alle Philinte zugeschriebenen Attribute weisen ihn auf den ersten Blick als einen der mäßigenden ›raison‹ verpflichteten, allen Extremen abgeneigten ›honnête homme‹ aus, dessen Lebensraum die Höfische Gesellschaft ist, auch wenn der Begriff des ›honnête homme‹ nicht unmittelbar auf ihn Anwendung findet. So kennzeichnet ihn zunächst die ›bienséance‹ (V. 77), die die

›complaisance‹ (V. 120, 123) mit einschließt. Beide garantieren Mäßigung und Anpassung, die vor allem in der Verabsolutierung einer ›vertu traitable‹ und einer eingeschränkten ›franchise‹ (V. 73) ihren angemessenen Ausdruck findet. Philinte ist der Repräsentant einer Ideologie der vollkommenen Anpassung, wie die Etikette am Hofe Ludwigs XIV. sie erforderte. Dem ›honnête homme‹ Philinte steht der ›homme d'honneur‹ Alceste gegenüber (V. 16, 35, 1804 f.), der den Anspruch erhebt, seine Individualität in Freiheit ausleben zu können. Während ein Wesensmerkmal des ›honnête homme‹ das ›faire distinction‹ ist, d. h. die Einsicht in gesellschaftliche Strukturen und die Annahme der eigenen Stellung innerhalb einer festgefügten Sozialhierarchie, besteht der ›homme d'honneur‹ Alceste auf persönlicher Anerkennung und Wertschätzung: »Je veux qu'on me distingue« (V. 63). Ähnlich finden sich alle Begriffe, die Alceste kennzeichnen, in Opposition zu Charakterisierungsmerkmalen Philintes. Unversöhnlich steht daher Alcestes kompromisslose ›pleine franchise‹ der begrenzten ›franchise‹ Philintes gegenüber; unüberbrückbar sind die Gräben zwischen seiner Forderung nach einer absoluten ›raison‹ (V. 187) und der ›parfaite raison‹ (V. 151) Philintes, die sich den jeweiligen Umständen anpasst und daher ›traitable‹, d. h. ›verhandelbar‹, ist. Sprachlich schlägt sich Alcestes Forderung nach einer ›pleine franchise‹ in einer erstaunlichen Frequenz von Flüchen nieder (›morbleu‹, ›diantre‹, ›par le sang bleu‹ etc.) und entspricht des weiteren einer Verabsolutierung des ›cœur‹ (V. 69 f.), das ohne Maskierung und Verstellung seine innersten Überzeugungen manifestieren möchte.

Dieser Konflikt zweier konkurrierenden Wertesysteme weitet sich durch wiederholte Zeitoppositionen zu einem Generationenkonflikt aus. Alcestes unzeitgemäße ›vertu‹ ist eine ›vertu des vieux âges‹ (V. 153), die sich durch ›grande roideur‹ und ›austère honneur‹ (V. 75) auszeichnet und in krassem Gegensatz zur ›anpassungsfähigen Tugend‹ der Gegenwart steht. Durch die wiederholten Zeitoppositionen (›les mœurs du temps‹, les ›usages‹ gegen ›les vertus des vieux âges‹) wird zugleich der Konflikt zweier durch konkurrierende Wertsysteme geprägter Generationen thematisiert. Mehrfach setzt sich Alceste mit Entschiedenheit von dem ›méchant goût du siècle‹ (V. 389) und den ›vices du temps‹ (V. 59, 234, 1804) ab. Die hier sichtbar werdende zeitlich bedingte Normenopposition ist zugleich eine Opposition der sozialen Orte: ›le monde‹, ›la cour‹ auf der einen Seite, repräsentiert im Salon Célimènes und durch die Mehrzahl der Protagonisten; und die Absage an diese Welt auf der anderen, repräsentiert durch Alceste (V. 1083 f.), der sich schließlich in die Einsamkeit, ›le désert‹, zurückzieht.

Hinter dem nur vordergründig zeitlosen Typenkonflikt wird daher ein für die junge Monarchie Ludwigs XIV. virulenter Generationenkonflikt sichtbar. Während Philinte und die Mehrzahl der Protagonisten jenen ›honnête homme‹ verkörpern, der die in der Höfischen Gesellschaft herrschenden Konventionen und Normen verinnerlicht hat, stellt Alceste den Vertreter der Feudalaristokratie dar, die in der Fronde ein letztes Mal vergeblich gegen die drohende Entmachtung und einen entsprechenden politischen Funktionsverlust aufbegehrt hatte. Alcestes Flucht aus dem Salon Célimènes in die Einsamkeit, sein gesellschaftliches Scheitern sind die Konsequenz seiner Ablehnung der herrschenden Anpassungsideologie. Der hinter dem Typenkonflikt sichtbar werdende Generationenkonflikt besteht daher in der Opposition zwischen dem domestizierten, im Umfeld von ›la cour et la ville‹ lebenden Hofadel zu einem nicht anpassungsfähigen bzw. - willigen Hochadel alter Provenienz, deren unterschiedliche Wertsysteme unversöhnlich aufeinander prallen.

Die bisher deutlich gewordenen Oppositionen zeigen sich bereits in den konkurrierenden Liebeskonzeptionen der von Oronte und Alceste vorgetragenen Gedichte. Lässt man den freilich unübersehbaren parodistischen Aspekt von Orontes Sonett (als Parodie preziös-galanter Liebeslyrik und ihrer poetischen Verfahrensweisen) einmal unberücksichtigt, so können die beiden Gedichte auf den einfachen Nenner ›Liebe als Leidenschaft‹ gegen ›Vernunftliebe‹ gebracht werden. Für Alceste ist die Liebe unberechenbar, nicht zu steuern, von Zufall und Schicksal abhängig (V. 247 f., 1309 ff., 1381 ff., 1415 f.). Demgegenüber ist die Liebe Eliantes und Philintes vernunftgesteuert, weist sich durch ›sentiments traitables‹ (V. 766) aus, was vor allem darin zum Ausdruck kommt, dass Philinte Eliante den von ihr geliebten Alceste zwar ›überlassen‹ will (V. 1191 ff.), beide aber schließlich miteinander eine Verbindung eingehen. Diese divergierenden Liebesauffassungen konkretisieren sich in den Gedichten Orontes und Alcestes: Während ›passion‹ und ›nature‹ das von Alceste vorgetragene ›Volkslied‹, das vermutlich von Molière stammt, charakterisieren, kennzeichnet ein rationales Verhalten (›bon sens‹) die Liebeskonzeption, die in Orontes Gedicht durch Wort- und Gedankenspiele nur höchst vermittelt zum Ausdruck kommt. Philintes Begeisterung für Orontes Sonett resultiert nicht aus bloßen taktischen Überlegungen, etwa um Oronte zu schmeicheln oder Alceste zu provozieren, vielmehr gibt die das Gedicht prägende Liebeskonzeption den Blick auf ein gesellschaftliches Verhalten frei, das demjenigen Philintes durchaus entspricht. Aktives Eingebundensein in die Gesellschaft steht gegen den Rückzug in die Privatsphäre. Denn Alcestes ›Volkslied‹ lässt sich durchaus interpretieren als Antizipation seiner späteren Entscheidung, ein Leben außerhalb der übrigen Gesellschaft zu führen, und ein solcher Entschluss steht der in die Gesellschaft eingebetteten Liebeskonzeption Célimènes diametral entgegen. Die Erfüllung absoluter Liebesansprüche, die zugleich die Erfüllung absoluter Existenzansprüche ist, ist in einer Gemeinschaft nicht tolerierbar, deren Leitbild der ›honnête homme‹ ist und die also nur ein vergesellschaftetes Individuum anerkennt. Daher verzichtet auch das Ich aus Alcestes ›Volkslied‹ auf Paris, so wie Alceste in der letzten Szene Célimènes Angebot ablehnen und sich in die Einsamkeit zurückziehen muss. Denn für sie ist Liebe nur in ›Paris‹ möglich. Dagegen setzt das verabsolutierte Prinzip einer fatalistischen Liebe auch das Individuum absolut, so dass sein Liebesanspruch entweder erfüllt werden oder scheitern muss. Alcestes Scheitern in der Liebe entspricht das Scheitern seiner unzeitgemäßen ›vertu noble et héroïque‹; dagegen passt sich Eliantes Liebesauffassung mühelos den gesellschaftlichen Gegebenheiten an.

Auch die weiblichen Protagonisten Célimène, Arsinoé und Eliante sind keine Vertreterinnen zeitloser weiblicher (Un-)Tugenden, wie V. 205 ff. es nahe legen könnte. Vor allem die beiden erstgenannten haben sich in ihrem Verhalten ganz den Erfordernissen ihrer Umwelt angepasst. Insbesondere die Koketterie Célimènes, einer über ihre neu gewonnene Freiheit eifersüchtig wachenden Witwe von gerade einmal zwanzig Jahren (Beauvalet-Boutouyrie 2001, 101-143), doch ebenso die Prüderie Arsinoés sind taktische Verhaltensformen, sind Mittel weiblicher Selbstbehauptung inmitten einer von Männern beherrschten Gesellschaft. Dagegen wird man Eliantes Verhalten am ehesten gerecht, wenn man sie als dramaturgischen Gegenpol zu Célimène und Arsinoé und als weiblichen Gegenpart zu Philinte sieht.

Dass *Le misanthrope* als Ganzes ein getreuer Spiegel des gesellschaftlichen Verhaltens zur Zeit Molières ist, hat bereits Donneau de Visé erkannt. Von einem heftigen Kritiker Molières zur Zeit der *Ecole des femmes* hatte er sich nach *Dom Juan* zu einem rückhaltlosen Bewunderer Molières gewandelt. In seiner *Lettre écrite sur la comédie du ›Misanthrope‹*, die Molière der Erstausgabe des Stückes voranstellt (*OC* II 131-140), heißt es unter anderem, Molière habe aus der Perspektive der spitzzüngigen Célimène und des Menschenfeindes Alceste seiner eigenen Zeit den Prozess machen und dabei niemanden ausnehmen wollen:

Je vous laisse à penser si ces deux personnes ne peuvent pas naturellement parler contre toute la terre, puisque l'un hait les hommes, et que l'autre se plaît à en dire tout le mal qu'elle en sait. En vérité, l'adresse de cet auteur est admirable: ce sont là de ces choses que tout le monde ne remarque pas, et qui sont faites avec beaucoup de jugement. Le Misanthrope seul n'aurait pu parler contre tous les hommes; mais en trouvant le moyen de le faire aider d'une médisante, c'est avoir trouvé, en même temps, celui de mettre, dans une seule pièce, la dernière main au portrait du siècle. Il y est tout entier, puisque nous voyons encore une femme qui veut paraître prude opposée à une coquette, et des marquis qui représentent la cour: tellement qu'on peut assurer que, dans cette comédie, l'on voit tout ce qu'on peut dire contre les mœurs du siècle (*OC* II 132).

An dieser Stelle erhebt sich die Frage nach dem lächerlichen Protagonisten unseres Stückes. Entsprechend dem Visé-Zitat kann es schwerlich Alceste sein; denn wie sollte derjenige, der seiner eigenen Zeit den satirischen Zerrspiegel vorhält, zugleich lächerliche Person sein können? Dennoch sind wir aufgrund mehrerer Überlegungen davon überzeugt, dass die Lächerlichkeit Alcestes als gegeben angesehen werden muss. Dafür spricht zunächst die Tatsache, dass Molière die Rolle selbst spielte. Weiter bekunden zahlreiche Hinweise eindeutig die Lächerlichkeit Alcestes; er, der seiner Zeit einen kritisch-satirischen Spiegel vorhält, wird seinerseits Gegenstand des Gelächters, ja der Satire: V. 98, 105 ff., 203 ff., 414, 681 ff., 741, 773, 1285, 1357.

Dem Nachweis seiner Lächerlichkeit dient auch Philintes Vergleich Alcestes und seiner selbst mit Sganarelle und Ariste, den beiden Brüdern aus *L'école des maris* V. 97 ff. Obwohl von Alceste kategorisch abgelehnt, ist ein solcher Vergleich doch zutreffend: Wie Sganarelle nämlich die Tugenden seiner Altvordern, eine unzeitgemäße ›ancienne honnêteté‹ verteidigte, die unter gewandelten gesellschaftlichen Bedingungen obsolet geworden war, ist auch der ›homme d'honneur‹ Alceste Repräsentant veralteter Tugendvorstellungen, die den stark höfisch geprägten Verhaltensnormen seiner unmittelbaren Gegenwart nicht mehr entsprechen. Die Überwindung von Sganarelles Position durch Ariste ist jedoch eine der Voraussetzungen jener Gesellschaft, deren kritisches Bild Molière im *Misanthrope* entwirft. Die Protagonisten des Stückes sind Repräsentanten eines zum Hof hin offenen Großbürgertums und partizipieren insofern als Mitglieder der Höfischen Gesellschaft unmittelbar an der Macht, so statistenhaft ihre Teilnahme und so ›parasitär‹ ihre Situation auch sein mögen. Wenn daher der vermutlich der mittleren Generation zuzurechnende Alceste ihnen die durch Autonomie geprägten Werte vergangener Zeiten als Modell vorstellt, so mag dies zwar einer Beschwörung besserer Zeiten gleichkommen; doch geht davon angesichts der radikalen Veränderung der gesellschaftlichen Bedingungen auf Philinte, Acaste, Clitandre und Oronte keinerlei konkrete Faszination aus. Sganarelle

war lächerlich, weil das Festhalten an seinen Werten nicht den Interessen des auf weiteren Aufstieg bedachten Bürgertums entsprach; die
Anerkennung von Alcestes Werten hätte die Aufgabe geschichtlich
errungener Positionen bedeutet, so unbefriedigend diese in der Gegenwart auch sein mochten. Daher erscheint Philinte das Verhalten
Alcestes als ›maladie‹ (V. 105); sein Absolutheitswahn, seine unbedingte ›franchise‹ und ›sincérité‹ stempeln ihn zu einem zugleich lächerlichen und gefährlichen pathologischen Fall. Um also nicht Opfer solch ›krankhafter‹ Absolutheitsansprüche zu werden, kann die
Gesellschaft um Célimène Alceste zu ihrem eigenen Schutz nur verstoßen.

　　Eine Würdigung Alcestes als des einzigen lächerlichen Protagonisten des *Misanthrope* wird jedoch der Komplexität der Person nicht
gerecht. Als lächerliche Figur kann er sich zugleich doch der Sympathie der Mehrzahl der Personen des Stückes erfreuen, und zwar in einem Maße wie keine andere lächerliche Figur in Molières Theater:
auch dies ein Beweis für die Sonderstellung des Stückes. Der Gedanke liegt nahe, die Komplexität des Stückes und seiner Hauptfigur
durch ein Studium von Molières Quellen zu erschließen. Sie sind
zahlreich; doch hat eine sorgfältige Analyse ergeben (Jasinski 1963,
69-120; Bourqui *335*), dass Molières wahre Quellen in diesem Stück
nicht primär literarischer, sondern biographischer Art sind. Kein anderes Stück ist in vergleichbarer Weise persönlich wie *Le misanthrope;*
in keinem seiner Stücke ist der Entwurf der Hauptfigur und die Organisation des Ganzen so unabhängig von jeder Art Vorbild wie in
diesem; und schließlich hat Molière in keinem seiner Stücke, wie hier,
auf eines seiner früheren zurückgegriffen, auf *Dom Garcie de Navarre,*
dessen Scheitern er offensichtlich immer noch nicht verwunden hat:
Eine große Zahl berühmt gewordener Verse des *Misanthrope* finden
sich bereits in dieser frühen ›comédie héroïque‹; auch das Thema der
rivalisierenden Liebe mehrerer Männer und insbesondere das der
krankhaften Eifersucht der Hauptfigur ist hier bereits vorgegeben
(Conesa 1978).

　　Die biographische Komponente des Stückes und seiner Hauptfigur lässt sich folgendermaßen beschreiben: Enttäuschungen Molières
im familiären Bereich, insofern schon bald nach der Eheschließung
öffentlich von Armandes Untreue gesprochen wird; der seit 1664
schwelende Konflikt um den *Tartuffe;* die Absetzung des *Dom Juan;*
schließlich eine schwere Krankheit zwischen Dezember 1665 und Februar 1666, die zu einer mehr als zweimonatigen Schließung des
Theaters führt. Hinzu kommt, dass die Rolle Célimènes von Armande
gespielt worden ist und diejenige der Eliante von Catherine de Brie,

die Molière ebenso vergeblich geliebt hat wie Eliante Alceste. Vielleicht kann man gar in dem Prozess, in den Alceste verwickelt ist, einen Hinweis auf die Auseinandersetzung um den *Tartuffe* sehen. Außer Zweifel dürfte daher stehen, dass Molière in der Gestalt des Alceste eigene Verbitterung durch Lachen ästhetisch zu sublimieren trachtet, so wie er auch seine körperlichen Schwächen im komödiantischen Spiel zu neutralisieren bestrebt ist.

Eine solche biographische Interpretation darf aber die weiterreichende Dimension des Stückes nicht verdecken. Damit kommen wir noch einmal auf Alceste zurück. Durch eigene Erfahrungen gestärkt, konzentriert Molière in seinem Protagonisten die unaufhebbaren Widersprüche jener Gesellschaft, die er am Hofe und in dessen Umkreis beobachten kann: die Notwendigkeit und den Willen zur Anpassung an eine übermächtige gesellschaftliche Norm und die Ridikülisierung desjenigen, der sich wie Alceste vermeintlich höher stehenden, aber durch die gesellschaftliche Entwicklung überholten Vorstellungen verpflichtet fühlt. Solchen Anpassungszwängen, wie sie in den Porträts der Oronte, Acaste und Clitandre lächerlich gemacht werden, stellt er in Alceste ein aus vergangenen Zeiten herüberreichendes und zugleich in die Zukunft weisendes Emanzipationsbedürfnis entgegen, das eine radikale Absage an die als unauthentisch empfundene Welt der Höfischen Gesellschaft bedeutet. Dem an deren Aporien scheiternden Alceste ist daher ein hohes Maß an Tragik nicht abzusprechen. Es gibt also durchaus zwei Alceste: einen Alceste, der in der Perspektive des nur noch mit Repräsentationsfunktionen ausgestatteten Hofadels lächerlich ist, weil er obsoleten Wertvorstellungen nachträumt und diese krankhaft rechthaberisch durchsetzen möchte; und einen antizipatorischen Alceste, der vor allem Boileau gefallen haben dürfte, weil er die nivellierenden Folgen der Struktur der Höfischen Gesellschaft schonungslos und mit geradezu ›bürgerlicher‹ Hartnäckigkeit und Verbissenheit aufzeigt und selbst im Scheitern noch künftiger Siege sicher zu sein scheint. So verstanden ist das Stück ein bitteres satirisches Porträt der Aporien der Höfischen Gesellschaft im ersten Jahrzehnt der Regierungszeit Ludwigs XIV., und es ist verständlich, dass der König kein besonderes Interesse an einer Aufführung am Hofe verspürt hat. Denn schließlich hat die unter Richelieu begonnene und von Mazarin zielstrebig fortgesetzte Politik der Entmachtung in den wenigen Jahren seiner persönlichen Herrschaft die endgültige Nivellierung des Hochadels zu einer Schar willenlos agierender Marionetten besiegelt. Der am Ende in die Einsamkeit flüchtende Alceste ist aber zugleich auch wieder der Komödienautor Molière und die leere Bühne eine adäquate szenische Metapher seiner Absage an ein gesellschaftlich engagiertes Theater, wie er es mit *Le Tartuffe*, *Dom Juan* und *Le misanthrope* hat schaffen wollen und das er schon jetzt an den Zwängen des Konformismus scheitern sieht.

Wenn Molière aber in dem hier dargestellten Maß mit Alceste identifiziert werden darf, wie ist dann Philinte zu verstehen? Ist er nicht mehr der für die mittlere molièresche Komödie typische ›raisonneur‹ und als solcher das ›Sprachrohr‹ Molières? Man muss in ihm den Vertreter einer weltanschaulichen Position sehen, die mit dem Begriff des optimistischen Skeptizismus umschrieben werden kann und die derjenigen Gassendis und La Mothe le Vayers entspricht. Philinte ist in Bezug auf Alcestes Weltverbesserungsansprüche von tiefer Skepsis erfüllt, tadelt aber in gleicher Weise die übertriebene Koketterie Célimènes. Anpassung und Verstellung sind für ihn notwendige Voraussetzungen des Zusammenlebens in einer Gemeinschaft. Dass er insgesamt die für die Höfische Gesellschaft verbindliche Norm der ›honnêteté‹ vertritt, wurde bereits gezeigt. Für Donneau de Visé ist er damit die Identifikationsfigur des Stückes schlechthin: »L'ami du Misanthrope est si raisonnable que tout le monde devrait l'imiter; il n'est ni trop, ni trop peu critique [...]; sa conduite doit être approuvée de tout le monde«. Andererseits kann auch er, wie Alceste, menschliches Zusammenleben nur unter Rückgriff auf Hobbes' bekannte Formulierung *Homo homini lupus* charakterisieren (V. 175 ff., 1521 ff .). Die illusionslose Einsicht in die Verderbtheit der menschlichen Natur im Allgemeinen und der zeitgenössischen Gesellschaft im Besonderen ist aber für ihn vor allem eine Herausforderung zur Bewährung seiner ›Philosophie‹ (V. 1555 ff.), eines agnostizistischen ›libertinage‹ in der Tradition Montaignes, Gassendis und La Mothe le Vayers, der sich, jetzt allerdings unter Aufgabe aller früher noch ausgesparten Freiräume, durch Anpassung und Unterordnung unter scheinbar unveränderliche Gesetze der Natur und Gesellschaft ausweist. Insofern ist Philinte durchaus ›Sprachrohr‹ eines ›angepassten‹ Molière, und zwar selbst dort, wo dieser sich gleichzeitig mit den gegenteiligen Positionen Alcestes identifiziert. Innerhalb der Personenkonstellation des Stückes erfüllt Philinte, von dem es bezeichnenderweise ebenso wie von Eliante kein satirisches Porträt gibt, in erster Linie die dramaturgische Funktion des Gegenspielers zu Alceste, welche die sinnfällige Auffächerung ihrer divergierenden Positionen allererst ermöglicht.

Ist nun dies mit so zahlreichen Problemen befrachtete Theaterstück überhaupt noch eine Komödie? Ist es nicht eher die Tragödie Alcestes, des aufrichtigen, unangepassten Individuums? Nach allem bisher Gesagten kann die Antwort nur ›Ja und Nein‹ lauten. Wie gezeigt, enthält der Text zahlreiche Hinweise auf die Lächerlichkeit Alcestes. Diese gibt allerdings nirgends Anlass zu lautem Lachen, sondern höchstens zu einem solchen, das Anteil nimmt, in dem Zuneigung und Distanz zu Alcestes Maßlosigkeit in gleicher Weise mitschwingen. Weiter ist noch einmal daran zu erinnern, dass Molière den Alceste gespielt hat und mit der ihm eigenen Schauspielkunst durch Mimik, Gestik und die sonderbare Weise des Vortrages (›tic de gorge‹; ›éternel hoquet‹) an vielen Stellen für Komik gesorgt haben dürfte. Zugleich aber handelt es sich im *Misanthrope* primär um eine hohe Form der Komik, die sog. Charakterkomik, die aus dem Konflikt eines Einzelnen mit seiner Umwelt resultiert. Komik besteht hier in der Diskrepanz zwischen einer direkt oder indirekt vergegenwärtigten Norm und der Abweichung von ihr. So repräsentiert Philinte die gültige Norm der ›honnêteté‹, während Alceste, aber auch die Besucher von Célimènes Salon, die vielfältig schattierten Abweichungen sinnfällig machen. Die Komik nun entsteht aus dem Bemühen, die aus der Normverletzung resultierende Spannung zu entspannen. Dies gilt besonders für jene Passagen, in denen Alceste Célimène zu einer endgültigen Stellungnahme zwingen möchte, dann aber durch neu hinzukommende Gäste unterbrochen wird: II 1, 531 f.; II 4, 741 bis II 6, 776; IV 3, 1433 ff. Die zuletzt genannte Passage ist auch die einzige mit traditioneller, ›niederer‹ Typenkomik in dieser vielfach bis zur Tragik gespannten Komödie. Da aber Alceste sich der Sympathie vieler Mitspieler erfreuen kann, ist das allenfalls aufkommende Lachen niemals ein endgültig befreiendes und befreites Lachen; es hat niemals die Funktion der Katharsis, sondern in ihm schwingt immer auch Sympathie und Bedauern über den Gegenstand dieses Lachens mit. Über den besonderen Charakter der Komik, die Molière hier erstmals erprobt, schreibt bereits der Verfasser der *Lettre sur la comédie du ›Misanthrope‹* zutreffend: »Le héros fait rire les honnêtes gens sans dire de plaisanteries fades et basses comme l'on a accoutumé de voir dans les pièces comiques. Celles de cette nature me semblent plus divertissantes encore que l'on y rie moins haut, et je crois qu'elles divertissent davantage, qu'elles attachent, et qu'elles font continuellement rire dans l'âme« (*OC* II 139). Kein lautes, polterndes Gelächter ist der hoch greifenden Thematik des *Misanthrope* angemessen, sondern allein ein differenzierendes, verinnerlichtes ›rire dans l'âme‹. Geradezu exemplarisch bestätigt die Figur des Alceste eine Komplexität, ja eine Zerrissenheit, die Molière bereits vor Augen hatte, als er in *La critique de ›L'école des femmes‹* sagte: »Il n'est pas incompatible qu'une personne soit ridicule en de certaines choses et honnête homme en d'autres« (Sz. 6).

Die internen Widersprüche, welche die Hauptfigur und das Stück insgesamt charakterisieren, kommen in der Rezeptionsgeschichte des *Misanthrope* zur Entfaltung (cf. Schunck 1971). In dem Maße, in dem die für seine Entstehungszeit verbindliche Norm der ›honnêteté‹ in Frage gestellt wurde, sich die Trägerschicht dieses Ideals wandelte bzw. andere Leitbilder entwickelte und schließlich unterging, war auch Alceste nicht mehr »der Mann der Gesellschaft, sondern der Mann gegen die Gesellschaft« (ders.). Auf dem Theater vollzog sich dieser Umschwung im letzten Drittel des 18. Jh.s. Bis dahin stand die Darstellung des Alceste deutlich in der von Molière begründeten Tradition. Erst ab 1780 spielt der in seiner Zeit hoch geschätzte Schauspieler Molé einen »mit bitterem Schmerz an der Welt leidenden Alceste, der gleich zu Beginn des ersten Aktes schon derart mit Zorn erfüllt ist, dass er seinen Stuhl quer über die Bühne schleudert und zerschmettert« (ders.). Damit begründet er eine bis in die Anfänge unseres Jahrhunderts reichende Bühnentradition, die in Alceste eher eine tragische Figur sehen möchte. Ihre theoretische Grundlegung erhält diese Interpretation in Rousseaus *Lettre à d'Alembert sur les spectacles* (1758). Rousseaus Kritik ist Ausdruck eines zunehmenden Selbstbewusstseins des bürgerlichen Individuums, dem höfische Lebensformen allmählich fremd werden und das sich auf sich selbst, auf seine Rechte und Werte besinnt. Für Rousseau ist die Vorstellung eines lächerlichen Alceste unannehmbar, weil er allein die Tugend vertrete und insofern die Identifikationsfigur des Stückes sei, während Philinte allenfalls einen berechnenden Egoisten darstelle. Es verwundert nicht, dass *Le misanthrope* auf dem Hintergrund einer solchen Interpretation mehrfach umgearbeitet wurde. Die wichtigste Neufassung entstand bezeichnenderweise während der Französischen Revolution und stammt von Fabre d'Eglantine. Sein *Philinte de Molière ou La suite du ›Misanthrope‹* (1790) ist nicht so sehr eine Fortsetzung als eine Korrektur Molières im Sinne Rousseaus. Erst unserem Jahrhundert ist es vorbehalten, auf der Basis eines besseren Verständnisses der besonderen Bedingungen der Höfischen Gesellschaft auch den Komödiencharakter des *Misanthrope* deutlicher zu erkennen.

Die Figur des Philinte führt schließlich zu der in der Sekundärliteratur kontrovers diskutierten Frage nach der Funktion der ›raisonneurs‹ in Molières Theater. Sie begegnen uns vorzugsweise in seinen zeitkritischen Komödien der mittleren Phase: Ariste und Chrysalde in den beiden *Ecoles,* Cléante im *Tartuffe* und Philinte; dann aber auch Ariste in den *Femmes savantes* und schließlich Béralde im *Malade imaginaire.* Die Tatsache, dass die ›raisonneurs‹ in dem Augenblick in Molières Theater auftreten, da auch er sich voll die Perspektive von ›la cour et la ville‹ zu eigen macht, kann leicht, wie in der Vergangenheit oft geschehen, zu der Annahme verleiten, sie seien sein wahres Sprachrohr, durch deren Vermittlung er einer auch von ihm vertretenen Anpassungsphilosophie das Wort rede. So erweise sich im Fall des *Misanthrope* Molières Affinität zu dem ›raisonneur‹ Philinte z.B. daran, dass er allein verschont werde, während alle übrigen Personen des Stückes der Lächerlichkeit preisgegeben werden. Unsere Interpretation hat gezeigt, dass Molières Position in der Tat in hohem Maß mit derjenigen Philintes identisch ist, dass er sich aber ebenso sehr in den Äußerungen Alcestes wiederfindet. Ähnlich verhält es sich im *Malade imaginaire* mit Argan und Béralde. Eine schematische Identifikation Molières mit seinen ›raisonneurs‹ ist daher mit Sicherheit unzulässig. Andererseits kommt ihnen innerhalb der Personenkonstellation der einzelnen Stücke hohe ideologische Bedeutung zu, indem sie sich, wie Philinte, zu rückhaltlosen Fürsprechern einer Philosophie des ›juste milieu‹ stilisieren und das Recht auf aussondernde Individualität in Frage stellen. Doch statt eine solche Position zwangsläufig mit derjenigen Molières zu identifizieren, sollte man sie eher als zeittypischen Ausdruck gesellschaftlicher Konflikte innerhalb des ersten Jahrzehnts der Monarchie Ludwigs XIV. begreifen und Molières ›raisonneurs‹ insofern eine vorwiegend dramaturgische Position innerhalb der Konfliktsituation der einzelnen Stücke zubilligen.

Bibl.: *159; 180*, 149-237; *242; 373; 397; 400; 402; 427; 434-435; 446; 456; 459- 460*. – *Molière, Le misanthrope – Der Menschenfeind*, hrsg. und übers. von H. Köhler; Stuttgart 1993. *Ders., Le misanthrope*, hrsg. von Cl. Bourqui; Paris 2000 (Livre de poche). – *R. Albanese, jr.*, Théâtre et anomie. Le cas du Misanthrope. In: Cahiers internationaux de sociologie 64, 1978, 113-126. *J. Asnavon*, Le misanthrope de Molière; Paris 1930; Reprint Genf 1970. *M. Baschera*, Der komische Charakter als Subjekt der Leidenschaft. In: Colloquium Helveticum 15, 1992, 13-25. *C. Bauer-Funke*, ›Le misanthrope corrigé‹. Zur Rezeption des molièreschen *Misanthrope* im 18. Jahrhundert. In: *A. Grewe/ M. Zimmermann* (Hg.), Theater-Proben. Romanistische Studien zu Drama und Theater; Münster 2001, 63-81. *S. Beauvalet-Boutouyrie*, Etre veuve sous l'Ancien Régime; Paris 2001. *M. Bonfantini*, Le comique du *Misanthrope*. In: *339*, 141-155. *G. Conesa*, Etude stylistique et dramaturgique des emprunts du *Misanthrope* à *Dom Garcie de Navarre*. In: RHT 30, 1978, 19-30; auch in: *406*, 59-68. *Ders., Le misanthrope* ou les limites de l'aristotélisme. In: *298*, 19-29. *S. Desmond*, Le dénouement du *Misanthrope*. In: La Licorne 7, 1983, 25-40. *P. Fabre d'Eglantine, Le Philinte de Molière*, hrsg. von J. K. Proud; Exeter 1995. *M. Fumaroli*, Au miroir du *Misanthrope*: ›Le commerce des honnestes gens‹. In: Comédie Française 131-132, 1984, 42-49; auch in: *406*, 189-201. *J. F. Gaines*, ›Caractères‹, Superstition, and Paradoxes in *Le Misanthrope*. In: Alternatives, hrsg. von W. Motte und G. Prince; Lexington 1993, 71-84. *C. J. Gossip*, Diversité et unité du *Misanthrope*: d'une aristrocratie à l'autre. In: *M. Ramsland* (Hg.), Variété: Perspectives in French Literature, Society and Culture. Studies in honour of K. R. Dutton; Frankfurt am Main 1999, 199-210. *R. R. Grimm,* Der unzeitgemäße Held zwischen Komik und Tragik: Molières *Menschenfeind.* In: *G. R. Kaiser* (Hg.), Der unzeitgemäße Held in der Weltliteratur; Heidelberg 1998, 63-83. *F.-R. Hausmann,* Melancholie und Misanthropie im 17. und 18. Jahrhundert, Molière und Rousseau. In: *H.-J. Lope* (Hg.), Aufsätze zur Literaturgeschichte in Frankreich, Belgien und Spanien; Frankfurt/Bern 1985, 29-58. *Ders.,* Molières *Le misanthrope.* Charakter-, Salon- oder Gesellschaftskomödie? In: *H. K. Spinner/F.-R. Hausmann* (Hg.), Gespielte Welt von Aristophanes bis Pirandello; Bonn 1989, 115-129. *U. Haut,* Alceste. Wege zum Verständnis einer ambivalenten Figur. In: Französisch heute 21, 1990, 142-151. *R. Horville, Le misanthrope* de Molière; Paris 1981 (Profil d'une œuvre, 74). *Ders.,* Le fonctionnement binaire du théâtre français du XVIIᵉ siècle. In: *303,* 361-374. *R. Jasinski,* Molière et *Le misanthrope;* Paris 1951; ²1963. *H. R. Jauß,* Der Menschenfeind als Menschenfreund. Ein ›Charakter‹ im Horizontwandel des Verstehens. In: *148,* 295-322. *M.-G. Lallemand,* La lettre dans le théâtre au XVIIᵉ siècle. In: *315,* 67-78. *J. Mallinson,* Vision comique, voix morale: la réception du *Misanthrope* au XVIIᵉ siècle. In: *297,* 367-377. *R. McBride, Le misanthrope* ou les mobiles humains mis à nu. In: *298,* 79-89. *J. Mesnard, Le misanthrope:* Mise en question de l'art de plaire. In: *300,* 863-889; auch in: *406,* 215-237. *J.-P. Miquel,* En préparant une mise en scène du *Misanthrope.* In: *298,* 179-180. *N. Peacock,* Lessons unheeded: the dénouement of *Le misanthrope.* In: NFST 29, 1990, 10-20. *J. K. Proud,* Réception populaire et critique de la première représentation du *Philinte de Molière.* In: *S. Caucanas/ R. Cazals* (Hg.), Venance Dougados et son temps – André Chénier – Fabre d'Églantine; Carcassonne 1995, 113-123. *P. Schunck,* Zur Wirkungsgeschichte des *Misanthrope.* In: GRM 21, 1971, 1-15; auch in: *281,* 384-405. *D. Shaw,* Legal Elements in *Le misanthrope.* In: Nottingham French Studies 38, 1999, 1-11. *M.-O. Sweetser,* Théâtre du monde et monde du théâtre: *Le misanthrope.* In: *285* IV-V, 57-71. *J.-P. Vincent u. a.* (Hg.), Alceste et l'absolutisme. Essais de dramaturgie sur *Le Misanthrope;* Paris 1977.

raisonneurs: 348; 407; 416; 424; 436; 443; 475. – H. Gilbert, La rieuse dans la comédie de Molière. In: *324,* 385-391. *A. Peacock,* The Comic Role of the ›raisonneur‹ in Molières Theatre. In: MLR 76,1981, 298-310.

2.6 Die Aktualität traditioneller Themen und formale Experimentierfreudigkeit: ›Amphitryon‹ und ›L'avare‹

Zu Molières Theater der mittleren Phase zählen über die bisher behandelten Stücke hinaus noch die dreiaktige Verskomödie *Amphitryon* und der in Prosa abgefasste Fünfakter *L'avare* (Uraufführung 13. Januar bzw. 9. September 1668; zu *George Dandin* und *Monsieur de Pourceaugnac* cf. S. 156 ff.). Beide Stücke gehen dem ersten Anschein

nach direkt auf Plautus *(Amphitruo* und *Aulularia)* zurück, doch in-
spiriert sich Molière gleichzeitig in hohem Maß an zeitgenössischen
Vorlagen (Rotrou, *Les sosies;* Boisrobert, *La belle plaideuse;* cf. Bourqui
335, 182 ff. und 213 ff.). In historischer Perspektive beziehen beide
Stücke ihre Bedeutung aus ihrem unmittelbaren Gegenwartsbezug.
Zugleich markieren sie, obschon in unterschiedlicher Weise, den
Übergang des molièreschen Theaters von der mittleren zur späten
Phase.
    Der Aktualitätsbezug wird besonders an *Amphitryon* ersichtlich.
An dem antik-mythologischen Stoff interessiert Molière zunächst
scheinbar ausschließlich der erotisch-pikante Aspekt: die Verführung
der Alcmène durch den als Amphitryon verkleideten Jupiter, während
der wahre Amphitryon als Feldherr im Krieg weilt. Das aus dieser
Personenkonstellation sich ergebende heiter-beunruhigende Verwirr-
spiel mit fragwürdigen Identitäten wird durch die Identität Merkurs
mit Amphitryons Diener Sosie parodistisch weiter gesteigert. Doch
Fragen der personalen Identität interessieren Molière ebenso wenig
wie die ursprünglich mythische Dimension des Stoffes: die Verbindung der Götterwelt mit der der Menschen, symbolisiert durch die
Geburt des Herkules als Folge der Begegnung Jupiters mit Alkmene.
Vielmehr taucht Molière den antiken Mythos in eine höfisch-galante
Atmosphäre und macht aus Jupiter einen in ›preziöser‹ Liebeskasuistik bewanderten Liebhaber, in dessen Verführungsstrategie die Unterscheidung zwischen ›époux‹ und ›amant‹ eine wichtige Rolle spielt (I
4).
    Trotz des Fehlens entsprechender Dokumente darf man davon
ausgehen, dass Molières Zeitgenossen den preziös-galanten Jupiter
spontan mit Ludwig XIV. identifiziert und in seiner ›Heimsuchung‹
Alcmènes eine Anspielung auf die sich anbahnende Beziehung des
Königs zu Mme de Montespan gesehen haben; allerdings nimmt dieses Problem in der französischen Sekundärliteratur einen ungebühr-
lich großen Raum ein. So betrachtet, wird Molière auch leicht(-fertig)
zu einem bloßen Apologeten königlicher Willkür *in eroticis,* wobei
insbesondere die immer wieder zitierten Schlussverse Jupiters an Amphitryon als Rechtfertigung dienen:

> Un partage avec Jupiter
> N'a rien du tout qui déshonore. (III 10, 1898 f.)

Doch ist dies ohne Zweifel eine unzulässig verkürzte Sicht des Stückes. Denn der antike Mythos hat hier nicht etwa Legitimationsfunk-
tion, sondern ist Alibi und dient der Kritik. Daher auch die starken
parodistischen, ja burlesken Elemente, die aus dem Götterboten Mer-

kur einen Harlekin machen und aus Amphitryons Diener Sosie einen
übersteigerten Sganarelle. Weiter werden in Prolog und Epilog (III
10) mittels aufwendiger Kulissen und Maschinen buchstäblich Himmel und Erde in Bewegung gesetzt, um dem mächtigsten aller Göt-
ter im Schutz der nur widerspenstig willfährigen Nacht, die als alle-
gorische Figur auftritt, ein Rendezvous mit einer Sterblichen zu
ermöglichen, und doch kommt der sieggewohnte Jupiter nur zu einem zweifelhaften Erfolg. Denn seine ausgeklügelte Kasuistik prallt
als ›subtilités‹ und ›excuses frivoles‹ an Alcmène ab; und Liebe erfährt
er nicht etwa bzw. nur versehentlich als göttlicher ›amant‹, sondern
als irdischer ›époux‹. Sein Werben endet mit einer Niederlage; er, der
Gott, bittet Alcmène um Nachsicht für begangene Fehler und fällt ihr
zu Füßen (II 6, 1341 ff.), eine Szene von einmaliger Kühnheit im
›klassischen‹ Theater, die aufgrund der Verletzung der Gebote ›innerer Schicklichkeit‹ die Szene I 8 aus Beaumarchais' *Le mariage de Figaro* antizipiert, in der sich Graf Almaviva in prekärer Situation hinter einem Sessel verstecken muss. Seine parodistische Nivellierung
erhält Jupiters Kniefall wenig später, wenn noch in der gleichen Szene das Dienerpaar Sosie und Cléanthis, gewiss mit großem komödiantischen Aufwand, Alcmène ebenfalls zu Füßen fällt.

In solcher Parodie göttlicher Allmacht liegen die eigentlichen Intentionen Molières, die im Medium der Mythenkritik eine eigene innere Distanzierung, ja beginnende Entfremdung zum Ausdruck bringen. Sie sind in der immer noch nicht ausgestandenen ›Querelle du
Tartuffe‹ begründet und äußern sich hier erstmals in einer auffälligen
Abwendung von den großen gesellschaftspolitischen Themen seiner
Zeit. In einer längeren Passage (I 1, 166-187) klagt Sosie, dessen Rolle vermutlich von Molière gespielt wurde, über die Willkür, der die
Kleinen im Umgang mit den Großen ausgeliefert sind, und drückt
doch zugleich die Bereitschaft aus, auch weiterhin seinen Pflichten
nachzukommen:

> Cependant notre âme insensée
> S'acharne au vain honneur de demeurer près d'eux.

Eine Parodie des antiken Mythos kommt solch innerer Zerrissenheit
in hohem Maß entgegen, denn sie hebt die in seinem Medium geüb-
te Kritik ästhetisch wiederum weitgehend auf. Im Dienst solcher
Neutralisierung steht auch die Verwendung der beim Publikum
überaus beliebten Maschinen in den Anfangs- und Schlussszenen, ferner der in Molières Theater einmalige, kunstvolle Gebrauch des ›vers
libre‹, welcher der Sprache hohe Geschmeidigkeit und Melodik verleiht, schließlich eine auffallende sprachliche Differenzierung der Per-

sonen sowie ein immer für Spannung und Komik sorgendes Verwirr-
spiel mit wechselnden Identitäten. Für Stenzel verbirgt sich hinter
solch »heiterem Spiel die schärfste Gesellschaftskritik, die sich in
[Molières] Stücken (mit Ausnahme vielleicht noch des *Misanthrope*)
findet« und die Molière »jetzt nur noch fast bis zur Unkenntlichkeit
verhüllt formulieren zu können glaubt« (*387*, 214). Diese in *Amphitryon* mit Geschick in Szene gesetzten Desorientierungsstrategien ermöglichen eine ›première royale‹ im Maschinensaal des Louvre, der
für derartig aufwendige Aufführungen besonders ausgestattet ist. Unbeschadet seiner latenten kritischen Substanz zeigt *Amphitryon* bereits
deutlich Molières neuartige ästhetische Orientierung, die in künstlerischer Konsequenz zu der opernnahen ›tragédie-ballet‹ *Psyché* führt,
die fast auf den Tag genau drei Jahre später, am 17. Januar 1671, an
gleicher Stelle wiederum in Gegenwart der Königs Premiere haben
wird. Der Erfolg des Stückes ist derart, dass es 1668 noch fünfund-
dreißig Aufführungen mit Einnahmen erlebt, die über denen des *Misanthrope* liegen.

Neben *Dom Juan* ist *L'avare* Molières einziger in Prosa abgefasster
Fünfakter; im Gegensatz zu *Dom Juan* scheint diese formale Eigen-
heit hier jedoch in der Eile begründet, mit der das Stück geschrieben
wurde. Dass Molière ursprünglich eine versifizierte Fassung geplant
hatte, lassen in den ersten Szenen zahlreiche der Prosa untermischte
Verse und Kadenzen vermuten. Schon von den Zeitgenossen wurde
die Diskrepanz zwischen großer Form und Prosafassung für den Misserfolg des *Avare* (sechzehn Aufführungen 1668 und vier im Januar
1669 mit mäßigen Einnahmen; siebenundvierzig Aufführungen zu
Lebzeiten Molières insgesamt) verantwortlich gemacht. Doch liegt
der Grund vermutlich eher in Harpagon, dem monomanisch von
Geldgier besessenen Protagonisten, dessen Gefährlichkeit mit den
Mitteln der Komödie nur schwer beizukommen ist. Keine andere Figur aus Molières Theater agiert so bedrohlich wie er und rückt damit
die Komödie in die Nähe der Tragödie. Boileau soll der einzige gewesen sein, der in einer der ersten Aufführungen über Harpagon gelacht
habe; auch Goethe nennt ihn »in hohem Sinne tragisch« und spricht
von der »außerordentlichen Größe« des Stückes; neuere Kritiker weisen gern auf den ›caractère grinçant‹ des *Avare* hin, welcher der bei-
ßenden Gesellschaftssatire der ›comédie rosse‹ des 19. Jh.s nicht fern
stehe. Zu bedenken ist schließlich, dass der *Avare* Molières letzter
›großer‹ Fünfakter ist, eine ›klassische‹ Komödie also ohne Musik,
Tanz und Maschinen, und er insofern den Abschied vom reinen
Worttheater markiert (zu *Les fourberies de Scapin* und *Les femmes savantes* cf. S. 149 u. 152 ff.). In Anpassung an einen sich wandelnden

Publikumsgeschmack wird Molière in Zukunft der Mischform der Ballettkomödie den Vorzug geben. Doch welches auch die Gründe für den zeitgenössischen Misserfolg gewesen sein mögen: Als Anfang Februar 1669 *Le Tartuffe* endgültig freigegeben wird, setzt Molière den *Avare* vom Spielplan ab, um zunächst den ›Skandalerfolg‹ des *Tartuffe* auszunutzen.

Im Mittelpunkt der Intrige steht Harpagon, ein durch Habgier zu Reichtum gelangter ca. fünfzigjähriger Bürger, für den Geld der einzige Lebensinhalt ist. Seine Geldgier konkretisiert sich in einer Kassette, der seine ganze Liebe gilt. Auch das Glück seiner Kinder würde er seinem Geiz opfern. Darum hat er für Elise, die den adeligen Valère liebt, Anselme auserkoren, einen wohlhabenden Alten, und Cléante, der in die anspruchslose Mariane verliebt ist, soll eine reiche alte Witwe heiraten. Er selbst aber hat ihrer Anspruchslosigkeit wegen ein Auge auf Mariane geworfen, ohne zu ahnen, der Rivale seines eigenen Sohnes zu sein. Zu diesen Personen gesellen sich die intrigante Frosine, die Harpagons Heirat mit Mariane vermitteln soll; sodann der aufsässige Diener La Flèche, der Harpagons Kassette stehlen wird, um ihn zu erpressen; und schließlich Maître Jacques, Küchenchef und Kutscher Harpagons, der Valère versehentlich des Diebstahls der Kassette beschuldigen wird. Sie alle tragen zur Unterhaltsamkeit und Spannung der verwirrenden Intrige bei, zu deren ›romanesk‹ künstlicher Lösung sich Molière wieder einmal eines höchst unwahrscheinlichen Zufalls bedient: Anselme entpuppt sich als Valères und Marianes Vater, der vor Jahren durch einen Schiffbruch von seinen Kindern getrennt worden war. Also sind sie jetzt keine armen Waisenkinder mehr, und Harpagon kann ihrer Heirat zustimmen, vorausgesetzt, dass sie ihn keinen Heller kostet und er vor allem seine Kassette zurückbekommt.

Der *Avare* gehört heute neben *Le Tartuffe* zu Molières meist gespielten Stücken. Diesen postumen Erfolg verdankt er zunächst der Bühnenwirksamkeit Harpagons, der neben Alceste wohl facettenreichsten Schöpfung Molières; dann aber auch der rezeptionsgeschichtlich wichtigen Vorstellung, Molière habe an seinem Protagonisten das zeitlose Thema menschlicher Habgier, der ›avarice en soi‹, illustrieren wollen. Daraus resultieren die beliebten Vergleiche des *Avare* mit Balzacs *Père Goriot* und *Eugénie Grandet,* ein in historischer Perspektive allerdings recht fragwürdiges Unterfangen. Denn sowohl Balzac als auch Molière stellen zunächst einmal soziale Typen ihrer Zeit dar. So verstanden ist auch Harpagon, wie Arnolphe und Sganarelle der *Ecoles*, ein rückschrittlicher Bürger der älteren Generation, der sich den vom König und Colbert seit 1664 geforderten Geldinvestitionen zur Gründung der ersten überseeischen Handelsgesellschaft verweigert. Statt also verfügbares Kapital gesamtwirtschaftlich nutzbar zu machen, verwendet er es für den privaten Erwerb von Immobilien und Landbesitz und betreibt darüber hinaus Zinswucher. Dies ist in historischer Perspektive einer der Gründe für die Lächerlichkeit Harpagons.

Zugleich hat seine Raffgier solche Ausmaße angenommen, dass er seiner Umwelt und sich selbst völlig entfremdet ist. Das Glück seiner Kinder, ihre Zukunft sieht er nur unter der Perspektive des eigenen Vorteils. Daher bevorzugt er den etwa gleichaltrigen Anselme als Schwiegersohn, weil dieser Mariane auch ohne Mitgift zu heiraten gewillt ist, eine Aussicht, die zu der leitmotivisch wiederholten Zauberformel ›sans dot‹ führt, die alle moralischen Bedenken aus dem Weg räumt (I 5). In einer der abgründigsten Szenen schickt Harpagon sich an, Cléante zu einem Wucherzins von ca. 45% Geld zu leihen, ohne zu wissen, dass der ihm inkognito vermittelte Kunde sein eigener Sohn ist; und auch Cléante kann nicht ahnen, dass der ihm empfohlene Gläubiger sein leibhaftiger Vater ist. Für beide ist die Enthüllung solcher Peinlichkeit jedoch keineswegs Anlass zu Einsicht und Besserung (II 2). Das Besondere der familiären Beziehungen des *Avare* im Vergleich zu allen anderen Stücken Molières besteht darin, dass nicht nur der Vater blind ist gegenüber dem Glück seiner Kinder, sondern diese sich, wenngleich aus Notwehr, ebenso bedenkenlos gegen Harpagon zur Wehr setzen, dass also »das Laster zwischen Vater und Sohn alle Pietät aufhebt« (Eckermann, *Gespräche mit Goethe;* 12. Mai 1825). Solche Verblendung führt bei Harpagon zu Unmenschlichkeit, Selbstentfremdung und Wahnsinn. La Flèche sieht in ihm »de tous les humains le moins humain« (II 4), und sein berühmter Monolog (IV 7) offenbart nach Entwendung der Kassette das ganze Ausmaß seiner Selbstentfremdung. Elemente der ›commedia dell'arte‹ (Selbstanrede, Einbeziehung des Publikums) werden hier ins Komisch-Groteske gesteigert. Wenn sich Harpagon mit der entwendeten Kassette identifiziert, deren Verlust mit dem Verlust der eigenen Identität gleichsetzt, ihm im Publikum die gesamte Mitwelt verdächtig wird und er schließlich jedermann einschließlich seiner selbst verhaften und hängen lassen will, offenbaren sich hier wie nie zuvor im Theater die zerstörerischen Folgen einer Geldwirtschaft, die schon kaum noch durch Lachen neutralisiert werden können.

Doch aller Abgründigkeit zum Trotz wird man in *L'avare* eine wenngleich bittere Komödie sehen müssen. Anders als in *Le misanthrope* und *Le Tartuffe* bedient sich Molière hier aller verfügbaren Register der Komik: Prügel, ›lazzi‹, Verkleidungs- und Verwechslungsszenen, Sprach-, Situations- und Charakterkomik wechseln in schnellem Rhythmus; Farce, ›commedia dell'arte‹ und hohe Komödie verbinden sich zu einer geglückten Synthese. Hinzu kommt die durch Molières äußere Erscheinung und die ihm eigentümliche Mimik und Gestik bedingte Komik. Das Gespräch mit Frosine zeigt, dass er jetzt auch seine chronische Bronchitis, an deren Folgen er rund vier Jahre später sterben wird, in den Dienst des Lachens stellt (»Votre fluxion ne vous sied point mal, et vous avez grâce à tousser«; II 5). Da jedoch die Ursache der Bedrohung, die Faszination des Geldes, nicht aus der Welt geschafft werden kann, kommt es auch nirgends zu einem befreienden Lachen. Dessen Voraussetzung wäre die Hoffnung, Harpagon könne entweder geheilt oder unschädlich gemacht werden. Doch eine solche Hoffnung kommt nirgends auf. Im Gegenteil! Da das für die Komödie konstitutive Happy-End allein dem Zufall zu verdanken ist und Harpagon die Kassette zurückerstattet wird, dauert auch die Bedrohung fort. Allerdings gelingt es Molière letztendlich, sie, wenngleich mit zwiespältigem Lachen, noch einmal zu bannen. Rund vierzig Jahre später wird Lesage in *Turcaret ou Le financier* (1709) aus der gleichen Thematik, jedoch unter gänzlich veränderten gesellschaftlichen Bedingungen, ein ungleich bittereres Zeitporträt ableiten.

Bibl.: *Amphitryon: 198; 307; 393; 413; 462.* – *Molière, Amphitryon,* hrsg. von J.-P. Collinet; Paris 1999 (Livre de poche). – *L. Gossman,* Molière's *Amphitryon.* In: PMLA 78, 1963, 201-213. *A. Greive,* Les vers mêlés dans *Amphitryon* de Molière. In: *316,* 23-34. *M. Gutwirth,* Insaisissable Alcmène. In: *285* II, 229-246. *R. Jasinski,* Deux Alcmènes. In: *143* I, 305-316. *H. R. Jauß,* Poetik und Problematik von Identität und Rolle in der Geschichte des Amphitryon. In: *O. Marquard/K. Stierle* (Hg.), Identität; München 1979 (Poetik und Hermeneutik, VIII), 213-254. *M. S. Koppisch,* The World Turned Upside Down: Desire and Rivalry in *Amphitryon.* In: *S. Romanowski/M. Bilezikian* (Hg.), Homage to Paul Bénichou; Birmingham (Alabama) 1994, 175-195. *J. Mallinson,* Molière's *Amphitryon:* re-reading a comedy. In: *302,* 43-52. *B. Martinuzzi,* Analyse spatiale d'*Amphitryon.* In: PFSCL XI, 20, 1984, 61-77. *M. M. McGowan,* Autour d'*Amphitryon.* In: TLL 2, 1984, 281-291. *J. Mesnard,* Le dédoublement dans l'*Amphitryon* de Molière. In: *324,* 453-472. *Chr. Miething,* Amphitryon: Tragischer Mensch und komischer Gott. In: *326,* 331-351. *R. Pommier,* Sur une clef d'*Amphitryon.* In: RHLF 96, 1996, 212-228. *Ch. Rauseo, Amphitryon,* ou l'école des amants. In: RZLG 14, 1990, 45-62. *P. Roemer,* Molières *Amphitryon* und sein gesellschaftlicher Hintergrund; Bonn 1967. *J. Scherer,* Dualités d'*Amphitryon.* In: *283,* 185-200. *A. Tissier,* Structure dramaturgique et schématique de *l'Amphitryon* de Molière. In: *319,* 225-233. *J. Truchet,* A propos de l'*Amphitryon* de Molière: Alcmène et la Vallière. In: Mélanges d'histoire littéraire offerts à R. Lebègue; Paris 1969, 241-248. *A. Ubersfeld,* Le double dans l'*Amphitryon* de Molière. In: *319,* 235-244. *W. Wittkowski,* Amphitryon. Die Kunst, Autoritätskritik durch

Komödie zu verschleiern. In: *284*, 475-498. *S. Zebouni*, L'Amphitryon de Molière ou l'autre du sujet. In: *89*, 347-355.

L'avare: 50; 395; 420; 462. – *Molière, L'avare – Der Geizige*, hrsg. und übers. von H. Stenzel. Mit einem Nachwort: Molières *Avare* oder: Geld und Liebe im 17. Jahrhundert; Stuttgart 1984. *Ders., L'avare*, hrsg. von J. Morel/J.-P. Collinet; Paris 1999 (Livre de poche). – *R. Albanese, jr.*, Argent et réification dans *L'avare*. In: EsCr 21, 1981, 35-50. *B. W. Alsip*, L'avare: A History of Scholarship. In: OeC 1, 1981, 99-110. *M. S. Koppisch*, 'Til Death Do Them Part: Love, Greed, and Rivalry in Molière's *L'avare*. In: EsCr 36, 1996, 32-49. *J. von Stackelberg*, Der Klagemonolog des Geizigen. In: *Ders.*, Senecas Tod und andere Rezeptionsfolgen in den romanischen Literaturen der frühen Neuzeit; Tübingen 1992, 37-44. *M.-O. Sweetser, Docere et delectare*. Richesses de l'*Avare*. In: *D. L. Tobin/M. B. McKinley* (Hg.), Convergences. Essays für H. M. Davidson; Columbus 1989, 110-120. *B. Zilly*, Molières *L'avare*. Die Struktur der Konflikte. Zur Kritik der bürgerlichen Gesellschaft im 17. Jahrhundert; Rheinfelden 1979.

2.7 Die Problematik der Komödienschlüsse und der ›politische‹ Charakter der Stücke der mittleren Phase

Die Komödien der mittleren Phase werfen besonders eindringlich das auch für andere Komödien zentrale Problem des Komödienschlusses auf. Schon von zeitgenössischen Kritikern wurden Unwahrscheinlichkeit und Zufälligkeit zahlreicher ›dénouements‹ getadelt, die einem elementaren Gebot der ›dramaturgie classique‹ widersprechen, dass nämlich die Lösung der Intrige ohne Eingreifen äußerer Mächte (*deus ex machina*) aus immanenter Notwendigkeit zu erfolgen habe. *L'avare* bot das letzte Beispiel eines Komödienschlusses, bei dem in ausweglos verwickelter Lage erst ein willkürlich anmutender Zufall die Vereinigung der Liebenden sicherstellte. Die unerwartete Rückkehr lange vermisster und tot geglaubter Väter, die überraschende Aufdeckung unvermuteter Verwandtschaftsbeziehungen, die Verwendung von List, das Eingreifen höherer Mächte ermöglichen auch in *L'étourdi, L'école des femmes, Le Tartuffe, Dom Juan, Les femmes savantes* und *Le malade imaginaire* erst buchstäblich im letzten Augenblick das Happy-End. Bis dahin entwickelt sich in diesen Komödien eine ausweglose Situation, die ohne den korrigierenden Zufall in die Katastrophe mündete. Agent des als Wunder gedeuteten Zufalls ist zumeist der Himmel: »O Ciel! quels sont les traits de ta puissance! et que tu fais bien voir qu'il n'appartient qu'à toi de faire des miracles« (*L'avare* V 5).

Die Häufigkeit, mit der sich Molière dieses ›romanesken‹ Verfahrens bedient, wirft die Frage nach seiner Begründung auf. Handelt er aus dramaturgischer Unfähigkeit? Ließen ihm zeitliche Zwänge nicht die Möglichkeit zu sorgfältigerer Ausarbeitung? Oder manifestiert sich in diesen Lösungen eine grundsätzlich pessimistische Weltsicht, der das zufallsbedingte Happy-End nur in Befolgung von Gattungsgesetzmäßigkeiten wider bessere Einsicht Rechnung trägt? Schließlich bezeugt *Dom Garcie de Navarre* Molières Affinität zur Tragödie, von der er nur unter dem Zwang des Misserfolgs Abstand genommen hatte. Andererseits ist vermutet worden, die Entscheidung zugunsten der ›positiven‹ Komödie resultiere aus einem gleichsam ontologischen Optimismus oder aus einer religiös begründeten Weltsicht.

Eine theologische Rechtfertigung der Komödienschlüsse muss jedoch angesichts Molières materialistisch-libertinistischer Grundeinstellung von vornherein ausscheiden; auch ihre Erklärung aus Zeitzwängen ist in Anbetracht der Häufigkeit des Verfahrens unbefriedigend. Weiter ist zu bedenken, dass aus zeitgenössischer Perspektive zahlreiche ›romaneske‹ Komödienschlüsse durchaus nicht so unwahrscheinlich sind, wie es heute erscheinen mag. Die Unsicherheit der Transportwege, die langwierige Nachrichtenübermittlung, der blühende Sklavenhandel begünstigten Zufälle, die heute jenseits aller Wahrscheinlichkeit liegen. Im *Etourdi* IV 1, 1335 ff. weist Molière auf diesen Umstand hin und sanktioniert zugleich mit ironischem Augenzwinkern die darin implizierten dramaturgischen Möglichkeiten:

> C'est qu'en fait d'aventure il est très ordinaire
> De voir gens pris sur mer par quelque Turc corsaire,
> Puis être à leur famille à point nommé rendus,
> Après quinze ou vingt ans qu'on les a crus perdus.
> Pour moi, j'ai vu déjà cent contes de la sorte:
> Sans nous alambiquer, servons-nous-en; qu'importe?

Neben diesem immer möglichen und in gewisser Weise wahrscheinlichen Zufall bedient sich Molière allerdings auch des scheinbar arbiträren, absoluten Zufalls, insbesondere in *Le Tartuffe* und *Dom Juan*. Doch selbst das strafende Eingreifen des Himmels in *Dom Juan* sollte nicht der Vorstellung eines christlichen Molière Vorschub leisten.

Die Vorliebe Molières für die scheinbar zufällige Form der Konfliktlösung in diesen Stücken wird nur, bei gleichzeitiger Einbeziehung des *Misanthrope*, vor einem umfassenderen Horizont verständlich. In struktureller Hinsicht besteht die Einheitlichkeit dieser Stücke darin, dass jeweils ein einzelner die staatliche Ordnung auf verschiedenen

Ebenen in Frage stellt. So gefährdet Tartuffe die Religion, zugleich aber auch die Familie als wichtigen sozialen Ordnungsfaktor; Dom Juan untergräbt die sittliche und religiöse Ordnung, und am radikalsten stellt Alceste die Hierarchie der Werte und damit die herrschende Gesellschaftsordnung insgesamt in Frage. Die Protagonisten dieser Stücke veranschaulichen daher verschiedene Formen und Inhalte der Opposition gegen die Absolute Monarchie Ludwigs XIV.; doch hat sich diese Monarchie längst hinreichend gefestigt, um über ihre Feinde triumphieren zu können. Dies ist im *Tartuffe* der Sinn der Rede des Exempt, der als Abgesandter und Stellvertreter des Königs die geradezu gottgleiche Allgegenwart, Allmacht und Gerechtigkeit eines ›prince ennemi de la fraude‹ (V 7) preist. Ein solcher König lässt, dramaturgisch gesprochen, für den Zeitraum der Komödienhandlung den Machenschaften seiner Feinde freien Lauf, doch nur, damit sie sich entlarven und die Strafe um so exemplarischer ausfallen kann. Sein zunächst scheinbar zufälliges Eingreifen *in extremis* ist daher nichts anderes als die notwendige Wiederherstellung einer letztlich nie ernsthaft in Frage gestellten Ordnung. Insofern sind die scheinbar zufälligen Auflösungen des *Tartuffe* und des *Dom Juan* ebenso wie das sich aus der Intrige entwickelnde ›dénouement‹ des *Misanthrope* Ausdruck realer politischer Machtverhältnisse und ästhetisch durchaus notwendig. Aufgrund des brisanten politischen Gehalts dieser Stücke der mittleren Phase zeichnet sich die Bestrafung der ›kriminellen‹ Protagonisten durch exemplarisch abschreckende Härte aus: »La mort pour Dom Juan, la prison pour Tartuffe, l'exil pour Alceste« (Horville 1974). Doch auch die ›dénouements‹ der früheren und späteren Stücke dürfen, so ›romanesk‹ oder zufällig sie im Einzelfall sein mögen, als Ausdruck grundsätzlicher Übereinstimmung Molières mit der durch die Absolute Monarchie Ludwigs XIV. repräsentierten gesellschaftlichen Ordnung verstanden werden.

Bibl.: *dénouement: 146*, 62-66; *222*, 125-146; *341; 348*, 185-203; *396*. – R. *Albanese, jr.,* Une lecture idéologique du dénouement de *Tartuffe.* In: RN 16, 3, 1975, 623-635. *A.-M. Desfougères,* Dénégation, déni et délire chez les personnages de Molière. In: *323*, 199-210. *J. Emelina,* Mystère, surnaturel et fatalité dans le théâtre de Molière. In: *304*, 159-174; auch in: *210*, 385-404. *R. Horville,* La cohérence des dénouements de *Tartuffe*, de *Dom Juan* et du *Misanthrope.* In: RHT 3, 1974, 240-245. *M. S. Koppisch,* Molière et le problème de l'ordre. In: *325*, 135-150. *F. Népote-Desmarres,* Y a-t-il des dénouements bâclés dans les comédies de Molière? In: EsCr 36, 1996, 63-72. *H. Phillips,* Authority and order in Molière comedy. In: *302*, 12-19. *A. Rothe,* Elimination oder Integration des Außenseiters? Zur Anthropologie des 17. und 18. Jh.s am Beispiel der Komödie. In: *148*, 269-293.

3. Von der ›klassischen‹ Regelkomödie über die ›barocke‹ Ballettkomödie zur Oper

3.1 Zur Problematik eines ›späten‹ Molière

Ein präzis benennbares Ereignis, das den Übergang von einem mittleren, ›politischen‹ zu einem späten, ›unpolitischen‹ Molière markiert, lässt sich weder auf biographischer oder werkgeschichtlicher noch allgemein politischer Ebene nachweisen. Unbeschadet dieser Tatsache ist sich die neuere Molièreforschung in der Feststellung einig, dass im Werk des ›späten‹ Molière deutlich komplexere Theaterformen vorherrschen: komplexer aufgrund einer komplizierteren Handlungsführung, einer häufigeren Einbeziehung von Maschinen und der fast regelmäßigen Verbindung von Wort, Musik und Tanz.

Welche Gründe lassen sich für eine solche Entwicklung anführen? Garapon, der Verfasser der einzigen Monographie über den ›späten‹ Molière, argumentiert rein innerliterarisch; er interpretiert Molières späte Komödien als »une marche en avant, une tentative de synthèse des différents registres déjà utilisés, une recherche de la comédie plénière, où se concilient le rire et la leçon morale, la farce et la comédie de caractère, le genre burlesque et la comédie classique« (*356*, 1). Ähnlich argumentiert Defaux, der Molières Werk in einer geradezu zwangsläufig sich vollziehenden inneren Entwicklung (›mouvement irrésistible‹; *349*, 294) in den *Malade imaginaire* münden sieht. Derartige Begründungen sind jedoch unbefriedigend, da sie den gesellschaftlichen Zusammenhang unberücksichtigt lassen, ohne den Molières Komödie nicht denkbar ist. Andere Forscher (Adam, Couton) messen Molières Erfahrungen in der ›Querelle du *Tartuffe*‹ grundsätzliche Bedeutung zu: Nach den jahrelangen Auseinandersetzungen um den *Tartuffe* habe sich Molière ab etwa 1670 unter dem Druck seiner Feinde »orienté vers des sujets inoffensifs« (*OC* I, XXXIV). Selbst wenn es sich bei Molières spätem Theater, wie zu zeigen sein wird, keineswegs um ein zweckfrei komisches Theater handelt, ist doch nach der Absetzung des *Dom Juan* und nach Alcestes ›Rückzug‹ die Absage an ein primär ›politisches‹ Theater unbestreitbar. Schon im Prolog des *Amphitryon* (cf. S. 140) wurde das Thema breit entfaltet, und zu Beginn der *Fourberies de Scapin* begründet Scapin seinen Verzicht auf früher ausgeübte Tätigkeiten mit dem Hinweis auf ein ›petit démêlé avec la justice‹ und folgert: »Elle en usa fort mal avec moi, et je me dépitai de telle sorte contre l'ingratitude du siècle que je résolus de ne plus rien faire« (I 2). Vermutlich ist diese Aussage auch als Verzicht Molières auf die Behandlung kontroverser zeitgenössischer

Themen zu interpretieren. Die umfangreiche Forschungsliteratur der letzten zehn Jahre (Abraham, Beaussant, Fleck, Kapp, McBride, Mazouer, Ronzeaud) widmet sich denn auch vorrangig (theater-)ästhetischen Fragen und liefert wichtige Beiträge zur letzten Schaffensperiode Molières. Allen Behinderungen, ja Katastrophen zum Trotz fällt diese Periode überaus produktiv und künstlerisch innovativ aus. Über immer kompliziertere Formen führt sie Molière, unbeschadet der Werkchronologie, über das ›spectacle total‹ der ›barocken‹ Ballettkomödien *Monsieur de Pourceaugnac*, *Le bourgeois gentilhomme* und *Le malade imaginaire* zur ›tragédie-ballet‹ *Psyché*, die bereits wichtige Strukturelemente der Oper antizipiert.

Charakteristisch für diese Entwicklung sind bereits *Les fourberies de Scapin*: Die Handlung des Stückes, eine doppelte, schließlich ins Happy-End mündende Liebesintrige, ist kompliziert wie kaum eine andere in Molières Theater und der Schluss romanesk-zufällig bis zur Unwahrscheinlichkeit; formal ist das Stück ein Dreiakter in Prosa, halb Farce, halb Intrigen- und Charakterkomödie mit entsprechend reichhaltiger komischer Palette; berühmt ist vor allem die von Boileau getadelte Szene III 2, in der einer der Väter von Scapin in einen Sack gesteckt und verdroschen wird: ein Höhepunkt des komischen Theaters überhaupt. Angesichts des unleugbaren Fehlens einer höheren oder tieferen Aussage, dem dramaturgisch das Fehlen eines ›raisonneur‹ entspricht, loben oder tadeln die Kritiker, je nach Perspektive, die ›reine‹ Komik dieses Stückes und die ›Virtuosität‹ des ursprünglich von Molière gespielten Scapin. *Les fourberies de Scapin*, offensichtlich bereits Ende 1670 abgefasst und am 24. Mai 1671 uraufgeführt, diente als ›Lückenbüßer‹, bis der Umbau des ›Palais-Royal‹ die Aufführung der *Psyché* gestattete. Zu Molières Lebzeiten nur siebzehnmal aufgeführt, wurden sie nach seinem Tode ein dauerhafter Theatererfolg.

Eine ›Begründung‹ des Theaters des ›späten‹ Molière allein aus den Erfahrungen der ›Querelle du *Tartuffe*‹ ist aber mit Sicherheit zu monokausal-ereignishaft, und es gilt, auch diese Phase seines Theaters in größere gesellschaftliche Entwicklungen einzuordnen. Dazu ist es nötig, die für den um 1670 sich vollziehenden ›Bruch‹ zwischen Ludwig XIV. und Molière bereits genannten Gründe (cf. S. 20 ff.) stichwortartig zu ergänzen. Große Bedeutung kommt dem siegreich beendeten 1. Hollandfeldzug zu (1668), der jedoch weitere kriegerische Auseinandersetzungen befürchten lässt. Der 1672 beginnende 2. Hollandkrieg stellt sodann eine entscheidende Wende dar, insofern von nun an bis zum Ende des ›siècle de Louis XIV‹ die Kriege kaum einmal aufhören werden. Hinzu kommt ab 1661 eine fieberhafte Bautätig-

keit: Erweiterung des Louvre, Bau der Kolonnade, Ausbau des Parks
und des Schlosses von Versailles. All dies verschlingt Geld, und die
Folge sind immer höhere und immer rücksichtsloser eingetriebene
Steuern, von deren sinnvoller Verwendung (Investitionen zum ›Wohl
des Volkes‹ und zur Förderung von Handel und Industrie) keine Rede
sein kann. Nach anfänglicher Begeisterung beginnt die Popularität
des Königs und Colberts daher schnell zu sinken, und schon ab 1668
verdunkelt sich in der Literatur das Bild des strahlenden ›Roi-soleil‹;
auch Colberts Reformwerk muss um 1672 als gescheitert gelten.

Die Aufzählung politischer, wirtschaftlicher und sozialer Faktoren,
die eine Wende um 1670 anzeigen, ließe sich fortsetzen, ohne dass
daraus für die Entwicklung von Molières Theater bzw. allgemeiner
für Erscheinungen des ideologischen Überbaus präzise Folgerungen
hergeleitet werden könnten. Doch sind die Ernennung Bossuets
zum Prinzenerzieher und der Verzicht des Königs, als Tänzer auf der
Bühne aufzutreten, Ausdruck einer veränderten Stimmung und vermutlich eher deren Folge als deren Ursache. Ebenso wie der ab 1671
betriebene Ausbau des ›Palais-Royal‹: Unter erheblichem Kostenauf-
wand lässt Molière nach Abstimmung mit den Italienern die Bühne
erweitern, um dort in Zukunft Maschinenstücke aufführen zu können. *Psyché*, bereits Januar 1671 mit beispiellosem Erfolg im großen
Saal der Tuilerien vor dem König gespielt, erlebt am 24. Juli 1671
eine glanzvolle Aufführung im ›Palais-Royal‹ und wird achtunddrei-
ßigmal in Folge gespielt. Aber auch Glanz und Erfolg der *Psyché* können nicht darüber hinwegtäuschen, dass die libertinistisch geprägte
optimistische Anfangsphase der Monarchie Ludwigs XIV. um 1670
zu Ende geht. Im Gegenteil: Der gleichzeitig mit *Psyché* einsetzende
Aufstieg der französischen Oper ist ein sicheres Zeichen einer Inter-
essenverlagerung auf Seiten des Königs (cf. S. 20 ff.) und eines in der
Öffentlichkeit allmählich sich vollziehenden ›Stimmungsum-
schwungs‹ (und umgekehrt). Unter Berücksichtigung des gesellschaftlichen und insbesondere des (theater-)ästhetischen Horizonts der
Epoche plädiert daher auch Pasquier dafür, um 1670 »une troisième
et dernière période de l'histoire esthétique du théâtre au XVIIᵉ siècle« beginnen zu lassen (Pasquier 1998, 143).

Ausdruck solcher Wandlung ist schließlich das Lulli erteilte Recht
zur Gründung einer ›Académie royale de musique‹. Seit *Les fâcheux*
hatten Molière und der aus Florenz stammende Giovanni Battista
Lulli (1632-1687) anlässlich der für königliche Festlichkeiten bestimmten Hofballette und Ballettkomödien erfolgreich zusammengearbeitet. Es scheint sogar, als sei zwischen beiden Künstlern eine Ei-
nigung hinsichtlich der Zusammenarbeit an einer französischen Oper

erreicht worden. Dann erhält Lulli jedoch am 29. März 1672 das ›Königliche Privileg‹ zur Eröffnung der genannten Akademie. Einzelheiten seines offensichtlich intriganten Vorgehens und der Reaktionen Molières sind hier weniger wichtig als die Folgen. Sie bedeuten für Molière, dass er in Zukunft nur zwei Sänger und sechs Geigen, jedoch keine Tänzer und kein Orchester verwenden darf. Dadurch ist er in seiner künstlerischen Entfaltungsmöglichkeit erheblich eingeschränkt. Vor allem aber erhält Lulli zugleich die Autorenrechte für all jene Stücke, die er ganz oder auch nur teilweise in Musik gesetzt hat, und das heißt praktisch für alle Ballettkomödien Molières. Mit Sicherheit haben Lullis Vorgehen und das Verhalten des Königs Molière nach dem kurz zuvor erfolgten Tod Madeleine Béjarts in hohem Maße verletzt. Für *Le malade imaginaire* wird er sich daher an einen anderen Komponisten, Marc-Antoine Charpentier (1643-1704), wenden und offensichtlich die restriktiven musikalischen Auflagen bei der Aufführung umgehen.

Zur Verdüsterung von Molières letzter Lebensphase tragen schließlich auch seine Auseinandersetzungen mit der Gilde der ›libraires‹ nicht unwesentlich bei. Die heute getrennten Berufe des Druckers, Verlegers und Buchhändlers werden zu seiner Zeit noch in Personalunion betrieben. Schon *Les précieuses ridicules* und *Sganarelle...* waren Opfer von Raubdrucken geworden, bevor Molière sie selbst veröffentlichen konnte (cf. oben S. *61* u. *67*). Caldicott hat Molières lebenslangen Kampf um seine Autorenrechte gegen die Interessen der ›libraires‹ detailliert dargestellt. Als Molière 1671 seine bis dahin vorliegenden Stücke in einer mehrbändigen Gesamtausgabe herausgeben will, scheitert dieses Unterfangen an den Interessengegensätzen und Intrigen der vereinigten Buchhändlergilde. Der Kampf um diese Ausgabe macht Molière, trotz des Scheiterns seiner Bemühungen, einerseits zwar zu einem der ersten ›écrivains‹ im neuzeitlichen Sinn des Wortes, d. h. zu einem Schriftsteller, der die Produkte seiner geistigen Arbeit ›vermarktet‹, um aus ihnen Profit zu ziehen und davon zu leben; andererseits aber entfremdet er sich dadurch zugleich von der Welt des Hofes, für den die Tätigkeit eines ›Autors‹ mit dem Odium des Bürgerlichen und der Arbeit behaftet ist. Die ›Abkühlung‹ des Verhältnisses zwischen Molière und Ludwig XIV. sowie dem Hof »ne fut que la conséquence de cette nouvelle voie solitaire, si proche de la conscience littéraire d'un auteur moderne« (*340*, 138).

Bedenkt man all die Schikanen und Katastrophen, denen Molière sich in dieser letzten Lebens- und Schaffensphase ausgesetzt sah, müssen die Heiterkeit und Leichtigkeit seiner ›späten‹ Komödien wie ein Wunder anmuten.

Bibl.: *Der ›späte‹ Molière: 140; 197-198; 226; 234; 237; 241-242; 245; 295-296; 349; 356; 387; 414.* – *Cl. Abraham,* Molière's last *Comédies-ballet* revisited. In: *J. Kem* (Hg.), Plaire et instruire; New York 1993, 157-171. *Ders.,* Farce, ballet, et intégrité: Les dernières comédies-ballet de Molière. In: *H. Krauß* (Hg.), Offene Gefüge. Literatursystem und Lebenswirklichkeit. Festschrift für Fritz Nies zum 60. Geburtstag; Tübingen 1994, 65-73. *Ders.,* Molière and the Reality of *Fête.* In: *330,* 63-71. *J. Cairncross,* Facteurs ›réflexifs‹ et faits répertoriables dans Molière. In: *339,* 203-232. *S. Fleck,* Enjoyment and Subversion in the Comedy-Ballets. In: Cahiers du Dix-Septième 7, 1, 1997, 1-9. *R. McBride,* La musique chez Molière: source dramatique ou simple agrément? In: *296,* 65-77. *Ch. Mazouer,* Molière et le spectacle. In: *328,* 225-236. *P. Pasquier,* Les âges de Protée: la périodisation de la vie théâtrale au XVIIe siècle. In: Litt. classiques 34, 1998, 139-160.

Les fourberies de Scapin: 197-198; 356; 421. – *Molière, Les fourberies de Scapin,* hrsg. von J. Serroy, Paris 1986 (Livre de poche). – *J. Serroy,* Scapin dramaturge. In: RTG 34, 1988, 43-47. *W. Theile,* Les fourberies de Molière. Scapins Theorie des ›plaisir‹ und der Wahrheitsgehalt der Komödie. In: *H. Mainusch* (Hg.), Europäische Komödie; Darmstadt 1990, 173-200.

Lulli: 62; 245; 247-248; 288.

3.2 Ein Panoptikum ›lächerlicher‹ ›gelehrter Frauenzimmer‹: ›Les femmes savantes‹ und ›La comtesse d'Escarbagnas‹

Am 11. März 1672 uraufgeführt, sind *Les femmes savantes* nicht nur Molières vorletztes Stück; mit Ausnahme der *Fourberies de Scapin* sind sie auch, nach *Monsieur de Pourceaugnac* (Sept. 1669), das einzige Stück ohne Musik und darüber hinaus nach *Amphitryon* (1668) das einzige in Versen, ja nach dem *Tartuffe* (1669) die einzige regelmäßige ›große‹ Verskomödie. In einem thematisch und formal gänzlich anders gearteten Umfeld wirkt die Existenz eines solchen Stückes daher befremdlich. Schenkt man Donneau de Visé Glauben, hat Molière wenigstens seit 1668 an den *Femmes savantes* gearbeitet; Cairncross (*338*) vertritt sogar die These, die Konzeption des Stückes reiche in die Jahre 1663/64 zurück. Er kann dafür eine Reihe von Gründen geltend machen: Über die bereits genannten formalen Besonderheiten hinaus ordnet sich das Stück auch inhaltlich in jene Themenkreise ein, die die Komödien der frühen 60er Jahre charakterisieren, vor allem die Satire der ›lächerlichen Preziösen‹. Wie Magdelon und Cathos zeichnen sich auch Philaminte, Bélise und Armande, die Protagonistinnen der *Femmes savantes,* durch Prüderie aus, die sogar radikaler und darum auch lächerlicher ist als die der frühen ›pecques provinciales‹; wie in den *Précieuses ridicules* findet sich auch hier die

Satire der galanten Dichtung, verbunden mit dem Thema der Eitelkeit mondäner Salonautoren, die ungebeten und eilfertig ihre Produkte zum Besten geben (III 2); hier wie dort das Lob des Hofes als
der entscheidenden Instanz in Fragen des Geschmacks (*Critique...* Sz.
6; *Les femmes savantes* IV 3, 1325 ff.). So überzeugend Cairncross'
Argumente sind, bleibt doch festzustellen, dass das schlüssige Dokument, das eine Konzeption oder gar Abfassung des Stückes ab ca.
1663 beweist, bislang fehlt. Duchêne macht schließlich darauf aufmerksam, dass Molière das Druckprivileg für die *Femmes savantes*
bereits am 31. Dez. 1670 erwirbt; doch sei das Stück mehr als nur
eine Reprise altbekannter Themen (*350*, 623 f.).

Neue, aktuelle Themen kommen in der Tat hinzu: der Wissen-
schaftsfanatismus der Frauen, der sich jetzt sogar auf Fragen der Philosophie, Physik, Astronomie und Sprachwissenschaft erstreckt und
die ›gelehrten Damen‹ zu Gründungen von Akademien treibt, die allen bisherigen, einschließlich der ›Académie Française‹ und der ›Académie des sciences‹, überlegen sein sollen (III 2). Hinzu kommt ferner die persönliche Satire zweier bekannter Vertreter galanter
Salondichtung, des Abbé Charles Cotin und des Gilles Ménage.
Schon seit Beginn der 60er Jahre sind sie mit Boileau und Molière
verfeindet; jetzt lässt Molière sie sich, für das zeitgenössische Publikum unmittelbar identifizierbar, in einer berühmten Szene (III 3) als
Trissotin und Vadius in ihrer hohlen Schöngeisterei gegenseitig gna-
denlos bloßstellen. Erneut und letztmals inszeniert Molière also, nach
Les précieuses ridicules und *Le misanthrope*, einen Literaturstreit, wobei
hier allerdings, anders als im *Misanthrope*, die positive Norm ausge-
spart bleibt (cf. S. *129 f.* Alcestes ›Volkslied‹). Schließlich fehlt auch
in diesem Stück nicht der traditionelle Liebeskonflikt. So möchte
Henriette, Tochter der ›gelehrten‹ Philaminte und des ganz unter ihrer Herrschaft stehenden Chrysale, den jungen Clitandre heiraten.
Doch nach dem Willen der Mutter ist ihr der galante Schöngeist und
Mitgiftjäger Trissotin zugedacht. Trotz aller Einwände kann der
schwache Chrysale, ›bon bourgeois‹ und Karikatur eines Ehemannes,
die nahende Katastrophe kaum verhindern, und auch ein Brief des
Vadius zum Zwecke der Diskreditierung Trissotins scheint eher gegenseitige Wirkung zu zeitigen (IV 5). Schließlich gelingt es Ariste,
dem Bruder des Chrysale und ›raisonneur‹ des Stücks, Trissotin durch
einen Kunstgriff als gewissenlosen Mitgiftjäger zu entlarven, in letzter Minute eine Tragödie zu verhindern und die Scheinidylle der bürgerlichen Familie zu retten. Auch hier also ein künstlicher, aufgesetz-
ter Schluss! Das bis zur letzten Szene sich zwangsläufig und ausweglos
entwickelnde Familiendrama ist jenes Strukturelement, das die hete-

rogenen Themen des Stückes zu einer Einheit verbindet. Eine vergleichende Aufbauanalyse könnte mühelos die Strukturidentität des *Tartuffe* und der *Femmes savantes* aufzeigen.

Der Sprachgebrauch der Epoche erlaubt keinen Zweifel daran, dass Philaminte, Armande und Bélise ›lächerlich‹ sind; der Begriff ›femmes savantes‹ lässt sich bereits in Mlle de Scudérys Roman *Le grand Cyrus* (1649-53) als ›lächerlich‹ konnotiert nachweisen; die ›gelehrten Damen‹ in Anlehnung an die *Précieuses ridicules* als ›femmes savantes ridicules‹ zu bezeichnen, wäre daher eine Tautologie. Molières Satire der ›femmes savantes‹ denunziert daher deren ›widernatürliche‹ Prüderie, die hohle Sprachvirtuosität der Salondichter, denen sie gleichsam ›zu Füßen‹ liegen, ihre groteske Anmaßung in den heterogensten wissenschaftlichen Disziplinen, und nicht zuletzt die latente Gefahr der Entfremdung für die bürgerliche Familie, wenn deren Mitglieder ihre ›natürlichen‹ Pflichten vernachlässigen. Lächerlich sind Molières ›gelehrte Frauen‹ jedoch nicht allein aufgrund dieserart Attribute und Eskapaden, sondern, wie Clitandre moniert, wegen ihrer »passion choquante / De se rendre savante afin d'être savante« (V. 219 f.). Die groteske Zuspitzung der von ihnen und dem Ehetrottel Chrysale vertretenen Thesen lässt die Aussage des Stücks daher vielfach ambivalent erscheinen. »Molière le provocateur n'a pas craint de faire tort à une bonne cause en dénonçant les contrefaçons qu'elle suscite« (Duchêne *350, 627*). Daher ist die Satire der ›femmes savantes‹ auch keineswegs ein Beweis für eine Wandlung des Autors in Fragen der Frauenemanzipation. Hinter den immer überspitzt formulierten Thesen der Protagonistinnen verbergen sich vielmehr aktuelle Fragen der Philosophie, Physik, Astronomie usw., die in den mondänen Salons lebhaft diskutiert werden und denen Molière als ein Vertreter der ›modernes‹ *avant la lettre*, und das heißt als Verfechter eines wissenschaftlichen Fortschrittsdenkens, positiv gegenübersteht. Durch alle Diskussionen hindurch ist schließlich das zentrale Problem des Stückes transparent: die Emanzipation der Frau durch Bildung, die Molière seit der *Ecole des femmes* rückhaltlos befürwortet. Schauplatz dieser faszinierenden und verwirrenden Auseinandersetzungen ist, wie schon in den in vieler Hinsicht vergleichbaren *Le Tartuffe* und *L'avare*, die bürgerliche Familie. Doch allen Gefährdungen und Exzessen, die sie gebiert, zum Trotz sind *Les femmes savantes* wohl zu verstehen als eine Apologie dieser bei Molière so häufig gefährdeten, doch dann immer wieder *in extremis* geretteten Institution, als eine Apologie zugleich der freien Gattenwahl der jungen Liebenden, die, wie Clitandre, jetzt auch in Bildungsfragen ›mitreden‹ können.

Les femmes savantes wurden zu Molières Lebzeiten vierundzwanzigmal gespielt, brachten gute Einnahmen und zählen daher zu seinen erfolgreichen Stücken. Heute fällt die Bewertung des Stückes vor allem wegen seiner thematischen Heterogenität und der Ambivalenz der Aussage eher zurückhaltend bis kritisch aus.

Der Thematik der Frauemanzipation lässt sich schließlich auch der Einakter *La comtesse d'Escarbagnas* zuordnen. Er war ursprünglich (Dez. 1671) Bestandteil aufwendiger Feierlichkeiten anlässlich der Eheschließung von ›Monsieur‹ mit Lieselotte von der Pfalz in Saint-Germain-en-Laye. Die unter der Bezeichnung ›Ballet des ballets‹ bekannten Darbietungen stellten eine Art Potpourri der gelungensten Passagen aus Molières Hofballetten und Ballettkomödien der letzten Jahre dar. Neu daran sind lediglich *La comtesse d'Escarbagnas* und eine verloren gegangene Pastorale.

Die Protagonistin des Stückes, die Gräfin von Escarbagnas, ist jung, hübsch und attraktiv, zugleich aber ein- und ungebildet und stets darauf bedacht, ihre provinzielle Herkunft durch naive Hochnäsigkeit und das Nachäffen dessen, was ihr in Paris gerade interessant erscheint, zu überspielen. Was für Cathos und Magdelon die Romane waren, ist für sie der königliche Hof oder das, was sie dafür hält. So spreizt sie sich modisch auf, begeht aber in Wahrheit eine Ungeschicklichkeit nach der anderen. Daher muss sie sich, trotz ihres »perpétuel entêtement de qualité« (Sz. 1), schließlich mit einem Provinztrottel zufrieden geben.

Das kurze, vermutlich schnell abgefasste Stück enthält ein ganzes Kaleidoskop komischer Themen und Situationen, wie sie für hochtrabende Diskussionen in selbstgefällig gespreizten Damenzirkeln und für das Milieu eines prätentiösen Provinzadels charakteristisch sind. Molière führte es ab Juli 1672 zusammen mit anderen Stücken auch in Paris mit großem Erfolg auf (achtzehn Aufführungen zu Lebzeiten). Nach seinem Tode bis zum Ende des 18. Jh.s ist es eines seiner meist gespielten Stücke und reizt noch heute spontaner zum Lachen als die eher ›klassisch ausgewogenen‹ *Femmes savantes*. Beide Stücke, die in mancherlei Hinsicht ambivalenten *Femmes savantes* ebenso wie die heiter turbulente *Comtesse d'Escarbagnas*, sind auf unterschiedliche Weise ein ironischer Beitrag Molières zu der in den mondänen Salons lebhaft diskutierten Frage der Stellung der Frau in einer fortschreitend sich emanzipierenden Gesellschaft.

Bibl.: *Les femmes savantes: 242; 338; 350,* 623-631; *356; 419; 462; 464; 466.* – Molière, *Les femmes savantes* et *Le malade imaginaire*, hrsg. und komm. von P. Ronzeaud; Paris 1992. *Ders., Les femmes savantes*, hrsg. von Cl. Bourqui; Paris 1999 (Livre de poche). – *Cl. Bourqui*, Molière et la ›question d'amour‹:

un autre éclairage sur *Les femmes savantes*. In: Revue d'Etudes françaises 4, 1999, 97-110. *G. Defaux*, Un point de critique et d'histoire littéraire. Molière, *Les femmes savantes* et le Florentin. In: PFSCL VIII, 14, 1981, 43-68. *S. Dosmond*, *Les femmes savantes*: Comédie ou drame bourgeois? In: IL 44, 1992, 12-22. *R. Goodkin*, Dévier de soi: l'écart spirituel des *Femmes savantes*. In: *330*, 17-31. *W. D. Howarth*, ›Une pièce comique tout à fait achevée‹. Aesthetic coherence in *Les femmes savantes*. In: *W. D. Howarth/I. McFarlane/ M. M. McGowan* (Hg.), Form and meaning; Amersham 1982, 142-155. *C. Kintzler*, *Les femmes savantes* de Molière et la question des fonctions du savoir. In: XVIIᵉ siècle 201, 2001, 243-256. *A. Lanavère*, Molière au travail. Quelques remarques sur la composition des *Femmes savantes*. In: CLDS 6, 1984, 273-281. *M. Maistre Welch*, La réponse de Poullain de la Barre aux *Femmes savantes* de Molière. In: *80* I, 183-192. *J. Molino*, Les nœuds de la matière: l'unité des *Femmes savantes*. In: *339*, 157-177. *J.-H. Périvier*, Equivoques moliéresques: Le sonnet de Trissotin. In: *301*, 543-54. *J. Serroy*, »Guenille si l'on veut... « Le corps dans les dernières comédies de Molière. In: *295*, 89-105. *J. Truchet*, Molière et les femmes savantes. In: *171*, 91-101.

La comtesse d'Escarbagnas: 211; 242, 271-277; *305; 356*. – *Ch. Mazouer*, La comtesse d'Escarbagnas et Le malade imaginaire: deux comédies-ballets. In: *295*, 25-44.

Frau, Frauen; Feminismus: 181; 309; 314. – *Fr. Baumal*, Le féminisme au temps de Molière; Paris 1926. *R. Büff*, Ruelle und Realität. Preziöse Liebes- und Ehekonzeption und ihre Hintergründe; Heidelberg 1979. *R. Decker Lalande*; Intruders in the Play World. The Dynamics of Gender in Molière's Comedies; London 1996. *C. C. Lougee*, Le paradis des femmes. Women, Salons and Social Stratification in Seventeenth Century France; Princeton Univ. Press 1976. *Ch. Morlet Chantalat*; La *Clélie* de Mlle de Scudéry. De l'épopée à la gazette: un discours féminin de la gloire; Paris 1974. *M. Zimmermann*, Literarische Variationen über das Thema der Geschlechter im XVII. Jahrhundert. In: GRM 73, 1992, 257-274.

3.3 Der lächerliche Bürger und die kosmische Ordnung der Musik: ›George Dandin‹, ›Monsieur de Pourceaugnac‹ und ›Le bourgeois gentilhomme‹

Wie oben (S. 148 ff.) gezeigt, führt eine relativ geradlinige Entwicklung Molière nach den ›klassischen‹ Fünfaktern der mittleren Phase zu immer komplexeren Ausdrucksformen. *Amphitryon* und *L'avare* bedeuten ebenso wie *Les fourberies de Scapin* auf unterschiedliche Art wichtige Marksteine auf einem Wege, der in Abwendung von der ›regelmäßigen‹ ›hohen‹ Komödie endgültig zu der komplexeren Ballettkomödie im Stil des *Bourgeois gentilhomme* und des *Malade imaginaire* führt. Die Eigentümlichkeit dieser in Prosa geschriebenen dreiaktigen Ballettkomödien ist inhaltlich ihre ›bürgerliche‹ Thematik; zugleich sind sie als ›comédies de mœurs bourgeoises‹ anders als entsprechende frühere Stücke durch eine harmonische Integration aller Ausdrucksmöglichkeiten des Theaters gekennzeichnet: Alle Formen der Komik, Wort, Mimik, Gestik, Maskerade, Musik, Tanz und Gesang, Kunst und Natur, Wirklichkeit und Traum gehen hier eine geglückte Synthese ein, die selbst solche dem Anschein nach wenig komödiengerechte Themen wie Krankheit und Tod noch ästhetisch zu neutralisieren vermag.

Das zeigt sich zunächst an *George Dandin ou Le mari confondu,* erstmals im Juli 1668 innerhalb des ›Grand divertissement royal de Versailles‹ aufgeführt. Das Stück besteht aus einem ›pastoralen‹ Rahmen (»Toute l'affaire se passe dans une grande fête champêtre«) und einer darin eingelagerten dreiaktigen Komödie. In deren Mittelpunkt steht der reiche Bauer Dandin, der aus Standesehrgeiz die adelige Angélique de Sotenville, Tochter eines verarmten Landjunkers, geheiratet hat. Das Stück besitzt keine durchgängige Handlung im strengen Sinn; vielmehr stellt jeder Akt eine in vier Sequenzen gegliederte Farce im Kleinen dar: Dandin erfährt, dass wegen Angéliques Beziehung zu dem adeligen Clitandre seine Ehre in Gefahr ist; also ruft er seine Schwiegereltern als Zeugen und Richter herbei; doch gelingt es Angélique mit einer List, sich als unschuldig hinzustellen und Dandin anzuklagen; schließlich wird Dandin sogar ›zum Schweigen gebracht‹: ›confondu‹. In allen drei Akten variiert *George Dandin* das aus *La jalousie du barbouillé* bekannte Handlungsschema; allerdings sind die Akte klimaxförmig angeordnet: So fängt Dandin in I 2 eine Botschaft Angéliques an Clitandre ab, wird in II 6 Zeuge eines Rendez-vous und überrascht in III 5 ein nächtliches Tête-à-tête; parallel dazu steigert sich seine Bestrafung von einer einfachen Entschuldigung (I 6) über Prügel (II 8) zu feierlicher Selbstverleugnung und Aufgabe der eigenen Identität (III 7).

Ein grundsätzlicher Irrtum besteht darin, in Dandin, trotz aller Missgeschicke, deren Opfer er wird, eine tragische Figur sehen zu wollen. Der Name hat seit Rabelais die Bedeutung von Einfaltspinsel, Tölpel, Dummkopf. Lächerlich ist Dandin für Molière, weil er aufgrund seiner Adelsprätentionen (›Monsieur de la Dandinière‹) das Gebot des ›se connaitre‹ (I 4) missachtet. Doch auch die Sotenville sind, wie ihr Name sagt, lächerlich. Sie gehören, wie die Gräfin von Escarbagnas, dem verarmten Provinzadel an, der sich in Nachahmung der Lebensformen von ›la cour et la ville‹ mächtig, wenngleich vergeblich aufbläht: zwei Personen und zwei Stände also, die dem Gelächter preiszugeben beim höfischen Publikum der Epoche immer

Erfolg versprach. Allerdings war das Stück nach vier Aufführungen am Hof ›abgespielt‹ und wurde danach zu Lebzeiten Molières vor dem Pariser Publikum kein Erfolg. Die Gründe dafür sind vielfältig: Zunächst fehlte Molière im ›Palais-Royal‹ notgedrungen der heiter-festliche Rahmen des sommerlichen Parks von Versailles. Sodann ist die ambivalente Figur des Dandin als sozialer (Möchtegern-)Aufsteiger zugleich mit allen Attributen eines lächerlichen Bürgers ausgestattet und daher kaum eine Identifikationsfigur für ein bürgerliches Publikum; auch Angélique steht eher in der frauenfeindlichen Farcentradition und wirkt dementsprechend unsympathisch. Insgesamt fehlt in einem nur auf den Komödientext reduzierten *George Dandin* die normgebende Mitte und der ›positive‹ Protagonist. Daher ist auch aus einer derartigen Perspektive das Lachen, das das Stück bewirkt, ebenso zwiespältig wie das über den knapp zwei Monate später aufgeführten *Avare;* und wie dieses wird es gern in die Nähe der ›comédie rosse‹ gerückt (Adam *331,* 370). Man hat darum auch in Bezug auf *George Dandin* von einer ›Krise des Komischen‹ sprechen wollen (Baader in *281*). Eine solche Interpretation beruht indes auf einer Jahrhunderte langen Lektüre- und Aufführungspraxis, die den Text verabsolutiert und den ursprünglichen Charakter des Stückes als Ballettkomödie außer Acht lässt. Eine *Relation de la Fête de Versailles* des ›Kunsthistorikers‹ André Félibien beschreibt detailliert den festlichen Rahmen, innerhalb dessen *George Dandin* aufgeführt wurde und der in Molières Perspektive konstitutiver Bestandteil des Stückes ist. Kunst und Natur, Traum und Wirklichkeit gehen hier eng ineinander über und heben sich zu einer höheren Einheit auf. Schon Couton stellte fest: »Dandin trouvait sa place dans ce décor de fêtes où tout s'organisait pour un étrange conte des *Mille et une nuits;* [...] un grain de réalité au centre d'un rêve d'architectures, de végétations, voire de confiseries« (Couton *OC* II 445 f.). Mazouer hat jüngst die innere Kohärenz von pastoraler Rahmenhandlung und der darin eingelagerten farcenhaften Komödie differenziert herausgearbeitet und damit *George Dandin* als Ballettkomödie rehabilitiert (*326).* Eine preiswerte Schulausgabe bietet inzwischen auch einem breiten Publikum den Stücktext mitsamt der Pastorale (Bombart 1999), so dass einer Neubewertung des *George Dandin* nichts mehr im Wege steht.

Das gleiche gilt *mutatis mutandis* für *Monsieur de Pourceaugnac,* der im Oktober 1669 in Chambord zum ›divertissement‹ des Königs festlich aufgeführt wurde. Dem aus Limoges stammenden Protagonisten des Stücks ist Julie versprochen, die Tochter des reichen Pariser Bürgers Oronte, der seinem Haus durch die Einheirat eines (Provinz-) Adeligen größeren Glanz zu verleihen hofft. Doch Julie liebt den jungen Eraste. Als Pourceaugnac in Paris eintrifft, fällt er in die Hände des gerissenen Neapolitaners Sbrigani, der ihn im Auftrag Julies und Erastes in die unvorstellbarsten Situationen verwickelt: Ein Apotheker bedroht ihn mit einer riesigen Klistierspritze; zwei Ärzte erklären ihn nach Untersuchung seines Geisteszustandes für verrückt; zwei Frauen, die eine auf Pikardisch, die andere auf Gaskognisch, geben sich als von Pourceaugnac sitzen gelassene Ehefrauen aus und führen als Beweis eine Schar von Kindern vor, die Pourceaugnac als ihren Vater reklamieren; sogleich beschuldigen zwei Advokaten den auf Freiersfüßen angereisten Provinzler der Bigamie; als ihm schließlich auch noch Zweifel an der Unschuld seiner Braut zugetragen werden, möchte er schnellstens, in Frauenkleider vermummt, aus Paris fliehen. Doch wird er zunächst Zeuge eines Gespräches, in dem sich zwei Soldaten genüsslich seine Hinrichtung ausmalen, zuvor aber ihn, den sie für eine ›Mameselle‹ halten, vergewaltigen möchten. Nur mit List kann Pourceaugnac endlich entkommen, ohne erkannt zu haben, wie schrecklich er hereingelegt worden ist. Und auch Oronte, der das verwirrende Intrigenspiel nicht durchschaut, stimmt schließlich ahnungslos der Ehe Julies mit Eraste zu.

Aufgrund der bösen Streiche, die Pourceaugnac gespielt werden, wird das Stück gern mit dem *Avare* und *George Dandin* auf eine Stufe gestellt. Die Vorstellung, es handele sich hier um eine besonders bittere Satire, kann dadurch aufkommen, dass Pourceaugnac keineswegs so tölpelhaft ist wie die Protagonisten jener Werke und seine Behandlung darum besonders grausam wirkt. Eine solche Bewertung übersieht freilich das Wesentliche und Neuartige dieses Stückes, das zwar in additiver Bauweise kaleidoskopartig traditionelle Komödienthemen (Satire der Medizin, der Justiz, des prätentiösen Bürgers, des gespreizten Provinzadels) miteinander verbindet, doch jede möglicherweise aufkommende Bitterkeit durch den Einfallsreichtum, die Lebendigkeit des gerissenen Sbrigani und die Ausgelassenheit seiner Scherze wegfegt. Sbrigani, ein Vorläufer Scapins, hat alle Fäden der von Überraschung zu Überraschung eilenden Intrige, die dem Zuschauer buchstäblich den Atem verschlägt, sicher in Händen. Schwung und Heiterkeit der Handlung verbinden sich mit einer Serenade, die die Protagonisten fest einbezieht. Nirgends zuvor ist Molière eine solch enge Synthese zwischen ›Ballett‹ und ›Komödie‹ und ein so wirksamer Einsatz aller verfügbaren Theatermittel gelungen; daher ist es kein Zufall, wenn *Monsieur de Pourceaugnac* am Karnevalsdienstag seinen festen Platz auf der Bühne der ›Comédie-Française‹ hat.

Le bourgeois gentilhomme wurde fast auf den Tag genau ein Jahr nach *Monsieur de Pourceaugnac,* ebenfalls in Chambord, uraufgeführt

(14. Oktober 1670). Wieder einmal sollte Molière den König zerstreuen, ›divertir‹, diesmal jedoch nach präzisen thematischen Vorgaben. Der König wollte sich für die Überheblichkeit eines türkischen Gesandten rächen, den er im November 1669 prunkvoll empfangen hatte. Das Auftreten dieses Gesandten hatte Aufsehen erregt, hatte er doch den Auftrag erhalten, sich in Frankreich über nichts zu wundern und den Glanz des Sonnenkönigs niedriger einzuschätzen als die Pracht seines eigenen Herrschers. Über solche Arroganz verschnupft, beauftragt Ludwig Molière, die türkische Empfangszeremonie in der Weise zu parodieren, dass allenfalls ein Dummkopf auf seine hohle Prachtentfaltung hereinfallen könne. Um seinem Stück das richtige Lokalkolorit zu geben, nutzt Molière die Erfahrungen des soeben von einer langen Orientreise heimgekehrten Chevalier d'Arvieux, der mit seinen Anekdoten bereits den König, ›Monsieur‹ und Mme de Montespan amüsiert hatte. Lulli schrieb die Musik, und Molière übernahm die Rolle des Titelhelden.

Diese königliche Vorgabe bestimmt Inhalt und Aufbau des Stückes, das entgegen heutiger Ausgabepraxis ursprünglich ein Dreiakter war (*OC* II 701). Im Mittelpunkt der dürftigen Handlung steht der neureiche, von Adelsprätentionen besessene Bürger Jourdain, der seine Tochter Lucile dem bürgerlichen Cléonte verweigert. Natürlich mündet auch hier alles ins Happy-End. Dabei gleicht die Handlung eher einer lockeren Abfolge sketchartiger Szenen, die in immer neuen Variationen den bildungsbeflissenen Jourdain als durchaus liebenswürdiges Opfer seiner unerschütterlichen Naivität zeigen. Seine Tanz-, Musik- und Philosophielehrer, Fecht- und Schneidermeister haben es in Wahrheit nur auf sein Geld abgesehen, mit dem er großzügig um sich wirft (I; heute I+II). Gefährlicher ist Dorante, ein verarmter Adeliger, der seine Hauslehrer an Jourdain abgetreten hat und dessen Dummheit skrupellos ausnutzt: Auf Jourdains Kosten schenkt er der von ihm angebeteten Marquise Dorimène, für die auch Jourdain schwärmt, einen teuren Diamanten und bewirtet sie fürstlich zu Klängen von Tafelmusik (II; heute III-IV 1), bis schließlich Mme Jourdain mit einem Donnerwetter dazwischenfährt und Covielle, Cléontes Diener, unter Beihilfe Dorantes und Dorimènes das Happy-End herbeiführt (III; heute IV 2-V Ende). Dreh- und Angelpunkt der Handlung ist die ›Cérémonie turque‹, eine prunkvolle Einkleidungsszene mit Tanz und Gesang, in der Jourdain die Würde eines ›Mamamouchi‹ verliehen wird. Hier versetzte Lulli in der Rolle eines Mufti als wahrer Zeremonienmeister den Hof in Entzücken.

Die dramaturgischen Schwächen des Stückes (Aneinanderreihung von ›lazzi‹ in I; eine erst in II allzu locker geknüpfte Intrige; Funktionslosigkeit einer ›dépit-amoureux‹-Szene in II 10; Inkohärenz der Charaktere, vor allem Dorantes) sind oft getadelt worden. Doch kommt es Molière auf eine ausgefeilte Handlung nicht an, und Ernstes fließt nur beiläufig ein, kann aber unter den Entstehungsprämissen nicht zur Entfaltung kommen. So gelingt Molière in Dorante die Skizze eines ›chevalier d'industrie‹, d. h. eines Glücksritters, »der als skrupelloser und intriganter Parasit den Drang des wohlhabenden Bürgertums zur Klassenflucht und zum Parvenütum ausnutzt und darauf seine fragwürdige Existenz aufbaut« (Köhler *146*, 92). Allerdings ist die Figur des Dorante nicht durchgängig negativ; zu seiner Ausgestaltung als sozialem Typ, dem eine große, auch literarische Zukunft beschieden sein wird, ist die Zeit noch nicht reif und die Ballettkomödie nicht das geeignete Medium.

Der eigentliche Protagonist des Stückes ist M. Jourdain, Inkarnation eines den Zwängen des Gelderwerbs enthobenen, von Adelsprätentionen besessenen ›parasitären‹ Bürgers. Das Thema war erstmals im M. de La Souche *alias* Arnolphe der *Ecole des femmes* angeklungen, und aus George Dandin war zu seinem eigenen Leidwesen M. de La Dandinière geworden. Wie diese Vorgänger hat auch M. Jourdain seine Nobilitierung fest im Visier. Denn die Zugehörigkeit zum Adel bringt Vorteile, befreit von Steuern, sichert die Erblichkeit der Ämter, verschafft Zugang zu wichtigen Funktionen im Heer. Ganze Berufszweige, Genealogen und Advokaten, lebten davon, Stammbäume zu erstellen und zu beglaubigen. Die Auswüchse waren derart, dass die Regierung sich zu einer ›chasse aux faux nobles‹ veranlasst sah. Auf diesem Hintergrund ist M. Jourdain zu sehen; als sozialer Typ ist er derart aktuell, dass Grimarest schreiben kann: »Chaque bourgeois y croyait trouver son voisin peint au naturel« (*358*, 114), ein Hinweis, der die in der französischen Sekundärliteratur angestellten Erörterungen überflüssig macht, ob Jourdain als eine Satire Colberts zu verstehen sei. Zum Nobilitierungswahn kommt der ›Galanterie‹-Tick hinzu; ›galant‹ wird abgewandelt dreizehnmal im Stück verwendet und erreicht eine höhere Frequenz als ›noble‹, ›noblesse‹ (sechsmal; ›gentilhomme‹ allerdings neunzehnmal). Wie die ›précieuses ridicules‹ ist Jourdain davon besessen, den ›lois de la galanterie‹, wie Sorel sie fixiert hatte, Genüge zu tun, und scheitert doch an der Realisierung seiner Vision ebenso kläglich wie die ›pecques provinciales‹ Cathos und Magdelon (cf. S. *58* ff.). Denn trotz Unterricht in Tanz, Musik, Rhetorik etc., trotz aufwendiger modischer Kleidung, trotz des Bemühens also um den Erwerb der unverzichtbaren Attribute der ›Galanterie‹, wird Jourdain sich die aus der Beherrschung dieser Künste resultierenden adeligen und ›galanten‹ Qualitäten niemals wirklich aneignen, sondern immer der Bürger bleiben, der er ist. Der Widerspruch zwischen dem Streben nach Höherem und dem Aufzeigen der Vergeblichkeit solcher Bemühungen bringt vor allem in Akt I Szenen von unwiderstehlicher Komik hervor.

Die Lächerlichkeit Jourdains und das zwiespältige Porträt Dorantes führen zu der in der Sekundärliteratur umfassend und kontrovers diskutierten Frage der Perspektive der molièreschen Komödie. Einleitend sei festgestellt, dass eine summarische Festlegung zugunsten eines ›bürgerlichen‹ oder ›aristokratischen‹ Molière zweifellos unzulässig ist: Beide Stände sind in seinen Komödien weder *in toto* lächerlich noch völlig gegen Lächerlichkeit gefeit. Lächerlich sind nur jene Randgruppen und Außenseiter, die sich der unter dem Ideal der ›honnêteté‹ vollzogenen Verbindung von Adel und Bürgertum zum neuen Publikum von ›la cour et la ville‹ entziehen. Relativ leicht ist die Antwort im Fall des Adels: Lächerlich sind zuallererst die Marquis als unterste Stufe der Adelshierarchie; sie rekrutieren sich meist aus Söhnen reich gewordener Vertreter des Amtsadels, zeichnen sich durch Blasiertheit und Müßiggang aus und besitzen als Parvenüs ein starkes Differenzierungsbedürfnis nach unten und nach oben, d. h. sowohl gegenüber dem ›Volk‹ als auch dem Feudaladel; lächerlich ist sodann der niedere und meist verarmte Provinzadel, der ohnmächtig auf ein Nachäffen der Hofetikette fixiert ist; weiter aber auch Dorante als Vertreter des zwar in ›la cour et la ville‹ integrierten, aber durch Repräsentationspflichten ruinierten Hofadels, der sich materiell beim Bürgertum zu salvieren sucht, was später zu zahllosen Mesalliancen führen wird; lächerlich ist schließlich Alceste als Repräsentant einer überlebten Generation des Hochadels und seiner übersteigerten individualistischen Ideale.

Hier liegt auch der Ansatzpunkt zur Bewertung des Bürgers. Lächerlich sind nämlich allein jene wohlhabenden Bürger der älteren Generation, deren Wertvorstellungen der ›guten alten Zeit‹ verhaftet sind, ob das nun Kleidung, Essgewohnheiten, Erziehung, Liebeskonzeptionen, Verhältnis zu Frauen und Geld o. ä. betrifft. Der Sganarelle der *Ecole des maris,* Arnolphe, Orgon, Harpagon, Jourdain, Argan: sie alle vertreten eine ›ancienne honnêteté‹, deren ›maximes sévères‹ jedoch als Maßstab der Gegenwart ungeeignet sind. Molière zeigt dies, thematisch vielfältig variierend, am Beispiel des für alle Komödien konstitutiven Konflikts zwischen Vätern und Kindern: Sganarelle verabsolutiert die Sittenstrenge seiner Altvordern und Arnolphe einen veralteten Ehrenkodex; Orgon unterwirft sich der ›Frömmigkeit‹ Tartuffes; Jourdain ist von einem Adelstick besessen etc. Alle diese Manien sind aber nichts anderes als Ersatzbefriedigungen, mit denen ihre Träger ein latentes Empfinden gesellschaftlicher Funktionslosigkeit zu kompensieren versuchen. Das falsche Bewusstsein ihres Außenseiterdaseins erheben sie in den Rang einer absoluten Autorität, die ihnen verloren gegangenen Halt wiedergeben soll und mittels derer sie ihre Umwelt tyrannisieren und die neue gesellschaftliche Ordnung gefährden.

Diesen lächerlichen Bürgern – lächerlich, weil sie den Anschluss an die Geschichte verpasst haben – stehen in den ›raisonneurs‹ und den ›zufälligen‹ Heimkehrern der ›dénouements‹ die positiven Bürgergestalten gegenüber. Sie haben sich den Zeitläuften angepasst und sind bereit, auch weitere geschichtlich bedingte Veränderungen mit zu vollziehen: »Suivre ce que l'usage y fait de changement« (*Ecole des maris* V. 46) ist ihr Motto; jede Außenseitermentalität ist ihnen also fremd. Ariste, Chrysalde, Enrique, Cléante, Philinte, Anselme und wie auch immer sie heißen, sind tätige Mitglieder der Gesellschaft, in die sie sich bereitwillig einordnen, weil auch sie ihnen die notwendigen Entfaltungsmöglichkeiten bietet. Schon in *Les fâcheux* wollte Molière, indem er ein ganzes Kaleidoskop gesellschaftlicher Außenseiter dem Gelächter preisgab, »ne pas être inutile à la France«. Umgekehrt mag die Formel auch zur Charakterisierung der positiven Bürgergestalten seines Theaters dienen. Bezugspunkt solcher ›Positivität‹ ist die ›Anpassungsmoral‹ von ›le monde‹, dem Sammelbecken aller gesellschaftlich fortschrittlichen Kräfte im ersten Jahrzehnt der Regierungszeit Ludwigs XIV. Verallgemeinert formuliert, illustriert die molièresche Komödie den Konflikt zweier Ordnungen, und zum lächerlichen Protagonisten wird der, der die bestehende in Frage stellt. Mehrheitlich fällt diese Funktion Vertretern des Bürgertums zu, insbesondere in den ›späten‹ Ballettkomödien.

Nun hat der für die Ballettkomödie charakteristische musikalische ›Rahmen‹, im weitesten Sinn des Wortes verstanden, keineswegs ausschließlich und nicht einmal primär dekorative Funktion. Neuere Untersuchungen der musikalischen Rahmenhandlung (Fleck; Landy; McBride; Mazouer) zeigen, dass Molière ab *George Dandin* eine immer engere Verbindung von Komödienhandlung und musikalischer Rahmenhandlung gelingt. Letztere antizipiert oder spiegelt die eigentliche Komödienhandlung, ja führt sie, wie im *Malade imaginaire*, überhaupt erst zu einem Abschluss bzw. schafft die Voraussetzungen für einen solchen. Dies ist auch im *Bourgeois gentilhomme* der Sinn der ›Cérémonie turque‹, in der Jourdains Nobilitierungswahn, subjektiv gesehen, endlich in Erfüllung geht und damit die Voraussetzung für ein Happy-End der Komödie geschaffen wird. Diese großartige Ballettszene ist für den Fortgang des Stückes ähnlich unersetzbar wie das abschließende ›Ballet des nations‹, Spiegelbild menschlicher Eitelkeit im Allgemeinen und der Scheinverfallenheit Jourdains im Besonderen. Fricke (*281*; 1986) hat gezeigt, dass die in der Komödie durch Jourdain und Dorante repräsentierte Gefährdung der Ordnung in der Ballettkomödie auf musikalischer Ebene ihre Entsprechung findet, dass die Musik Lullis nicht vor Disharmonien zurückschreckt, die erst im Chor der Schlussverse des ›Ballet des nations‹ aufgehoben werden. In einem längeren Gespräch insistieren der Tanz- und Musiklehrer auf der Bedeutung der von ihnen vertretenen Künste für die harmonische Ausbildung von Individuum und Gemeinschaft (I 2). Die Harmonie der Musik und des Tanzes wird hier als Vorbild konfliktfreier staatlicher Organisation verstanden und ist zugleich Spiegelbild einer höheren kosmischen Ordnung. Der Gedankengang lässt sich bis auf Plato zurückverfolgen (*Politeia* 411 f.; 424 f.) und hatte in Frankreich durch den Père Mersenne (*Harmonie universelle*, 1636) Verbreitung gefunden. Wenn der Maître de musique sagt: »Sans la musique, un Etat ne peut subsister«, so artikuliert sich in diesem Ausspruch thesenförmig absolutistisches Ordnungsdenken; zugleich findet die Vorliebe des Königs für Musik und Tanz eine letztlich metaphysische Rechtfertigung. Der unveränderlichen Ordnung des Kosmos und der daraus sich ableitenden Ordnung der Musik entspricht wiederum eine statische Auffassung vom Menschen und der Gesellschaft; und gerade sie wird durch die lächerlichen Protagonisten der Komödie ebenso gefährdet wie durch Disharmonien und Dissonanzen der Musik. Doch werden der prätentiöse Bürger und der intrigante Adelige in ihre Schranken verwiesen; Komödie und Ballettkomödie, Wort und Musik münden ins Happy-End und heben die Bedrohung schließlich noch einmal auf.

Schenkt man Grimarest Glauben, dann wurde das Stück bei der Premiere vom König sehr schlecht aufgenommen. Erst nach der zweiten Aufführung habe Ludwig Molière beglückwünscht und der Hof dementsprechend Beifall gespendet. War die zwiespältige Rolle Dorantes der Grund für die erste Zurückhaltung? Oder hatte der König ein dumpfes Empfinden für die unterminierende Funktion der Musik? Dies müssen Spekulationen bleiben, zumal andere Dokumente von einem spontanen Beifall für das Stück sprechen. Gesichert ist, dass der König es sich viermal ansah; und auch vor dem Pariser Publikum war es ein dauerhafter Erfolg. Heute gilt *Le bourgeois gentilhomme* allgemein als eines der heitersten Stücke Molières.

Bibl.: *George Dandin; Monsieur de Pourceaugnac:* 198, 155-198; *234,* 78-89; *241; 242,* 183-212; *245,* 347-361; *305; 356; 373; 396; 400; 405* II, 1-278; *423; 427; 433-435; 437; 446; 459.* – Molière, *La jalousie du barbouillé* et

George Dandin ou Le mari confondu, hrsg. von N. A. Peacock; Exeter 1984. *Ders., George Dandin*, hrsg. von M. Bombart; Paris 1999 (Petits Classiques Larousse). *Ders., George Dandin*, hrsg. von J. Morel; Paris 1999 (Livre de poche). – *R. Albanese, jr.,* Solipsisme et parole dans *George Dandin*. In: KRQ 27, 1980, 421-434. *J.-M. Apostolidès,* Le diable à Paris: l'ignoble entrée de Pourceaugnac. In: *L. van Delft* (Hg.), L'esprit et la lettre. Mélanges offerts à J. Brody; Tübingen 1991, 69-84. *R. Baader, George Dandin* oder die Krise des Komischen. In: *281*, 441-458. *M.-Cl. Canova-Green,* Spectacle et images du moi dans *Monsieur de Pourceaugnac*. In: *285* III, 45-55. *Dies.,* Je, tu il... ou le dédoublement du moi dans le *George Dandin* de Molière. In: *298*, 91-101. *R. Chartier, George Dandin,* ou la leçon de civilité. In: RHLF 96, 1996, 475-482. *Ders., George Dandin,* ou le social en représentation. In: Annales. Histoire, Sciences sociales 1994, 2, 277-309; dass. unter dem Titel ›De la fête de cour au public citadin‹ in: *71,* 155-204 und in: *406,* 141-171. *A. Dubois,* Molière, *George Dandin* – Aspekte der Behandlung einer klassischen Komödie und ihrer Inszenierung mit literatursoziologischer Schwerpunktsetzung. In: Französisch heute 25, 1994, 14-33. *F. Garavini,* La fantaisie verbale et le mimétisme dialectal dans le théâtre de Molière. A propos de *Monsieur de Pourceaugnac*. In: *300,* 806-820. *Y. Giraud,* Molière au travail. La vraie genèse de *George Dandin*. In: Francia 19/20, 1976, 65-81; auch in: *406,* 45-58. *M. Gutwirth,* Dandin ou les égarements de la pastorale. In: RN 15, 1973/74, Suppl. 1, 121-133. *H. L. Harrison,* Politics and Patronage in the *Bourgeois gentilhomme*. In: PFSCL XX, 38, 1993, 73-83. *R. Kenny,* Molière's tower on Babel: *Monsieur de Pourceaugnac* and the confusion of tongues. In: *302,* 59-70. *M. S. Koppisch,* Désordre et sacrifice dans *George Dandin*. In: TL 9, 1996, 75-87. *B. Louvat,* La comédie-ballet ou l'impossible fusion des langages. In: *263,* 197-218. *Ch. Mazouer,* Le théâtre et le réel. Le noble de province dans la comédie du XVIIe siècle. In: Litt. classiques 11, 1989, 233-243. *Ders., George Dandin* dans le ›Grand divertissement de Versailles‹. In: *326,* 315-329; auch in: *406,* 89-98. *E.-N. McMahon,* ›Le corps sans frontières‹: The Ideology of Ballet and Molière's *Le bourgeois gentilhomme*. In: PFSCL XX, 38, 1993, 53-71. *H. Melehy,* Molière and the Value of the Image: *Le bourgeois gentilhomme*. In: PFSCL XXVI, 50, 1999, 29-38. *N. Paige, George Dandin,* ou les ambiguïtés du social. In: RHLF 95, 1995, 690-708; auch in: *406,* 172-186. *J.-M. Pelous, Monsieur de Pourceaugnac,* un provincial dans le théâtre de Molière. In: Etudes sur Pézenas et sa région 3, 1973, 19-26. *R. Racevskis,* Connaissance de soi et des autres dans *George Dandin*. In: *299,* 375-384. *G. Spielmann,* Farce, satire, pastorale et politique: Le spectacle total de *George Dandin*. In: RHLF 93, 1993, 850-862.

Le bourgeois gentilhomme: 50; 234, 91-132; *237; 241; 242,* 212-224; *245,* 385-395; *298; 356; 373; 396; 400; 420; 423; 433-435; 437; 460; 462.* – *Molière, Le bourgeois gentilhomme*, hrsg. und übers. von H. Plocher; Stuttgart 1993. *Ders., Le bourgeois gentilhomme* hrsg. von J. Serroy; Paris 1998 (Folio/ Théâtre). *Ders., Le bourgeois gentilhomme*. Iconographie choisie et commentée par S. Chevalley; Genf 1975. – *F. Assaf,* Aspects ›ironiques‹, aspects ›tragiques‹ du *Bourgeois gentilhomme*. In: PFSCL XVII, 32, 1990, 13-22. *M.-Cl.*

Canova-Green; Présentation et représentation dans *Le bourgeois gentilhomme,* ou le jeu des images et des rôles. In: *296,* 79-90; auch in: *406,* 131-140. *Fr.-X. Cuche,* Simple note sur la structure dramatique du *Bourgeois gentilhomme.* In: *298,* 31-39. *R. Duchêne,* Bourgeois gentilhomme ou bourgeois galant? In: *325,* 105-110. *G. Defaux,* Rêve et réalité dans *Le bourgeois gentilhomme.* In: *406,* 99-112. *D. Fricke,* Molières *Bourgeois gentilhomme* als ›Dialogue en musique‹. In: *281,* 459-500. *Ders., Le bourgeois gentilhomme* im Französischunterricht. Die Comédie-Ballet Molières und Lullys als Einführung in die Literatur der französischen Klassik. In: NS 83, 1984, 603-629. *Ders., Le bourgeois gentilhomme* de Molière et de Lully. Un opéra avant la lettre. In: *J.-P. Capdeville/P.-E. Knabe* (Hg.), Les écrivains français et l'opéra; Köln 1986, 9-17. *G. C. Gerhardi,* Circulation monétaire et mobilité sociale dans *Le bourgeois gentilhomme.* In: *237,* 23-33. *H. G. Hall,* Molière's *Bourgeois gentilhomme.* Context and stagecraft; Durham 1990. *V. Kapp,* Langage verbal et langage non-verbal dans *Le bourgeois gentilhomme.* In: *237,* 95-113. *Fr. Karro,* La cérémonie turque du *Bourgeois gentilhomme:* mouvance temporelle et spirituelle de la foi. In: *237,* 35-93. *P. Martino,* La cérémonie turque du *Bourgeois gentilhomme.* In: RHLF 18, 1911, 37-60. *O. de Mourgues, Le bourgeois gentilhomme* as a Criticism of Civilization. In: *283,* 170-184. *S. Romanowski,* Satire and its context in the *Bourgeois gentilhomme.* In: PFSCL XVII, 32, 1990, 35-49. *H. Stenzel,* Projet critique et divertissement de cour. Sur la place de la comédie-ballet et du *Bourgeois gentilhomme* dans le théâtre de Molière. In: *237,* 9-22. *M. Vialet, Le bourgeois gentilhomme* en contexte. Du texte au spectacle. In: PFSCL XVII, 32, 1990, 51-58. *P. J. Yarrow,* M. Jourdain and Colbert. In: SCFS 9, 1987, 122-130.

Musik: 62; 90; 112; 226-244; 245-249; 287; 296; 338, 103-114. – *G. Snyders,* L'évolution du goût musical en France aux XVIIᵉ et XVIIIᵉ siècles. In: RSH 1955, 325-350.

Bürger; Bürgertum: 46; 53; 64; 82; 87; 123; 153; 156; 179; 338; 396; 454; 457.

3.4 Die Bändigung von Krankheit und Tod durch Lachen: ›Le malade imaginaire‹

Die Ballettkomödie *Le malade imaginaire,* Molières letztes Stück, wurde am 10. Februar 1673 im ›Palais-Royal‹ erstmals aufgeführt. Es war ursprünglich als Zerstreuung für den Karneval 1673 gedacht. Ein Prolog in Form einer Ekloge verherrlicht den siegreich vom zweiten Hollandfeldzug heimgekehrten König und neu erwachende Lebens- und Liebesfreuden. Doch lässt der Konflikt mit Lulli eine Aufführung am Hofe nicht mehr zu. Daher ersetzt Molière den ursprünglichen Prolog durch einen zweiten und wendet sich für die Musik der Balletteinlagen an seinen Freund Marc-Antoine Charpentier.

Inhaltlich knüpft das Stück eng an frühere an: auch hier im Mittelpunkt ein von Wahnvorstellungen besessener Vater, Argan, der die Heirat seiner Tochter Angélique mit Cléante zu verhindern droht, da er, von unzähligen eingebildeten Krankheiten geplagt, einen Arzt in seiner Familie glaubt haben zu müssen. Also fällt seine Wahl auf den Sohn des Dr. Diafoirus, der, frisch promoviert, Angélique seine Dissertation überreicht, in der er, ebenso autoritätsgläubig wie sein Vater, die Thesen der medizinischen Autoritäten des Altertums halsstarrig gegen alle Entdeckungen der modernen Medizin verteidigt. Derweil wartet Bélise, Argans zweite Frau, nur auf dessen Verscheiden und verbirgt ihre Erbschleicherei so geschickt unter dem Deckmantel aufopfernder Fürsorge, dass Argan ihr sein Vermögen vermachen und Angélique und ihre Schwester Louison enterben will (I). Gegen diese unheilvollen Pläne verbinden sich Argans Bruder Béralde und die keck vorwitzige Dienerin Toinette. Während der ›raisonneur‹ Béralde Argan davon zu überzeugen versucht, dass der Natur mit keinerlei menschlichen Mitteln beizukommen und daher alle ärztliche Kunst eitel sei (III 3), verkleidet sich Toinette als Arzt. Als sie Argan mit fadenscheinigen Argumenten einen Arm amputieren und ein Auge ausstechen will, wird dieser gegenüber der Medizin skeptisch (III 10). Endgültig ist die Partie zugunsten der jungen Leute jedoch erst entschieden, als es Toinette gelingt, Argan dazu zu bewegen, sich tot zu stellen und Bélise angesichts ihres scheintoten Mannes in Jubel ausbricht. Als Argan sich dann ein zweites Mal tot stellt und Angélique ihn aufrichtig beweint, ist er bereit, ihrer Verbindung mit Cléante zuzustimmen. Da er jedoch unbedingt einen Arzt in seiner Familie haben möchte, schlägt Béralde vor, Argan möge sich selbst um eine Aufnahme in die Korporation der Ärzte bewerben (III 15). Damit geht die Komödie in das Schlussballett über, eine Satire der Promotionszeremonie der medizinischen Fakultät der Sorbonne.

Der *Malade imaginaire* zeigt in Handlungsführung und Konzeption der Protagonisten, aber auch in zahlreichen Details eine Fülle von Gemeinsamkeiten mit dem *Tartuffe*, dem *Avare,* den *Femmes savantes* und insbesondere dem *Bourgeois gentilhomme:* in allen Fällen die Bedrohung des Glücks der jungen Liebenden, zugleich aber auch die Bedrohung der Familie. Doch werden schließlich die Liebenden glücklich miteinander vereint, und auch die Familie übersteht die Gefährdung. Während aber der Wiederherstellung von Glück und Ordnung in den drei erstgenannten Stücken etwas Zufälliges oder auch Gewaltsames eignet, ergibt sich die Lösung in den beiden späten Ballettkomödien auf natürlichere, menschlichere Weise. Die ihren Wahnvorstellungen verhafteten Protagonisten werden weder geheilt noch eliminiert noch bestraft; vielmehr belässt Molière sie in ihrem Wahn, macht sie jedoch für das Zusammenleben der anderen unschädlich. Ist dies ein Ausdruck altersbedingter Weisheit und der Abkehr von einer öffentlichen, politischen Thematik, deren Konflikte die Komödie nicht mit ihr immanenten Mitteln lösen kann? Für *Le bourgeois gentilhomme* ist eine solche Antwort kaum zutreffend. Andererseits ist in keiner der ›großen‹ Komödien Molières, nicht einmal in den *Femmes savantes,* das Milieu in ähnlicher Weise bürgerlich begrenzt und der Konflikt damit auf den familiären Rahmen zugespitzt wie im *Malade imaginaire,* zumindest scheinbar. Denn es gibt einen anderen Aspekt dieses Stückes, der Molière in gleicher Weise wie in seinen ›politischen‹ Komödien engagiert zeigt: Die zeitgenössische Brisanz des *Malade imaginaire* liegt in der hier vollzogenen Verurteilung der offiziellen Medizin der Zeit.

Die Ärzte und die von ihnen praktizierte Heilkunst sind ein Thema, das sich seit langen Jahren leitmotivisch durch Molières Komödien zieht und in *Le malade imaginaire* seine endgültige Gestaltung findet. Molière steht damit in einer literarischen Tradition, deren erster Niederschlag die eher harmlose Provinzfarce *Le médecin volant* ist. Bedeutung erlangt das Thema für sein Theater erst ab *Dom Juan* (1665). Mit der Verkleidung Sganarelles in einen Arzt (III 1) tritt zum ersten Mal im Zusammenhang der Ärztesatire das ›Kleider-machen-Leute‹-Motiv auf; es wird bald mit einem Komplementärmotiv ausgestattet werden, dass nämlich die Beherrschung eines bestimmten Rituals und Jargons verbunden mit entsprechender Kleidung die ganze ärztliche Kunst ausmachen. In *L'amour médecin* (September 1665) weitet Molière das Thema zu einer heftigen persönlichen Satire aus und kommt wenig später in *Le médecin malgré lui* (August 1666) erneut darauf zurück. Monsieur de Pourceaugnac, der Protagonist der gleichnamigen Ballettkomödie (September 1669), wird, obwohl kerngesund, Opfer zweier Ärzte, die ihn als krank diagnostizieren, um ihn ›nach allen Regeln der Kunst‹ auszubeuten. In *Le malade imaginaire* greift Molière das Thema schließlich ein letztes Mal auf, und zwar am ausführlichsten, wenngleich keineswegs mit der zuvor gewohnten Heftigkeit. Waren die Ärzte und Mediziner bis einschließlich *Monsieur de Pourceaugnac* Gegenstand heftiger Satire, so weicht diese in *Le malade imaginaire* einer gelasseneren Einstellung.

Kein Zweifel, dass die Konstanz des Themas zunächst biographisch bedingt ist. Es tritt zum ersten Mal in jenem Jahr in den Vordergrund, an dessen Ende sich Molière dem Tod nahe glaubt und er für mehr als zwei Monate das Theater schließen muss (cf. S. 132). Wenn er mit dem Leben davonkommt, dann nur, wie er glaubt, aller ärztlichen Scharlatanerie zum Trotz. In Wirklichkeit aber lebt er ab diesem Zeitpunkt trotz ständiger Konsultation seines Arztes und Freundes Mauvillain (cf. *OC* I 1333 f.) in dem Bewusstsein unheilbarer Krankheit. Eine nicht auskurierte Halsentzündung verschlimmert sich zu einer chronischen Bronchitis; doch trotz strenger Diät verschlechtert sich seine Gesundheit, bis eine Lungenentzündung ihn vollends auszehrt. Die Satire des *Elomire hypocondre* gibt vermutlich ein wahres Bild seines körperlichen Verfalls (*OC* II 1233 ff.). In dieser Situation ist *Le malade imaginaire* ein letztes Sich-Aufbäumen gegen die erbarmungslose Zerstörung des Körpers durch die Krankheit mittels der Flucht in eine imaginäre; zugleich aber ist es auch die Anerkennung der Ohnmacht des Menschen angesichts des natürlichen körperlichen Verfalls.

Argan und Béralde verkörpern diese beiden gegensätzlichen Positionen. Allerdings ist Argan nicht ernsthaft physisch krank; doch hält er sich für krank, und insofern ist seine imaginäre Krankheit ebenso tatsächlich. Das Bewusstsein der Krankheit und des jederzeit möglichen Todes gibt seinem Leben immer wieder neuen Sinn und rechtfertigt die den Tageslauf füllende Einnahme und Verabreichung unzähliger Medikamente, Aderlässe, Einläufe und so fort. So betrachtet sind Argans letztlich harmlose Krankheiten nichts anderes als die Projektion eines sich in rettende imaginäre Krankheiten flüchtenden todkranken Molière. Diesem steht der ›raisonneur‹ Béralde gegenüber, Molières zweites Ich, der in der zentralen Szene III 3 Argans Medizingläubigkeit eine auf Montaigne und die libertinistische Tradition sich gründende Naturgläubigkeit entgegensetzt. »Que faire, donc, quand on est malade?«, fragt Argan. In Béraldes Antwort »Rien, il ne faut que demeurer en repos; la nature, d'elle-même, quand nous la laissons faire, se tire doucement du désordre où elle est tombée« resümiert sich wieder einmal Molières Glaube an die regulierenden Kräfte einer ›guten Natur‹, der sich der Mensch nur geduldig und voll Vertrauen überlassen kann.

Béraldes Skeptizismus darf nicht mit einem wissenschaftlichen Agnostizismus gleichgesetzt werden. Molière differenziert Béraldes (und seine) Position, indem er hinzufügt, die zeitgenössische Medizin sei ›jusques ici‹ nicht über die medizinischen Kenntnisse der Alten hinausgekommen. Dies schließt die Möglichkeit neuer Entdeckungen ausdrücklich ein. Im Übrigen zeigt die ebenfalls zentrale Szene II 5, dass Molière sich zum rückhaltlosen Verfechter neuer Entdeckungen macht, hier des bereits 1619 von dem Engländer Harvey entdeckten Blutkreislaufes. Statt sich solchen experimentell gewonnenen Erkenntnissen zu öffnen, beharrt die zeitgenössische Medizin auf der

formalen Richtigkeit logisch-abstrakter Argumentation. Ihre Mode-
wörter sind ›règles‹, ›formes‹, ›raisonner‹. Die Lächerlichkeit des Thomas Diafoirus besteht gerade darin, »(de poursuivre) un raisonnement
jusque dans les derniers recoins de la logique«. Und stolz fährt sein
den gleichen Prinzipien verpflichteter Vater fort:

> Mais sur toute chose ce qui me plaît en lui, et en quoi il suit mon exemple,
> c'est qu'il s'attache aveuglément aux opinions de nos anciens, et que jamais
> il n'a voulu compFr.-X. Cuche, Simple note sur la structure dramatique du
> *Bourgeois gentilhomme*. In: *298*, 31-39.rendre ni écouter les raisons et les ex-
> périences des prétendues découvertes de notre siècle, touchant la circulation du
> sang, et autres opinions de même farine. (II 5)

Molière steht mit Überzeugung auf der Seite des wissenschaftlichen
Fortschritts. Wenn Thomas Diafoirus das Beispiel der Alten herbeibe-
müht, damit Angélique ihn nach dem Willen ihres Vaters heirate, erwidert diese schlagfertig: »Les anciens, Monsieur, sont les anciens, et
nous sommes les gens de maintenant« (II 6). Der Satz könnte dem
Stück als Motto dienen, ja er charakterisiert Molières Position
insgesamt. Denn die Ärztesatire des *Malade imaginaire* zielt weit über
die Korporation der Ärzte, über ihren leeren Formalismus, ihre Routine und die Geldgier und Eitelkeit ihrer Vertreter hinaus; sie ist
zugleich eine Kritik am blinden Aristotelismus der Universitäten der
Zeit, insbesondere der Sorbonne. In seinem *Arrêt burlesque* hatte Boileau 1671 eine bittere Kritik am Aristoteleskult der Pariser Universi-
tät formuliert (*OC* 325). Alle Argumente des *Arrêt burlesque* finden
sich bei Molière wieder; überdies hatte er im August 1671 in Auseinandersetzungen der Theologischen Fakultät der Sorbonne eingreifen
wollen (cf. Boileau *Satire VIII*; Adam *331*, 395 f.). Die Ärztesatire seines *Malade imaginaire* ist also stellvertretend und allgemeiner die Kritik einer überholten Wissenschaftsauffassung, die sich allein auf die
Autorität der Alten gründet und alle neuen Erkenntnisse, seien diese
philosophischer oder naturwissenschaftlicher Art, mit Bann belegt.
Rund eineinhalb Jahrzehnte vor Ausbruch der ›Querelle des anciens
et des modernes‹ macht Molière sich damit zum Fürsprecher einer
Wissenschaftsauffassung, die die hemmende Autorität der Alten in
allen Bereichen überwindet, und antizipiert auf diese Weise Positionen, die sich die Vertreter der ›modernes‹ später zu eigen machen
werden.

Nichts wäre allerdings falscher, als in *Le malade imaginaire* eine
›pièce à thèses‹ sehen zu wollen. Alles möglicherweise Thesenhafte
geht in der Heiterkeit des Spiels unter, wozu insbesondere die Balletteinlagen und die Schlussszene beitragen, die, wie schon in *Monsieur*

de Pourceaugnac und *Le bourgeois gentilhomme,* mit der Handlung eine organische Einheit bilden. Das gilt allerdings nur mit Einschränkung für den ersten Prolog. Im zweiten Prolog beklagt eine Schäferin ihre Liebesqual, die kein Arzt heilen könne – ein deutlicher Hinweis auf die Ohnmacht der Ärzte gegenüber der Krankheit Argans. Ende Akt I bringt Polichinelle, von Toinette aufgerufen, Angélique zu helfen, dieser ein Ständchen, das durch allerlei Widerwärtigkeiten unterbrochen wird, auch dies im Einklang mit der durch Widrigkeiten gekennzeichneten Lage der Liebenden. Ende Akt II ruft Béralde Wahrsager herbei, die Argan zerstreuen sollen; ihr Tanz und Gesang werden zu einem Hymnus auf die Liebe. Akt III schließlich geht unmittelbar in die Schlusszeremonie über: die Aufnahme Argans in die Korporation der Ärzte, eine in Küchenlatein gehaltene und durch burleske Einlagen gemilderte Satire der Promotionszeremonie der Sorbonne. Ein letztes Mal verbinden sich hier alle mit der Ärztesatire zusammenhängenden Themen zu einem grandiosen Spektakel, in dem Wort, Musik und Tanz eine vollkommene Synthese eingehen und auch der bittere Schlussrefrain »Mille, mille annis et manget et bibat / Et seignet et tuat!« untergeht. Die verschiedenartig akzentuierten Arbeiten von Fleck, McBride und Mazouer zeigen, wie kunstvoll die sprachliche und die musikalische Ebene dieser letzten molièreschen Ballettkomödie aufeinander abgestimmt sind, Molières Text also und Charpentiers Musik sich wechselseitig ergänzen und erhellen.

Seine tiefste komische Wirkung erhält das Stück jedoch durch die Einbeziehung von Krankheit und Tod, zweier Themen, die sich auf den ersten Blick einer komödienhaften Behandlung zu verweigern scheinen. Eine themengeschichtliche Untersuchung könnte eine solche Annahme leicht entkräften und zeigen, dass insbesondere das Todesthema, doch auch verwandte Motive (die zum Tode führende Krankheit; das Warten auf und die Angst vor dem Tod; der Todeswunsch aus Liebeskummer) seit alters her äußerst komödienwirksame Themen gewesen sind. Kein Wunder also, dass Molière sich seit Beginn seiner Laufbahn des Themas bedient. Schon Mascarille erfindet im *Etourdi* (II 1) eine falsche Todesnachricht als List, um für seinen Herrn an Geld zu gelangen; das Motiv besitzt eine lange Tradition in der ›commedia dell'arte‹. Dies gilt ebenso für das Motiv der Todessehnsucht aus Liebesverlangen, das im Zwischenspiel zwischen Akt I und II des *Malade imaginaire* auftritt. Eine entsprechende Lektüre könnte die leitmotivische Frequenz des Todesthemas ab der ersten Szene veranschaulichen: »Anspielungen aufs Sterben, Schwüre beim Tod, Sich-tot-Stellen als List, Furcht vor dem Tod, Hohn und Spott über den Tod (bzw. den vermeintlichen Toten), Trauer um den Tod (bzw. vermeintlich Toten): es ist, als seien vielerlei Fäden des Stückes auf die eine Kette des Todesgedankens gewoben« (Stackelberg 1968, 330). Seine besondere Note erhält das ›Spiel mit dem Tod‹ durch die Einbeziehung der etwa siebenjährigen Louison. In einer berühmten Szene (II 8), die Goethe wegen ihrer psychologischen Durchdringung und ›vollkommenen Bretterkenntnis‹ besonders geschätzt hat (*Gespräche mit Eckermann*, 28. März 1827), lässt sich Louison wie tot zu Boden fallen, um sich einer Bestrafung durch Argan zu entziehen. Diese Flucht in den Tod kommentiert sie mit dem Satz: »Attendez: je suis morte«. Wie etwas Selbstverständliches integriert sie den Tod, der für sie keine Schrecken besitzt, spielerisch in ihr Leben. Argans Angst vor dem Tod kommt dagegen in seiner Antwort auf Toinettes Vorschlag, sich tot zu stellen, klar zum Ausdruck: »N'y a-t-il point quelque danger à contrefaire le mort?« Trotzdem spielt auch er – zweimal – den Toten und bezieht damit die Aufhebung seines Lebens in sein Leben ein. Die kathartische Funktion dieses Spiels mit dem Tod wird hier greifbar: Die ernsteste Bedrohung des Lebens, seine Zerstörung durch den Tod, wird spielerisch ihrer Bedrohlichkeit entkleidet und in ihrer Endgültigkeit geleugnet. Die leitmotivische Präsenz des Todesthemas in *Le malade imaginaire* dient einer Beschwörung von Krankheit und Tod mit allen der Komödie zu Gebote stehenden Mitteln, eine Beschwörung, die in der Schlusszeremonie ihren künstlerischen Höhepunkt erlangt und in versöhnlichem Lachen ausklingt. Dass in der vierten Aufführung des Stückes die Wirklichkeit des Lebens – oder des Todes – Molière einholte, bezeugt ein letztes Mal, wie sehr Kunst und Leben für ihn eine untrennbare Einheit darstellten.

Bibl.: *Le malade imaginaire*: *59; 234*, 133-178; *241; 242*, 299-327; *356; 373; 387; 405* II, 279-710; *413; 420; 426; 462; 464; 466.* – *Molière, Les femmes savantes* et *Le malade imaginaire*, hrsg. und komm. von P. Ronzeaud; Paris 1992. *Ders., Le malade imaginaire – Der eingebildete Kranke*, hrsg. und übers. von H. Plocher; Stuttgart 1988. *Ders., Le malade imaginaire*, hrsg. von A. Lanavère; Paris 1999 (Livre de poche). *Ders., Le médecin malgré lui*, hrsg. von B. Rey-Flaud/Cl. Bourqui; Paris 1999 (Livre de poche). – *R. Albanese, jr., Le malade imaginaire*, ou le jeu de la mort et du hasard. In: XVIIᵉ Siècle 39, 1987, 3-15. *J. Arnavon, Le malade imaginaire* de Molière; Paris 1938; Reprint Genf 1970. *C. E. J. Caldicott*, L'inspiration italienne ou la permanence du jeu dans *Le malade imaginaire*. In: *339*, 179-186. *J. Clarke*, De Louison à Fanchon: des enfants-acteurs et leurs costumes chez Molière et à l'Hôtel Guénégaud. In: *285* IV-V, 171-189. *G. Conesa*, La question des tons dans *Le malade imaginaire*. In: *295*, 45-59. *N. Cronk*, The Play of Words and Music in Molière-Charpentier's *Le malade imaginaire*. In: FSt 47, 1993, 6-19. *Ders.*, Molière-Charpentier's *Le malade imaginaire:* The First *Opéra-Co-*

mique? In: Forum for Modern language Studies 29, 1993, 216-231. *P. Dandrey,* Le ›cas‹ Argan. Molière et la maladie imaginaire; Paris 1991. *Ders.,* Réflexions sur la mort de M. de Molière en habit de médecin imaginaire. In: *285* I, 199-212. *A.-M. Desfougères,* Le jeu d'Argan. In: *339,* 349-356. *J. Emelina,* Molière, les jeux de la mort et de la vie. In: RHLF 88, 1988, 650-676; auch in: *210,* 359-384. *Ders.,* L'enfant dans le théâtre du XVIIe siècle. In: Litt. classiques 14, 1991, 79-92; auch in: *210,* 129-143. *E. Fichet-Magnan,* Argan et Louison: Molière, l'enfant et la mort. In: RZLG 6, 1982, 306-321. *T. Malachy,* La mort en sursis dans *Le malade imaginaire.* In: RHT 35, 1983, 287-292. *Ch. Mazouer,* Molière et Marc-Antoine Charpentier. In: CAIEF 41, 1989, 145-160. *Ders.,* La comtesse d'Escarbagnas et *Le malade imaginaire:* deux comédies-ballets. In *295,* 25-44. *J.-M. Pelous,* Argan et sa maladie imaginaire. In: Marseille 95, 1973, 179-187. *R. Pensom,* Que philosopher c'est apprendre à mourir. *Le malade imaginaire:* essai d'interprétation. In: Poétique 25, 1994, 199-212. *J. S. Powell,* Charpentier's music for Molière's *Le malade imaginaire* and its revisions. In: Journal of the American Musicological Society 39, 1986, 87-142. *J. Serroy,* Argan et la mort. Autopsie du Malade imaginaire. In: *323,* 239-246. *J. von Stackelberg,* Le malade imaginaire. In: *151* I, 311 ff. *L. Thirouin,* L'impiété dans le *Malade imaginaire.* In: *103* IV, 121-143.

Ärzte, Medizin: 398; 405; 415; 426; 447; 449. – *J. Cairncross,* ›Impie en médecine‹. Molière et les médecins. In: *339,* 187-202. *H. G. Hall,* Satire of Medecine: Fact and Fantasy. In: *360,* 101-115. *H. C. Knutson,* Molière et la satire contre la médecine: Hargne personnelle ou décision du métier? In: XVIIe Siècle 171, 1991, 127-131. *A. Niderst,* Médecine et médecins de Molière à Beaumarchais. In: *I. Mamczarz* (Hg.), Création théâtrale et savoir scientifique en Europe; Paris 1992, 169-181.

Anciens et modernes: 306; 408; 442.

3.5   Ein Blick in die Zukunft des molièreschen Theaters: ›Psyché‹

Die zweifellos wichtigste Etappe in der Entwicklung des molièreschen Theaters von der ›klassischen‹ Komödie zu einem ›barocken Totaltheater‹ stellt die im Januar 1671 erstmals am Hof aufgeführte ›tragédie-ballet‹ *Psyché* dar (cf. S. *85* und S. *150*). Das Stück, das aufgrund seiner komplexen Struktur der im gleichen Jahr aufgeführten ersten französischen Oper, der *Pomone* von Pierre Perrin und Robert Cambert, sehr nahe steht, geht zwar in seiner Anlage auf Molière zurück; doch konnte er unter Zeitdruck nur einen Teil des Prologs und die jeweils erste Szene von Akt II und III schreiben. Corneille verfasste in zwei Wochen den größeren Teil des Stückes (mehr als 1100 Verse) und Quinault jene, die von Lulli vertont wurden, der selbst eine Arie in italienischer Sprache beisteuerte. Ab Juli 1671 hatte *Psyché* auf der neu hergerichteten Bühne des ›Palais-Royal‹ mit 82 Aufführungen zu Molières Lebzeiten einen beispiellosen Erfolg. An ihm dürften die verschwenderische Pracht der Kulissen, Lullis zeitweise von vierzig Instrumentalisten vorgetragene Musik, die Fülle der Tänzer und vor allem der Sänger, die jetzt nicht mehr in vergitterten Logen sangen und spielten, sondern erstmals wie in der Oper auf der Bühne auftraten, und schließlich der Einsatz der Maschinen in gleicher Weise Anteil gehabt haben. Indem *Psyché* alle herkömmlichen Gattungsgewohnheiten transzendiert, stellt es einen Grenzfall innerhalb des Theaters der ›Hochklassik‹ dar und deutet mit großer Wahrscheinlichkeit die Richtung an, in die Molières Theater sich in Fortsetzung von Ballettkomödien im Stil des *Bourgeois gentilhomme* und des *Malade imaginaire* hätte entwickeln können.

Bibl.: *Psyché: 242; 245,* 397-440. – *M.-Cl. Canova-Green,* Psyché: from *tragédie-ballet* to opera (1671-1678). In: *302,* 28-36. *S. Chevalley,* Mais où sont les fastes d'antan? In: *293,* 144-154. *Chr. Delmas, Psyché* et les pièces à machines. In: CLDS 7, 1985, 175-188; auch in: *160,* 139-153. *Ders.,* Le théâtre musical et *Psyché* de Molière. In: *296,* 221-236. *J. C. Lapp,* Corneille's *Psyché* and the Metamorphoses of Love. In: FSt 26, 1972, 395-404. *Ders.,* Magic and Metamorphosis; Corneille's Machine-Plays (*Andromède, La conquête de la toison d'or, Psyché*). In: *Ders.,* The Brazen Tower. Essays on Mythological Imagery in the French Renaissance and Baroque; Saratoga 1977, 135-176. *F. Luoni,* Un nouveau monde pour Psyché (Marino et La Fontaine). In: XVIIᵉ Siècle 171, 1991, 143-160. *D. Masquel,* Tragédie et théâtralité dans la *Psyché* de Molière. In: *285* III, 27-44. *M. Remacle, Psyché* III 3: Analyse. In: *Dies.,* Analyses de poèmes français; Liège 1975, 28-38. *J. von Stackelberg,* Psyche in Amors Schloß. Zu Corneilles ›Altersbarock‹. In: Arcadia 6, 1971, 257-266.

Musik; Oper: 62; 90; 112; 245-249. – *C. Kintzler,* Poétique de l'opéra français de Corneille à Rousseau; Paris 1991. *J. Truchet,* ›La naissance de l'opéra français‹. In: *190* III, XXI-XLIII.

III. Die Soziologie der molièreschen Komik

Mit der Frage nach dem Komischen rühren wir an ein viel diskutiertes Problem des molièreschen Theaters. Ein Blick auf die umfangreiche Sekundärliteratur kann das bestätigen. Deren Autoren sehen ihre Aufgabe häufig darin, von einer Analyse komischer Elemente bei Molière ausgehend, die umfassendere Frage nach dem Wesen des Komischen im Allgemeinen zu stellen. Sie lassen sich dabei mehr oder minder ausdrücklich von der Beobachtung leiten, dass Lachen und Komik keineswegs an die Komödie gebunden sind, sondern gattungsübergreifende Phänomene darstellen. Doch um eine systemorientierte Theorie des Komischen, die am Beispiel Molières allgemein nach dem Grund des Lachens und seiner Rechtfertigung fragt, kann es im Zusammenhang dieser Studie nicht gehen. Ebensowenig richtet sich die Frage hier auf diejenigen Techniken und Verfahren, deren sich Molière bedient, um Lachen zu erzeugen. Sofern es sich dabei um Wort- und Situationskomik, um die Übernahme von Elementen der Farce oder der ›commedia dell'arte‹ oder um aus dem Spiel der Schauspieler resultierende mimische, gestische oder artikulatorische Eigenschaften handelt, ist deren Analyse relativ einfach und großenteils auch geleistet worden. Im Verlauf unserer Darstellung wurden zahlreiche entsprechende Beispiele für die Interpretation nutzbar gemacht. Beide Fragestellungen jedoch, die eingeschränkte nach spezifischen Techniken und Verfahren des Komischen ebenso wie die umfassende nach dem allgemeinen Grund des Lachens und seiner Rechtfertigung, sind systematischer und das heißt unhistorischer Art.

Innerhalb der hier vorliegenden, von einem historischen Erkenntnisinteresse geleiteten Studie erhält jedoch auch die Frage nach der Komik eine historische Dimension. Vermutlich lacht der heutige Zuschauer einer molièreschen Komödie über andere Dinge als ein Zuschauer zur Zeit Molières; unser naives Verständnis ist aufgrund gänzlich veränderter Rezeptionsbedingungen reicher und ärmer zugleich, jedenfalls ein grundsätzlich anderes als das eines Zuschauers zu Molières Zeiten. Jedoch wird auf dem hier eingeschlagenen Weg der Erschließung der zeitgenössischen Bedeutung des molièreschen Theaters auch dessen Komik zu einer gesellschaftlichen und allgemein historisch bedingten Komik.

Die These einer sozialen Bedingtheit von Komik ist nicht grundsätzlich neu. So kommt schon H. Bergson (*469*) in seiner einflussreichen Analyse von Molières Komik zu einem im Ansatz scheinbar gleichen Ergebnis. Bergson unterscheidet zwei voneinander unabhängige
Wirklichkeitsbereiche, den der Materie, die mechanischen Gesetzen
unterliegt, und den des nie abgeschlossenen Lebens, der der fließen-
den Zeit unterworfen ist. Nur der intuitive Geist des Dichters und
Philosophen vermag lt. Bergson im gleichmäßigen Fluss der Zeit den
alles Lebende durchdringenden ›élan vital‹ wahrzunehmen. Komik
resultiert daher für Bergson aus einer in Mechanismus und Automa-
tismus mündenden Erstarrung und Fixierung des Lebens und der
daraus resultierenden Spannung zum fortwährenden Lebensfluss. Die
Kurzformel zur Definition des Lächerlichen lautet daher: ›Du méca-
nique plaqué sur du vivant‹. Bergson zeigt die Gültigkeit dieser Formel für die molièresche Komödie auf der Ebene der Wortkomik
ebenso wie im Bereich der Situationskomik; doch auch die Charakterkomik besteht für ihn darin, dass ein Protagonist in ›automaten-
hafter Erstarrung‹ seine Vorstellung ohne einen Kontakt mit seiner
das Leben repräsentierenden Umwelt verfolgt. Dies gelte in gleicher
Weise für Orgons stereotype Frage »Et Tartuffe?« wie für Argans ver-
zweifeltes Sich-Aufbäumen gegen M. Purgon (*Le malade imaginaire*
III 5). Ebenso beruhe die Lächerlichkeit Alcestes auf der Starrheit
seiner Tugendvorstellung und so lange bleibe er eine lächerliche Figur,
wie er sich nicht aus der durch seine Erstarrung bedingten Isolation
lösen könne. Das Lachen ist daher für Bergson ›une espèce de brima-
de sociale‹, eine Art Zensur durch die Gesellschaft, die den komischen Protagonisten durch allgemeines Gelächter straft. Auf diese
Weise erkennt Bergson dem Lachen zwar eine soziale Dimension zu;
doch ist diese auf dem Hintergrund der seinen Analysen zugrundelie-
genden Lebensphilosophie grundsätzlich unhistorisch. Seine ›Soziolo-
gie‹ des Lachens ist daher eine allgemein lebensphilosophische, die
jedoch mit der sozialgeschichtlichen Wirklichkeit des 17. Jahrhunderts nichts gemein hat.

Will man sich die historische Dimension der molièreschen Komik
vergegenwärtigen, so ist zuallererst an des Autoren langsame, doch
zielstrebige und notwendige Annäherung an den Hof zu erinnern (cf.
S. 50), die ab der *Ecole des maris* in der Einführung des ›raisonneur‹
ihren dramaturgischen Niederschlag findet. Mit dieser Figur wird
zugleich die zentrale Norm gegeben, an der sich von jetzt an in Molières Komödie der mehr oder minder hohe Grad des Lächerlichen
bemisst. Dies zeigt wenig später im Zusammenhang der Auseinandersetzung um den *Tartuffe* beispielhaft die *Lettre écrite sur la comédie de*

l'Imposteur (*OC* I 1147-1180), die vermutlich wichtigste Schrift zu einer Definition der molièreschen Komik in historischer Perspektive (ausführlich analysiert bei Gutkind *471*, 85-111). Ihr Verfasser ist unbekannt, doch konnte er sich mit Sicherheit auf Molière berufen, wenn dieser nicht selbst mit ihm zusammengearbeitet hat. Für den Verfasser der *Lettre* sind ›raison‹, ›convenance‹ und ›bienséance‹ diejenigen Werte, an denen sich das menschliche Verhalten orientiert. Um das Vernünftige (›la raison‹) erkennbar zu machen, habe die Natur ihm ›quelque sorte de forme extérieure et de dehors reconnaissable‹ verliehen und so den Menschen befähigt, ›de connaître la raison pour la suivre‹. Angesichts dieses visuell wahrnehmbaren Vernünftigen empfinde die Seele ›joie et plaisir‹; die gleichen Affekte aber entstünden bei der Wahrnehmung unvernünftiger Dinge durch die Erkenntnis ihrer Unvernünftigkeit. Doch während das Vernünftige ›une joie mêlée d'estime‹ erzeuge, rufe das Unvernünftige ›une joie mêlée de mépris‹ hervor. Das durch die Erkenntnis des Unvernünftigen entstandene, mit Verachtung durchsetzte Gefallen bezeichnet der Verfasser sodann als ›le sentiment par lequel nous jugeons quelque chose ridicule‹. Das Lächerliche sei daher die sinnlich wahrnehmbare Form des Unvernünftigen, das der Mensch meiden müsse, da die Natur ihn ja in die Lage versetzt habe, das Vernünftige zu erkennen. Das Lächerliche ist also ein Mangel an ›raison‹, ›défaut de raison‹ bzw. ›déraison‹; das Wesen des Vernünftigen aber liege in der ›convenance‹ und seine sinnliche Erscheinungsform sei die ›bienséance‹. Hier die entscheidende Passage:

Le ridicule est donc la forme extérieure et sensible que la providence de la nature a attachée à tout ce qui est déraisonnable, pour nous en faire apercevoir, et nous obliger à le fuir. Pour connaître ce ridicule, il faut connaître la raison, dont il signifie le défaut, et voir en quoi elle consiste. Son caractère n'est autre, dans le fond, que la convenance, et sa marque sensible, la bienséance (*OC* I 1174).

Auf eine Kurzformel gebracht, heißt dies: »Nous estimons ridicule ce qui manque extrêmement de raison« (ibid.). Die Bedeutung der *Lettre* besteht darin, dass sie auf diesem differenzierten theoretischen Hintergrund nicht nur die Lächerlichkeit Tartuffes bzw. Panulphes darlegt, sondern sehr viel allgemeiner ›raison‹ und ›bienséance‹ zum Maßstab des Lächerlichen innerhalb des molièreschen Theaters erhebt. Der gesellschaftliche Repräsentant dieser Werte aber ist der ›honnête homme‹ und dessen dramaturgisches Pendant der molièresche ›raisonneur‹.

Nun ist es allerdings unzureichend, Molières Komik allein durch die sinnfällige Repräsentation einer vornehmlich für ›la cour et la ville‹

verbindlichen ›honnêteté‹ und der sich daraus herleitenden Opposition von ›raison‹ und ›déraison‹ zu begründen. Dagegen spricht nicht nur die Beobachtung, dass eine Identifizierung Molières mit seinen ›raisonneurs‹ höchst problematisch ist (cf. S. *136* f.). Wenn man die Komik in Molières Theater insgesamt als geschichtlich ansieht, dann ist sie natürlich auch während seiner rund fünfzehnjährigen Pariser Tätigkeit äußeren Einflüssen und inneren Entwicklungen unterworfen; das heißt: Angesichts sich wandelnder Publikumsschichten und der sich wandelnden gesellschaftlichen Position Molières wandelt sich auch die Auffassung dessen, was er als lächerlich betrachtet. Daher können in zahlreichen Stücken auch andere Normen als die der höfischen ›honnêteté‹ zum Maßstab des Komischen werden. So bürgerliches ›mérite‹-Denken in einigen Hofballetten, doch ebenso im *Dom Juan;* vor allem aber die Vorstellung einer die Hierarchie der Höfischen Gesellschaft relativierenden Ordnung, die sich auf einen ins 18. Jahrhundert weisenden Naturbegriff beruft. Die dramaturgische Transposition der darin implizierten Vorstellung einer ›natürlichen‹ Form menschlichen Zusammenlebens bewirkt den oft antizipatorischen Charakter eines Theaters, dessen Autor in allen wichtigen, die Kunst und die Gesellschaft betreffenden Fragen eindeutig auf der Seite der ›modernes‹, d. h. des gesellschaftlichen Fortschritts gestanden hat. Wie die ›Querelle‹ um die *Ecole des femmes* und insbesondere Alceste in *Le misanthrope* zeigen, resultiert daraus ein oft nur schwer aufhebbarer Konflikt konkurrierender Normen, der das Lachen zweideutig werden lässt und daher für die schwer entscheidbare Frage verantwortlich ist, ob dieser oder jener Protagonist dieses Theaters eigentlich lächerlich sei oder nicht viel eher tragisch. Molière war sich dieses Konfliktes wohl bewusst. Wenn er in *La critique de ›L'école des femmes‹* in bezug auf Arnolphe feststellt: »Il n'est pas incompatible qu'une personne soit ridicule en de certaines choses et honnête homme en d'autres.« (Sz. 6), hat diese Aussage, wie Hölz (*473*) überzeugend nachgewiesen hat, ebenso Gültigkeit für andere Protagonisten seines Theaters. Die Bestimmung der Lächerlichkeit der molièreschen Protagonisten durch eine Opposition der letztlich ausschließlich höfisch bedingten Normen ›raison‹ *vs.*›déraison‹ erfasst zweifellos einen zentralen Aspekt von Molières Komik, der auch quantitativ betrachtet der wichtigste sein dürfte. Der Reichtum und die Lebendigkeit seines Theaters aber und die immer wieder neu zu Nachdenklichkeit anregende Wirkung seiner Komik liegen, vor allem in wirkungsgeschichtlicher Perspektive, in der Vielfalt konkurrierender Normen, die nicht nur von Stück zu Stück variieren, sondern fast ebenso häufig ein- und denselben Protagonisten in verschiedener Perspektive erscheinen lassen.

Bibl.: *192; 196-197; 201; 212; 285* I 62-122; *348; 425; 438-439; 469-482.* – D. *Bertrand,* De la légitimité du rire comme critère de la comédie. In: *297,* 161-170. G. *Degen,* Le rire de Bergson et l'esthétique de la comédie. In: *297,* 139-159. *J. Emelina,* L'esthétique du plaisant. In: *297,* 171-182; auch in: *210,* 77-89. *Ders.,* Les comiques de l'esprit dans les comédies de Molière. In: *313,* 207-223. *Ders.,* Les comiques de Molière. In: *298,* 103-115. *H. Gilbert,* La rieuse dans la comédie de Molière. In: *324,* 385-391. *R. Guichemerre,* L'amplification comique dans le théâtre de Molière. In: *285* I, 83-94. *M. Gutwirth,* Réflexions sur le comique. In: Revue d'esthétique 17, 1964, 7-39. *R. McBride,* Une philosophie du rire. In: *285* I, 95-117; II, 145-161. *J. Morel,* Rire au XVIIᵉ siècle. In: *303,* 27-33. *P. H. Nurse,* Essai de définition du comique moliéresque. In: RSH 16, 1964, 9-24; auch in: *281,* 179-200. *Ph. Stewart,* De la *catharsis* comique. In: *297,* 183-193.

IV. Molières Theater: Text und Spiel

Das Ziel dieser Studie über das Theater Molières war literaturwissenschaftlicher oder genauer gesagt literarhistorischer Art; ihre Ausgangsfrage richtete sich auf die Bedeutung des molièreschen Theaters innerhalb des gesellschaftspolitischen Umfeldes seiner Entstehungszeit. Als Grundlage der Beantwortung diente nahezu ausschließlich der Text Molières in der vom Autor gewünschten Fassung. An diesem Punkt aber beginnt die eigentliche Problematik einer literaturwissenschaftlichen Interpretation von Molières Theater wie jedes Theaterstückes überhaupt. Denn der zeitgenössische Erfolg seines Theaters, und erst recht der postume, beruht mit Sicherheit nicht allein auf seiner literarischen Qualität, sondern auf seiner immer wieder neu erfahrbaren und erwiesenen Bühnenwirksamkeit. Der Sinn eines Theaterstücks erschließt sich nicht nur, wie etwa im Falle eines Gedichts oder Romans, im Vollzug der Lektüre. Ganz im Gegenteil bedarf ein Theaterstück der Aufführung auf der Bühne, die allein die in ihm enthaltene Bedeutung zur Anschauung bringt. Hier aber erweist sich das Theaterstück als ein komplexes Zeichensystem und der Text nur als eine seiner Bedeutungsebenen. Und selbst, wenn wir im Falle Molières von der Annahme ausgehen dürfen, der Text sei im allgemeinen die wichtigste Aussageebene, stellt die (literaturwissenschaftliche) Konzentration auf ihn doch zugleich auch eine Vernachlässigung der zahlreichen anderen Aussageebenen dar, die allein die Aufführung auf der Bühne sinnfällig macht.

Aber schon eine literaturwissenschaftliche Beschäftigung mit Molière sollte zu der Erkenntnis führen, dass eine ausschließlich auf den Text sich gründende Betrachtungsweise der Komplexität seines Theaters kaum gerecht wird. Denn in den Farcen, Hofballetten und Ballettkomödien bedient sich Molière vorzugsweise anderer, nicht verbaler Ausdrucksmittel. Dabei steigt die Vielschichtigkeit dieser Stücke in dem Maße, in dem das Wort zurücktritt und Molière andere Ausdrucksmittel bevorzugt. Allein diese Beobachtung stellt die herkömmliche Hierarchie zwischen ›hohen‹ und ›niedrigen‹ Komödien in Frage. Denn zweifellos ist die semiotische Komplexität im Falle der primär an das Wort gebundenen ›hohen‹ Komödien im Stil des *Misanthrope* geringer als die der ›niederen‹ Farcen wie etwa *Le médecin volant* oder *Les fourberies de Scapin,* und sie steigt über ›Maschinenstücke‹ wie *Amphitryon* und Ballettkomödien im Stile des *Bourgeois gentilhomme* ständig an, um schließlich in einem der Oper nahe stehenden Gebilde wie *Psyché* zu kulminieren. Über diese gattungsbedingte Komplexität der molièreschen Komödie hinaus gilt es, eine Fülle anderer Faktoren zu berücksichtigen. So vor allem die nahezu grenzenlose mimische, gestische und artikulatorische Wandlungsfähigkeit des Schauspielers Molière; ferner die ›Bedeutung‹ des Körpers, der Kleider, Masken und Dekorationen, der Musik, des Tanzes, der Beleuchtung, der Bühnen(-form) und ihres Verhältnisses zum Zuschauerraum und andere Faktoren mehr. Über entsprechende Details sind wir durch zeitgenössische Dokumente umfassend unterrichtet (cf. insbesondere *250; 252; 342-344; 366*), ohne dass die Informationen in allen Fällen hier berücksichtigt werden konnten. Das Zusammenspiel all dieser Faktoren jedoch macht im Augenblick der Aufführung die eigentliche ›Bedeutung‹ eines Theaterstückes aus. Und diese Feststellung gilt für Aufführungen zu Lebzeiten Molières ebenso wie für alle späteren Aufführungen.

Die hier nur flüchtig skizzierte Vielschichtigkeit des ›Bühnenzeichens‹ ist bei einer literarhistorischen Beschäftigung mit Molière als dem vielleicht begabtesten und vielseitigsten ›homme de théâtre‹ der europäischen Theatergeschichte immer in Rechnung zu stellen. Goethe bescheinigte ihm bezüglich der Szene zwischen Argan und Louison (*Le malade imaginaire* II 8) ›eine vollkommene Bretterkenntnis‹ und gab Eckermann den Rat, »sich von ihrem theatralischen Wert zu durchdringen«; denn seine (Goethes) »Andeutung (gebe) von dem Leben jenes Auftrittes nur den allermagersten Begriff« (28. März 1827). Ein solcher Ratschlag gilt für jede Beschäftigung mit Molière. Denn sein Theater richtet sich auch dort, wo es primär Worttheater ist, nicht nur an den Verstand, sondern als *gesprochenes* und *dargestelltes* Wort ebenso an die Sinne; vermutlich sogar mehr an die Sinne als an den Verstand. Das meinte Molière, als er im Vorwort ›Au lecteur‹ seiner Ballettkomödie *L'amour médecin* schrieb:

> On sait bien que les comédies ne sont faites que pour être jouées; et je ne conseille de lire celle-ci qu'aux personnes qui ont des yeux pour découvrir dans la lecture tout le jeu du théâtre. (*OC* II 95)

Das von Molière und seinem Theater überlieferte Bild hat sich im Laufe einer mehr als dreihundertjährigen Rezeptionsgeschichte vielfältig gewandelt (cf. S. 7 ff.) und wird dabei in hohem Maße von einer vorrangig auf Leseerfahrung beruhenden Kenntnis geprägt. Rezeptionsgeschichtliche Untersuchungen in aufführungsanalytischer Perspektive gibt es, auf die Gesamtheit seines Theaters bezogen, nicht. Der Aufsatz von H. Lagrave (1972), der die Präsenz der Stücke Molières im Repertoire der Comédie-Française untersucht, stellt diesbezüglich einen wichtigen Anfang dar; zur Kenntnis einzelner Stücke bleibt H. P. Salomons *Tartuffe* (*503*) eine Ausnahme, während sich M. Descotes (*495*) hauptsächlich den ›großen‹ Rollen der ›großen‹ Stücke widmet. Die genannten Arbeiten lassen den Schluss zu, dass die bei Molière praktizierte Komplementarität aller theatralischen Ausdrucksebenen vor allem im 19. Jahrhundert zugunsten einer Vorherrschaft des gesprochenen Wortes hat zurücktreten müssen, die in Starkult und Deklamation ihren Niederschlag gefunden hat. Dies bestätigt auch der informative Beitrag ›La grande magie‹ von J.-J. Roubine, der vom Starschauspieler als ›monstre sacré‹ spricht (1989). Erst seit den Umwälzungen der Inszenierungspraxis, die gegen Ende des 19. Jahrhunderts einsetzen und in Frankreich mit Regisseuren wie A. M. Lugné-Poe und A. Antoine verbunden sind, lässt sich eine Renaissance Molières auf der Bühne beobachten, die dem Primat des gesprochenen Textes ein Ende bereitet. Diese Erneuerung findet in den Arbeiten Arnavons (1909, 1912, 1923, 1929; cf. auch Bibl. zu *Le misanthrope* und *Le malade imaginaire*) einen ersten Niederschlag und vor allem in Theatermännern wie J. Copeau, L. Jouvet und Ch. Dullin begeisterte Verfechter. Während Copeau, Jouvet und Dullin die von ihnen angestrebte Reform des molièreschen Theaters als eines komplexen, unzähliger Deutungen fähigen Kunstgebildes in offener Auseinandersetzung mit der Literaturwissenschaft und der Theatertradition betrieben, haben nach dem 2. Weltkrieg Regisseure wie R. Planchon, M. Maréchal, P. Chéreau, A. Vitez, J. Weber, J. Lassalle u. a. in häufig bewusst provozierenden ›Aktualisierungen‹ den molièreschen Text oft bis zur Unkenntlichkeit ›dekonstruiert‹, ihn mit neuen Bedeutungen befrachtet und dabei alle Möglichkeiten, die die heutige Inszenierungspraxis und Bühnentechnik bietet, wirkungsvoll ausgeschöpft.

Mit der Etablierung der ›Theaterwissenschaften‹ bzw. der ›Etudes théâtrales‹ als einer autonomen wissenschaftlichen Disziplin lässt sich seit den 70er Jahren des 20. Jh.s eine immer stärkere Hinwendung zur ›Aufführungsanalyse‹ beobachten, deren Vertreter den ›Aufführungstext‹ eines Stückes ähnlich stringent, wenngleich mit anderen Methoden, analysieren, wie der Literaturwissenschaftler den literarischen Text. Die Aufführungsanalyse ermöglicht einen differenzierten Blick auf das komplexe semiotische Zeichen, das jede Inszenierung eines (molièreschen) Textes darstellt; sie konzentriert den Blick nicht so sehr auf die abstrakte ›Botschaft‹, die traditionelle Domäne der Literaturwissenschaft, sondern entsprechend Molières Forderung auf

die ›Entdeckung‹ des mindestens ebenso wichtigen ›jeu du théâtre‹.
Eine herausragende Funktion in der Entwicklung der Disziplin ›Aufführungsanalyse‹ kommt B. Dort zu, dessen Arbeiten vielfach Mo-
dellcharakter besitzen (1971, 1975, 1988). Aufführungsanalysen machen inzwischen einen beachtlichen Prozentsatz der Molièrestudien
aus. Sie können, wie diejenigen Corvins (1985), die Inszenierungen
berühmter Regisseure zum Gegenstand haben oder, wie diejenige
Whittons (1995), die Aufführungen des *Don Juan* (sic) von Molières
eigener Inszenierung über diejenigen Jouvets, Vilars, Chéreaus,
Meyerholds bis zu denjenigen von Bergmann und Besson nachzeich-
nen. Sie können, wie Carmody (*489*), das ›Rereading‹ untersuchen,
d. h. die jeweils neue Lektüre, der wichtige Regisseure des 19. und
20. Jh.s ›große‹ Stücke Molières in ihren Inszenierungen unterzogen
haben. Sie können schließlich, wie A. Beretta (2000), die Neuinsze-
nierung des *Misanthrope* durch J.-P. Miquel am Théâtre du Vieux-
Colombier mit anderen wichtigen Inszenierungen des gleichen Stücks
vergleichen. Die Wege der Aufführungsanalyse sind so zahlreich wie
die Aufführungen von Molières Komödien selbst; sie führen auf ein
nicht mehr überschaubares Terrain.

Denn zur französischen Aufführungspraxis und -tradition kommt
die internationale hinzu. Keck (*500*) und Blaikner-Hogenwart (*486*)
haben in beeindruckenden Studien die Geschichte der deutschen
Molièreübersetzungen von ihren sehr frühen Anfängen – 1670 u. a.
der erst 1668 uraufgeführte *Avare* – bis in die unmittelbare Gegenwart aufgearbeitet und dabei indirekt auch die Inszenierungstradition
angedeutet. In einer Fallstudie habe ich nachgewiesen (s. u. in *285*),
dass es in den drei Spielzeiten von 1995 bis 1998 auf den Bühnen der
Bundesrepublik Deutschland, Österreichs und der deutschsprachigen
Schweiz etwa 75 Inszenierungen molièrescher Stücke gegeben hat,
die annähernd eineinhalb Millionen Zuschauer erreicht haben! *Le
Nouveau Moliériste* (*285*) kommt das Verdienst zu, in jeder seiner
bisher vorliegenden Nummern die internationale Molièrerezeption
durch die Analyse exemplarischer Inszenierungen zu dokumentie-
ren. Interessantes Anschauungsmaterial bietet in dieser Hinsicht
auch die unter dem Titel ›Molière mis en scène‹ von D. Whitton
herausgegebene Sondernummer von *Œuvres et Critiques* (*509*).
Grundsätzlich ist bei der internationalen Rezeption Molières auf
dem Theater zu bedenken, dass die Übersetzung seiner Komödien
in eine fremde Sprache das semantische Potential der Texte automa-
tisch aktualisiert und dem herrschenden ›Zeitgeist‹ anpasst; damit
eröffnet die Übersetzung auch dem ›jeu du théâtre‹ ebenso automa-
tisch neue Dimensionen.

Die ununterbrochene Tradition von Molières Theater in Frankreich illustrierte jüngst M.-F. Hilgar (*499*), die Aufführungsanalysen von elf Pariser Inszenierungen verschiedener Komödien Molières zwischen 1989 und 1994 vorstellt. Der Band bestätigt, was längst klar ist: Auch dort, wo der sakrosankte Originaltext zugrunde gelegt wird, herrscht eine große Interpretationsvielfalt. Jede neue Inszenierung ist eine neue Deutung, die das Bedeutungspotential eines altvertrauten Textes bereichert. Metaphorisch gesprochen erweist sich Molières Theater als ein Wunderland, das buchstäblich tausendundeine Lektüre ermöglicht; die *eine* verbindliche und allein gültige Deutung eines Stückes wird es nie geben. Und selbst sogenannte skandalöse Aufführungen können der Substanz seines Werkes offensichtlich nichts anhaben. Bedenkt man, wie vielfältig die hier nur ansatzweise skizzierte Rezeption seines Werkes in Deutschland und weltweit ist und wie mühelos, ja geradezu selbstverständlich es adaptiert wird, darf man wohl sagen: Molières Theater ist ganz offensichtlich ein Stück Weltliteratur.

Bibl.: 485; 489; 492; 495-497; 499; 503; 509. – *J. Arnavon, Tartuffe*. La mise en scène rationnelle et la tradition; Paris 1909. *Ders.*, La mise en scène des *Femmes savantes;* Paris 1912. *Ders.*, Notes sur l'interprétation de Molière; Paris 1923. *Ders.*, Molière notre contemporain; Paris 1929. *A. Beretta, Le misanthrope* à la scène. In: L'Ecole des lettres 91, 10, 2000, 49-57. *Chr. Biet*, L'interprétation des classiques sur la scène française contemporaine. In: *507*, 249-269. *Comédie-Française. Les Cahiers* 3, 1992: Molière. Autour du mythe, 51-90. *M. Corvin*, Molière et ses metteurs en scène aujourd'hui. Pour une analyse de la représentation; Paris 1985. Degrés 29-32, 1982 (Sondernummer): Sémiologie du spectacle. *B. Dort*, Théâtre réel; Paris 1971. *Ders.*, Les classiques au théâtre ou la métamorphose sans fin. In: *P. Abraham/R. Desné* (Hg.), Histoire littéraire de la France, IV: 1660-1715; Paris 1975, 155-165. *Ders.*, La représentation émancipée; Arles 1988. *J. Grimm*, Bibliographie des mises en scène des pièces de Molière dans les théâtres de langue allemande. In: *285* IV-V, 203-237. *D. Ingenschay*, Aufführungsanalyse nach der Semiotik – Aufführungspraxis nach dem Regietheater (mit Beispielen aus Molière-Inszenierungen). In: *K. Schoell* (Hg.), Literatur und Theater im gegenwärtigen Frankreich; Tübingen 1991, 19-37. *Ders.*, Molière sur la scène allemande aujourd'hui. In: *S. Jouanny* (Hg.), Théâtre européen, scènes françaises: culture nationale, dialogue des cultures; Paris 1995, 133-148. *L. Jouvet*, Molière et la comédie classique. Extraits de cours au Conservatoire, 1939-1940; Paris 1965. *H. Lagrave*, Molière à la Comédie-Française (1680-1793). In: RHLF 72, 1972, 1052-1065. *J.-J. Roubine*, La grande magie. In: *J. de Jomaron* (Hg.): Le théâtre en France; Paris 1989, II, 95-162. *A. Ubersfeld*, Le jeu des classiques. Réécriture ou musée. In: *J. Jacquot* (Hg.), Les voies de la création théâtrale 6; Paris 1978, 179-192. *Dies.*, Lire le théâtre; Paris 1977. *Dies.*, Lire le théâtre 2; Paris 1981. *D. Whitton*, Molière, Don Juan; Cambridge 1995.

Abkürzungsverzeichnis

Auswahlbibliographie

I. Geschichte und Literaturgeschichte der Epoche Ludwigs XIV. (1660-1680)

1. Französische Geschichte des 17. Jahrhunderts und der Epoche Ludwigs XIV.

a) Gesamtdarstellungen

1   Y.-M. Bercé: La naissance dramatique de l'absolutisme 1598-1661. Paris 1992.
2   F. Bluche: Louis XIV. Paris 1986.
3   F. Bluche: Louis XIV vous parle. Paris 1988.
4   Chr. Bouyer: Louis XIII. Le sceptre et la pourpre. Paris 2001.
5   M. Carmona: La France de Richelieu. Paris 1984.
6   A. Castelot/A. Decaux: Histoire de la France et des Français au jour le jour. Bd. 4: Vers la monarchie absolue (1547-1643); Bd. 5: De l'âge classique au siècle des Lumières (1643-1764). Paris 1976.
7   A. Castelot/A. Decaux: L'apogée de Louis XIV, 1666-1684. Le couchant du Roi-Soleil, 1685-1715. 2 Bde. Paris 1988.
8   O. Chaline/Fr.-J. Ruggiu (Hg.): Louis XIV et la construction de l'Etat royal (1661-1672). Paris 2000 (Sonderdruck aus: Histoire, économie et société 19, 4, 2000).
9   J. Cornette (Hg): La monarchie entre Renaissance et Révolution, 1515-1792. Paris 2000.
10   M. Déon: Louis XIV par lui-même. Paris 1983.
11   R. Descimon/Chr. Jouhaud: La France du premier XVIIe siècle 1594-1661. Paris 1996.
12   F. Gaiffe: L'envers du Grand Siècle. Etude historique et anecdotique. Paris 1924.
13   P. Goubert: Louis XIV et vingt millions de Français. Paris 1966; 1977 (Livre de poche 8306).
14   P. Goubert: L'avènement du Roi-Soleil. Paris 1967.
15   P. Goubert/D. Roche: Les Français et l'Ancien Régime. Bd. 1: La société et l'Etat; Bd. 2: Culture et société. Paris 1984.
16   M. de Grèce: Louis XIV. L'envers du soleil. Paris 1979.
17   E. Le Roy Ladurie: L'Ancien régime. 2 Bde. Paris 1991.
18   Louis XIV. Paris 1968 (La documentation photographique avril-mai 1968).
19   H. Méthivier: Le siècle de Louis XIV. Paris [10]1988 (Que sais-je? 426).
20   J. Meyer: La France moderne, 1515-1789. Paris 1985.
21   G. Mongrédien u.a.: La France au temps de Louis XIV. Paris 1965 (Coll. Ages d'Or et Réalités).
22   J. Truchet (Hg.): Le XVIIe siècle. Diversité et cohérence. Paris 1992.
23   A. Walch: Le règne de Louis XIV. Paris 2000.

b)   Politische und Institutionengeschichte

24   *R. G. Asch/H. Duchhardt* (Hg.): Der Absolutismus - ein Mythos? Struktur-
     wandel monarchischer Herrschaft in West- und Mitteleuropa (ca. 1550-
     1700). Köln/Weimar/ Wien 1996.

25   *Chr. Bouyer:* Gaston d'Orléans (1608-1660) Séducteur, frondeur et mécène.
     Paris 1999.

26   *U. V. Chatelain:* Le Surintendant Nicolas Foucquet, protecteur des Lettres,
     des Arts et des Sciences. Paris 1905; Reprint Genf 1971.

27   *P. Clément:* Histoire de Colbert et de son administration. 2 Bde. Paris 1874;
     Reprint Genf 1980.

28   *D. Dessert:* Colbert ou le serpent venimeux. Paris 2000.

29   *G. Dethan:* La vie de Gaston d'Orléans. Paris 1992.

30   *R. Duchêne/P. Ronzeaud* (Hg.): La fronde en questions (Actes du XVIIIᵉ col-
     loque du CMR XVII, Marseille/Cassis, Januar 1988). Aix-en-Provence 1989.

31   *H. Duchhardt:* Das Zeitalter des Absolutismus. München 1989.

32   *E. Hinrichs:* Ancien Régime und Revolution. Studien zur Verfassungsge-
     schichte Frankreichs zwischen 1589 und 1789. Frankfurt am Main 1989
     (Suhrkamp-Taschenbuch Wissenschaft 758).

33   *F. Laplanche/Ch. Grell* (Hg.): La Monarchie absolutiste et l'histoire en France.
     Théories du pouvoir, propagandes monarchiques et mythologies nationales
     (Colloque tenu en Sorbonne, Mai 1986). Paris 1987.

34   *E. Lavisse:* Louis XIV. 2 Bde. Paris 1978.

35   *Louis XIV:* Mémoires; hrsg. von J. Longnon. Paris 1978.

36   *K. Malettke:* Opposition und Konspiration unter Ludwig XIV. Göttingen
     1976.

37   *K. Malettke:* Ludwig XIV. von Frankreich. Leben, Politik und Leistung. Göt-
     tingen/Zürich 1994.

38   *J. Meyer:* Colbert. Paris 1981.

39   *G. Mongrédien:* L'affaire Foucquet. Paris 1956.

40   *R. Mousnier:* Qui a été Louis XIV? In: *317,* 37-61.

41   *R. Mousnier:* Les institutions de la France sous la monarchie absolue, 1598-
     1789. Bd. 1: Société et Etat. Paris 1974; Bd. 2: Les organes de l'Etat et la
     Société. Paris 1980.

42   *J. Quéniart:* La révocation de l'édit de Nantes. Paris 1985.

43   Serviteurs du Roi: quelques aspects de la fonction politique dans la société
     française du XVIIᵉ siècle. XVIIᵉ Siècle (Sondernummer) 42-43, 1959.

44   *J.-L. Thireau:* Les idées politiques de Louis XIV. Paris 1973.

c)   Wirtschafts- und Sozialgeschichte

45   *Y.-M. Bercé:* Fête et révolte. Des mentalités populaires du XVIᵉ au XVIIIᵉ
     siècle. Paris 1976.

46   *F. Bluche:* La vie quotidienne au temps de Louis XIV. Paris 1984.

47   *F. Braudel/E. Labrousse* (Hg.): Histoire économique et sociale de la France.
     Bd. 2: De 1660 à 1789. Paris 1970.

48   *F. Braudel:* Civilisation matérielle, économie et capitalisme, XVIᵉ-XVIIIᵉ
     siècle. Bd. 1: Civilisation matérielle et capitalisme. Paris 1967; Bd. 2: Les
     jeux de l'échange. Paris 1979; Bd. 3: Le temps du monde. Paris 1979.

49   *M. Foisil:* La vie quotidienne au temps de Louis XIII. Paris 1992.

50   *G. C. Gerhardi:* Geld und Gesellschaft im Theater des Ancien Régime. Heidelberg 1983.
51   *Fr. Lebrun:* La vie conjugale sous l'Ancien Régime. Paris 1985.
52   *W. Mager:* Frankreich vom Ancien régime zur Moderne. Wirtschafts-, Gesellschafts- und politische Institutionengeschichte 1630-1830. Stuttgart u. a. 1980.
53   *O. Ranum:* Les Parisiens du XVIIe siècle. Aus dem Englischen übers. von G. Dethan. Paris 1973.
54   *M. Yardeni:* Utopie et révolte sous Louis XIV. Paris 1980.

d)   Kultur- und Geistesgeschichte; Mentalitätsgeschichte

55   *A. Adam:* Les libertins au XVIIe siècle. Paris 1964.
56   *R. Albanese, jr.:* Initiation aux problèmes socio-culturels de la France au XVIIe siècle. Montpellier 1977.
57   *J.-M. Apostolidès:* Le roi-machine. Spectacle et politique au temps de Louis XIV. Paris 1981.
58   *J.-M. Apostolidès:* Le prince sacrifié. Théâtre et politique au temps de Louis XIV. Paris 1985.
59   *Ph. Ariès:* L'enfant et la vie familiale sous l'Ancien Régime. Paris 1960; ^{2}1973. Dt.: Geschichte der Kindheit. München u. a. 1975; München ^{12}1998 (dtv 30138).
60   *Ph. Ariès/G. Duby* (Hg.): Histoire de la vie privée. Bd. 3: *Ph. Ariès/R. Chartier* (Hg.): De la Renaissance aux Lumières. Paris 1986. Dt.: Geschichte des privaten Lebens. Bd. 3: Von der Renaissance zur Aufklärung. Deutsch von H. Fliessbach/G. Krüger-Wirrer. Augsburg 1991; Frankfurt am Main ^{3}1994.
61   *Fr. Baumal:* Le féminisme au temps de Molière. Paris 1923.
62   *Ph. Beaussant:* Louis XIV *artiste.* Paris 1999.
63   *Y.-M. Bercé u.a.* (Hg.): Destins et enjeux du XVIIe siècle. Paris 1985.
64   *F. Borkenau:* Der Übergang vom feudalen zum bürgerlichen Weltbild. Studien zur Geschichte der Philosophie der Manufakturperiode. Darmstadt 1934; Reprint Darmstadt 1973.
65   *M. Bouvier:* La morale classique. Paris 1999.
66   *P. Burke:* Ludwig XIV. Die Inszenierung des Sonnenkönigs. Berlin 1993.
67   *H. Busson:* La religion des classiques. Paris 1933.
68   *F. Charles-Daubert:* Les libertins érudits en France au XVIIe siècle. Paris 1998.
69   *R. Chartier/J.-C. Martin* (Hg.): Histoire de l'édition française. Bd. 2: Le livre triomphant (1660-1830). Paris 1984.
70   *R. Chartier:* Lectures et lecteurs dans la France d'Ancien Régime. Paris 1987.
71   *R. Chartier:* Culture écrite et société. L'ordre des livres (XVIe-XVIIIe siècle). Paris 1996.
72   *P. Chaunu:* La civilisation de l'Europe classique. Paris 1966. Dt.: Europäische Kultur im Zeitalter des Barock. München/Zürich 1968.
73   *G. Chautant:* Croyances et conduites magiques dans la France du XVIIe siècle d'après l'affaire des poisons. Villeneuve d'Ascq 1998.
74   *G. Couton:* Richelieu et le théâtre. Lyon 1986.
75   *G. Couton:* La chair et l'âme. Louis XIV entre ses maîtresses et Bossuet. Grenoble 1995.

76 *A. Croix* (Hg.): Eglise, éducation, lumières...: histoires culturelles de la France (1500-1830), en l'honneur de Jean Quéniart. Rennes 1999.

77 *H. Drévillon:* Introduction à l'histoire culturelle de l'Ancien Régime, XVIᵉ-XVIIIᵉ siècle. Paris 1997.

78 *J. Dubu:* Les églises chrétiennes et le théâtre, 1550-1850. Grenoble 1997.

79 *G. Duby/R. Mandrou:* Histoire de la civilisation française. 2 Bde. Paris 1968; ⁵1980.

80 *R. Duchêne/P. Ronzeaud* (Hg.): Ordre et contestation au temps des classiques (Actes du XXIᵉ colloque du CMR XVII, Marseille, Juni 1991). 2 Bde. Paris/Seattle/Tübingen 1992 (PFSCL, Biblio 17-73).

81 *H. Duchhardt* (Hg.): Der Exodus der Hugenotten. Die Aufhebung des Edikts von Nantes 1685 als europäisches Ereignis. Köln/Wien 1985.

82 *N. Elias:* Die höfische Gesellschaft. Neuwied 1969. Frz.: La société de cour. Paris 1974; ²1985.

83 *P. Francastel:* La sculpture de Versailles. Essai sur les origines et l'évolution du goût français classique. Paris 1930.

84 *F. Funck-Brentano:* Le drame des poisons. Vorwort von Ph. Erlanger. Paris 1977.

85 *L. Godard de Donville* (Hg.): De la mort de Colbert à la révocation de l'édit de Nantes: un monde nouveau? (CMR XVII. Actes du XIVᵉ colloque de Marseille, Januar 1984). Marseille 1985.

86 *Ch. Grell:* Histoire intellectuelle et culturelle de la France du Grand Siècle (1654-1715), Paris 2000.

87 *B. Groethuysen:* Die Entstehung der bürgerlichen Welt- und Lebensanschauung in Frankreich. 2 Bde. Halle/Saale 1927; Nachdruck Hildesheim/New York 1973. Frz.: Origines de l'esprit bourgeois en France. Bd. 1: L'Eglise et la bourgeoisie. Paris 1977.

88 *J. Habermas:* Strukturwandel der Öffentlichkeit. Untersuchungen zu einer Kategorie der bürgerlichen Gesellschaft. Neuwied/Berlin 1962. Frz.: L'Espace public: archéologie de la publicité comme dimension constitutive de la société bourgeoise. Paris 1966.

89 *R. Heyndels/B. Woshinsky* (Hg.): L'autre au XVIIᵉ siècle (Actes du IVᵉ colloque du CIR sur le XVIIᵉ siècle, Univ. of Miami, April 1998). Tübingen 1999 (PFSCL, Biblio 17-117).

90 *R. M. Isherwood:* Music in the Service of the King. France in the Seventeenth Century. Ithaka/London 1973.

91 *A. Koyré:* Du monde clos à l'univers infini. Paris 1962; ²1988.

92 *M. Kronegger* (Hg.): Esthétique baroque et imagination créatrice (Actes du colloque de Cérisy-la-Salle, Juni 1991). Tübingen 1998 (PFSCL, Biblio 17-110).

93 *E. Labrousse:* »Une foi, une loi, un roi?« La révocation de l'Edit de Nantes. Genf/Paris 1985.

94 *J.-L. Lebrave/A. Grésillon* (Hg.): Ecrire aux XVIIᵉ et XVIIIᵉ siècles. Genèses de textes littéraires et philosophiques. Paris 2000.

95 *Fr. Lebrun* (Hg.): Du christianisme flamboyant à l'aube des Lumières (XIVᵉ-XVIIIᵉ siècle). Paris 1988.

96 Libertinage, littérature et philosophie au XVIIᵉ siècle. XVIIᵉ Siècle (Sondernummer) 149, 1985.

97   *Louis XIV:* Manière de montrer les jardins de Versailles. Paris 1992.
98   *R. Mandrou:* Magistrats et sorciers en France au XVIIe siècle. Paris 1968.
99   *V. Maroteaux:* Versailles. Le roi et son domaine. Paris 2000.
100   *H. J. Martin:* Livre, pouvoirs et société à Paris au XVIIe siècle (1598-1701). 2 Bde. Genf 1969.
101   *H. J. Martin:* Le livre français sous l'Ancien Régime. Paris 1987.
102   *H. J. Martin:* Histoire et pouvoirs de l'écrit. Paris 1988.
103   *A. McKenna/P.-Fr. Moreau* (Hg.): Libertinage et philosophie au XVIIe siècle. Bd. 1. Saint-Etienne 1996; Bd. 2: La Mothe Le Vayer et Naudé. Saint-Etienne 1997; Bd. 3: Le public et le privé. Saint-Etienne 1999; Bd. 4: »Gassendi et les gassendistes« et »Les passions libertines«. Saint-Etienne 2000.
104   *H. Merlin:* Public et littérature en France au XVIIe siècle. Paris 1994.
105   *J. Mesnard:* La culture du XVIIe siècle. Enquêtes et synthèses. Paris 1992.
106   *V. Milliot:* Cultures, sensibilités et sociétés dans la France d'Ancien régime. Paris 1996.
107   *G. Minois:* Censure et culture sous l'Ancien Régime. Paris 1995.
108   *R. Mousnier:* Les XVIe et XVIIe siècles. Paris 1967.
109   *R. Mousnier/J. Mesnard* (Hg.): L'âge d'or du mécénat, 1598-1661 (Actes du colloque de Paris 1983). Paris 1985.
110   *R. Muchembled:* L'invention de l'homme moderne. Culture et sensibilités en France du XVe au XVIIIe siècle. Paris 1988.
111   *R. Muchembled:* Société, cultures et mentalités dans la France moderne XVIe-XVIIIe siècle. Paris 1990; ³2001.
112   La musique. Paris 1965. Bd. 1: *A. Verchaly:* La musique française de 1589 à 1661. Bd. 2: *N. Dufourcq:* La musique française de 1661 à 1764.
113   *B. de Negroni:* Intolérances. Catholiques et protestants en France, 1560-1787. Paris 1996.
114   *J. Orcibal:* Louis XIV et les protestants: la cabale des accomodeurs de religion; la caisse des conversions; la révocation de l'Edit de Nantes. Paris 1951.
115   *Th. Pavel:* L'art de l'éloignement. Essai sur l'imagination classique. Paris 1996.
116   *R. et S. Pillorget:* France baroque, France classique, 1589-1715. Bd. 1: Récit; Bd. 2: Dictionnaire, bibliographie générale, discographie, filmographie. Paris 1996 (Bouquins).
117   *R. Pintard:* Le libertinage érudit dans la première moitié du XVIIe siècle. 2 Bde. Paris 1943; Reprint Genf 1983.
118   *J. Prévot* (Hg.): Libertins au XVIIe siècle. Bd. 1. Paris 1998 (Bibliothèque de la Pléiade, 450).
119   *S. de Reyff:* L'Eglise et le Théâtre. L'exemple de la France au XVIIe siècle. Paris 1998.
120   *J.-P. Rioux* (Hg.): Histoire culturelle de la France. Bd. 2: De la Renaissance à l'aube des Lumières. Paris 1997.
121   *J. Solé:* Le débat entre protestants et catholiques français de 1589 à 1685, au temps de l'édit de Nantes. 3 Bde. Nantes 1981.
122   *W. Sombart:* Luxus und Kapitalismus. Berlin 1912. *Ders.:* Liebe, Luxus und Kapitalismus. München 1967 (dtv 458).
123   *W. Sombart:* Der Bourgeois. Zur Geistesgeschichte des modernen Wirtschaftsmenschen. Berlin 1913. Frz.: Le Bourgeois. Paris 1966.

124   *V.-L. Tapié:* Baroque et classicisme. Paris 1957.
125   *R. W. Tobin* (Hg.): Le corps au XVIIe siècle (Actes du Ier colloque conjoin-tement organisé par la NASSCFL et le CIR sur le XVIIe siècle, Univ. of California, Santa Barbara, März 1994). Paris/Seattle/Tübingen 1995 (PFSCL, Biblio 17-*89*).
126   *B. Tocanne:* L'idée de nature en France dans la seconde moitié du XVIIe siècle. Paris 1978.

2.   Literaturgeschichte des 17. Jahrhunderts

a)   *Bibliographien und Nachschlagewerke*

127   *J.-P. Beaumarchais/D. Couty/A. Rey* (Hg.): Dictionnaire des écrivains de langue française. 4Bde. Paris 1984; 2 Bde. Paris ^{4}2001.
128   *F. Bluche* (Hg.): Dictionnaire du Grand Siècle. Paris 1990.
129   *G. Cayrou:* Le français classique. Paris 1923. Nachdruck: Dictionnaire du français classique. La langue du XVIIe siècle. Paris 2000 (Livre de poche 4663).
130   *D. Couty/A. Rey* (Hg.): Théâtre. Paris 1980; ^{2}1992. *Dies.*, Le théâtre. Paris 2001.
131   *J. Dubois/R. Lagane:* Dictionnaire de la langue française classique. Paris 1960.
132   *R. L. Erenstein:* Bibliography of critical studies on comedy and ›commedia dell'arte‹. In: Comparative Criticism 10, 1988, 377-392.
133   *G. Grente* (Hg.): Dictionnaire des lettres françaises. Le XVIIe siècle. Paris 1951; 1996 (Livre de poche).
134   *O. Klapp:* Bibliographie der französischen Literaturwissenschaft. Frankfurt am Main 1960 ff.
135   RHLF: Bibliographie de la littérature française (XVIe-XXe siècles). Paris 1986 ff.
136   *R. Zuber/M. Fumaroli:* Dictionnaire de littérature française du XVIIe siècle. Paris 1994; ^{2}2001.

b)   *Gesamtdarstellungen*

137   *A. Adam:* Histoire de la littérature française au XVIIe siècle. 5 Bde. Paris 1948-1956.
138   *E. Auerbach:* Mimesis. Dargestellte Wirklichkeit in der abendländischen Li-teratur. Bern 1946. Frz.: Mimésis: la représentation de la réalité dans la litté-rature occidentale. Paris 1969.
139   *E. Bury:* Le classicisme. L'avènement du modèle littéraire français, 1660-1680. Paris 1993.
140   *J. Calvet:* Bossuet. L'homme et l'œuvre. Paris 1941.
141   *J. Grimm:* Das ›klassische‹ Jahrhundert. In: Französische Literaturgeschichte; hrsg. von *Ders.*, Stuttgart 1989; ^{4}1999, 136-182.
142   *R. Horville:* XVIIe siècle. Paris 1988.
143   *R. Jasinski:* A travers le XVIIe siècle. 2 Bde. Paris 1981.
144   *A. Kibédi Varga:* Les poétiques du classicisme. Paris 1990.
145   *A. Kibédi Varga:* Le classicisme. Paris 1998.

146 E. Köhler: Klassik II. Vorlesungen zur Geschichte der Französischen Literatur; hrsg. von H. Krauß/D. Rieger. Stuttgart/Berlin/Köln/Mainz 1983.

147 J. Mesnard (Hg.): Précis de littérature française du XVIIe siècle. Paris 1990.

148 F. Nies/Kh. Stierle (Hg.): Französische Klassik. Theorie, Literatur, Malerei. München 1985.

149 J. Rohou: Histoire de la littérature française du XVIIe siècle. Paris 1989; ²2000.

150 J. Rousset: La littérature de l'âge baroque en France. Paris 1953.

151 J. von Stackelberg (Hg.): Das französische Theater vom Barock bis zur Gegenwart. 2 Bde. Düsseldorf 1968.

152 R. Zuber: Le classicisme. Paris 1984; ³1998.

c) Literarhistorische und literatursoziologische Untersuchungen

153 E. Auerbach: La cour et la ville. In: Ders.: Vier Untersuchungen zur Geschichte der französischen Bildung. Bern 1951, 12-50.

154 E. Auerbach: Das französische Publikum des 17. Jahrhunderts. München 1933; ⁵1965.

155 H. Béhar/R. Fayolle (Hg.): L'histoire littéraire aujourd'hui. Paris 1990.

156 P. Bénichou: Morales du Grand Siècle. Paris 1948; 1973 (Coll. ›idées‹ 143).

157 R. Bray: La formation de la doctrine classique en France. Paris 1951.

158 G. Couton: Effort publicitaire et organisation de la recherche. Les gratifications aux gens de lettres sous Louis XIV. In: 306, 41-55.

159 L. van Delft: Littérature et anthropologie. Nature humaine et caractère à l'âge classique. Paris 1993.

160 Chr. Delmas: Mythologie et mythe dans le théâtre français (1650-1676). Genf 1985.

161 R. Duchêne: Les Précieuses ou comment l'esprit vint aux femmes. Paris 2001.

162 J. Duvignaud: Sociologie du théâtre. Essai sur les ombres collectives. Paris 1965.

163 N. Ferrier-Caverivière: L'image de Louis XIV dans la littérature française de 1660 à 1715. Paris 1981.

164 W. Floeck: Die Literarästhetik des französischen Barock. Entstehung - Entwicklung - Auflösung. Berlin 1979. Frz.: Esthétique de la diversité. Pour une histoire du baroque littéraire en France. Paris/Seattle/Tübingen 1989 (PFSCL, Biblio 17-43).

165 R. Garapon: La fantaisie verbale et le comique dans le théâtre français. Paris 1957.

166 A. Génetiot: Poétique du loisir mondain, de Voiture à La Fontaine. Paris 1997.

167 J. Grimm: Alexanderdarstellungen zur Zeit Ludwigs XIV.; eine themengeschichtliche Untersuchung. In: RJb 23, 1972,74-102.

168 Chr. Jouhaud: Les pouvoirs de la littérature. Histoire d'un paradoxe. Paris 2000.

169 W. Krauss: Über die Träger der klassischen Gesinnung. In: Ders.: Gesammelte Aufsätze zur Sprach- und Literaturwissenschaft. Frankfurt am Main 1949, 321-338. Zuerst in: Zeitschrift für franz. und engl. Unterricht 33, 1934, 27-38.

170 R. Lathuillière: La préciosité. Etude historique et linguistique. Bd. 1. Genf 1966.

171 W. Leiner (Hg.): Onze études sur l'image de la femme dans la littérature française du dix-septième siècle. Tübingen 1978.

172 H. Magendie: La politesse mondaine et les théories de l'honnêteté en France au XVIIᵉ siècle. Paris 1925; Reprint Genf 1970.

173 W. Matzat: Dramenstruktur und Zuschauerrolle. Theater in der französischen Klassik. München 1982.

174 Ch. Mazouer: Le personnage du naïf dans le théâtre comique du moyen âge à Marivaux. Paris 1979.

175 G. Mongrédien: Libertins et amoureuses. Paris 1929.

176 G. Mongrédien: La vie littéraire au XVIIᵉ siècle. Paris 1947.

177 P. Pasquier: La mimèsis dans l'esthétique théâtrale. Histoire d'une réflexion. Paris 1995.

178 J.-M. Pelous: Amour précieux, amour galant (1654-1675). Essai sur la représentation de l'amour dans la littérature et la société mondaines. Paris 1980.

179 P. Ronzeaud: Peuple et représentations sous le règne de Louis XIV. Les représentations du peuple dans la littérature politique en France sous le règne de Louis XIV. Aix-en-Provence 1988.

180 H. Scheffers: Höfische Konvention und die Aufklärung. Wandlungen des ›honnête-homme‹-Ideals im 17. und 18. Jahrhundert. Bonn 1980.

181 L. Timmermans: L'accès des femmes à la culture (1598-1715). Un débat d'idées de Saint François de Sales à la Marquise de Lambert. Paris 1993.

182 A. Viala: Naissance de l'écrivain. Sociologie de la littérature à l'âge classique. Paris 1985.

II. Molière

1. Werkausgaben

183 Molière: Œuvres; hrsg. von E. Despois und M. Mesnard. 13 Bde. Paris 1873-1900 (Les Grands Ecrivains de la France).

184 Molière: Théâtre complet; hrsg. von R. Bray. 8 Bde. Paris 1935-1952 (Les Belles Lettres).

185 Molière: Théâtre complet; hrsg. von R. Jouanny. 2 Bde. Paris 1962 (Classiques Garnier).

186 Molière: Œuvres complètes; hrsg. von G. Couton. 2 Bde. Paris 1971 (Bibl. de la Pléiade).

187 N. Boileau: Œuvres complètes; hrsg. von A. Adam/Fr. Escal. Paris 1966 (Bibl. de la Pléiade).

188 J. de La Fontaine: Œuvres diverses; hrsg. von P. Clarac. Paris 1958 (Bibl. de la Pléiade).

189 J. de La Fontaine: Fables; hrsg. von G. Couton. Paris 1962 (Classiques Garnier).

190 J. Scherer/J. Truchet (Hg.): Théâtre du XVIIᵉ siècle. 3 Bde. Paris 1975-1992.

2. Zur Gattung und Geschichte des Theaters (Farce, Commedia dell'arte, Komödie, Ballettkomödie, Oper)

a) Farce

191 E. *Brock-Sulzer:* Molière und die Farce. In: Trivium 5, 1947, 1-30.
192 R. *Guichemerre:* Molière et la farce. In: OeC 6, 1981, 111-124.
193 G. *Lanson:* Molière et la farce. In: Revue de Paris, 1. Mai 1901, 129-153. Auch in: *Ders.:* Essais de méthode, de critique et d'histoire littéraire; hrsg. von H. Peyre. Paris 1965, 189-210.
194 R. *Lebègue:* Molière et la farce. In: CAIEF 16, 1964, 183-201.
195 *Ch. Mazouer* (Hg.): Farces du Grand Siècle. De Tabarin à Molière. Farces et petites comédies du XVIIᵉ siècle. Paris 1992 (Livre de poche 4492).
196 *J.-M. Pelous:* Les métamorphoses de Sganarelle: la permanence d'un type co-mique. In: *300,* 821-849.
197 B. *Rey-Flaud:* La farce ou la machine à rire. Théorie d'un genre dramatique (1450-1550). Genf 1984.
198 B. *Rey-Flaud:* Molière et la farce. Genève 1996.
199 Y. *Sandre:* Molière, source de Molière. In: *291,* 97-103.
200 M. *Thomas:* Farce et réalité. In: RHT 2, 1974, 132-139.

b) Commedia dell'arte

201 R. *Abirached:* Molière et la commedia dell'arte: le détournement du jeu. In: RHT 3, 1974, 223-228.
202 A. *Attinger:* L'esprit de la commedia dell'arte dans le théâtre français. Paris 1950.
203 *Cl. Bourqui:* La commedia dell'arte. Introduction au théâtre professionnel ita-lien entre XVIᵉ et XVIIᵉ siècles. Paris 1999.
204 D. *J. George/C. J. Gossip* (Hg.), Studies in the Commedia dell'arte. Cardiff 1993.
205 W. *Krömer:* Die italienische Commedia dell'arte. Darmstadt 1976 (Erträge der Forschung 62).
206 V. *Pandolfi:* La commedia dell'arte. Storia e testi. 6 Bde. Florenz 1957-1961.
207 V. *Scott:* The commedia dell'arte in Paris, 1644-1697. Charlottesville 1990.
208 *Ph. A. Wadsworth:* Molière and the Italian Theatrical Tradition. Columbia 1977.

c) Komödie und Theatergeschichte

209 G. *Conesa:* La comédie de l'âge classique, 1630-1715. Paris 1995.
210 J. *Emelina:* Comédie et tragédie. Nice 1998.
211 G. *Forestier:* Le théâtre dans le théâtre sur la scène française du XVIIᵉ siècle. Genf 1981.
212 F. *Gaiffe:* Le rire et la scène française. Paris 1931; Reprint Genf 1970.
213 M. *Gilot/J. Serroy:* La comédie à l'âge classique. Paris 1997.
214 R. *Guichemerre:* La comédie avant Molière, 1640-1660. Paris 1972.
215 R. *Horville:* Molière et la comédie en France au XVIIᵉ siècle. Paris 1983.
216 R. *Horville:* Le poète de comédie avant Molière. In: *301,* 505-520.

217 *M.-C. Hubert:* Les grandes théories du théâtre. Paris 1998.
218 *J. de Jomaron/C.* et *J. Scherer:* L'œil du Prince (1629-1680). In: *J. de Jomaron* (Hg.): Le théâtre en France du Moyen Age à 1789. Paris 1988, 141-233.
219 *H. C. Lancaster:* A History of French Dramatic Literature in the Seventeenth Century. 9 Bde. Baltimore 1929-1942. Bd. 3: The Period of Molière. 1936.
220 *R. Lebègue:* Le théâtre comique en France de Pathelin à Mélite. Paris 1972.
221 *J. Morel:* Agréables mensonges. Essais sur le théâtre français du XVIIᵉ siècle. Paris 1991.
222 *J. Scherer:* La dramaturgie classique en France. Paris 1950.
223 *K. Schoell:* Die französische Komödie. Wiesbaden 1983.
224 *P. Voltz:* La comédie. Paris 1964.
225 *M. Vuillermoz* (Hg.): Dictionnaire analytique des oeuvres théâtrales françaises du XVIIᵉ siècle. Paris 1998.

d) Ballettkomödie

226 *Cl. Abraham:* On the structure of Molière's ›Comédies-Ballets‹. Paris/Seattle/Tübingen 1984 (PFSCL, Biblio 17-*19*).
227 *N. Akiyama:* La musique dans les comédies-ballets de Molière. In: *285* II, 171-187.
228 *L. E. Auld:* The Music of the Spheres in the Comedy-Ballets. In: *290*, 176-187.
229 *F. Boettger:* Die ›Comédie-Ballet‹ von Molière-Lully. Berlin 1930; Reprint Hildesheim/New York 1979.
230 *M.-Cl. Canova-Green:* Ballet et comédie-ballet sous Louis XIV ou l'illusion de la fête. In: PFSCL XVII, 32, 1990, 253-262.
231 *M.-Cl. Canova-Green* (Hg.): I. de Benserade, Ballets pour Louis XIV. 2 Bde. Toulouse 1997.
232 *M.-F. Christout:* Le ballet de cour de Louis XIV, 1643-1672. Paris 1967.
233 Les divertissements de cour au XVIIᵉ siècle. In: CAIEF 9, 1957, 7-218.
234 *S. H. Fleck:* Music, dance, and laughter. Comic creation in Molière's comedy-ballets. Paris/Seattle/Tübingen 1995 (PFSCL, Biblio 17-*88*).
235 *P. Hourcade:* La thématique amoureuse des Ballets et Mascarades de Cour pendant la jeunesse de Louis XIV. In: *308*, 135-143.
236 *P. Hourcade:* Molière entre musique et ballet. In: *285* I, 125-134.
237 *V. Kapp* (Hg.): *Le Bourgeois gentilhomme.* Problèmes de la comédie-ballet. Paris/Seattle/Tübingen 1991 (PFSCL, Biblio 17-*67*).
238 *L. Maurice-Amour:* Rythme dans les comédies-ballets de Molière. In: RHT 2, 1974, 118-131.
239 *Ch. Mazouer: Le mariage forcé* de Molière, Lully et Beauchamp. Esthétique de la comédie-ballet. In: *319*, 91-98
240 *Ch. Mazouer:* Il faut jouer les intermèdes des comédies-ballets de Molière. In: XVIIᵉ siècle 41, 1989, 375-381.
241 *Ch. Mazouer:* Molière et ses comédies-ballets. Paris 1993.
242 *R. McBride:* The triumph of ballet in Molière's theatre. Lewiston/Queenston/Lampeter 1992.
243 *M. M. McGowan:* L'art du ballet de cour en France, 1581-1643. Paris 1963.
244 *M. Pellisson:* Les comédies-ballets de Molière. Paris 1914; Reprint Paris 1976.

e) Oper

245 *Ph. Beaussant:* Lully ou le musicien du soleil. Paris 1992.
246 *J. Jacquot:* La fête théâtrale et les sources de l'opéra. In: Baroque 5, 1972, 9-
       16.
247 *P. Petit:* Lulli et Molière. Paris 1974.
248 *H. Prunières:* J.-B. Lully. Paris 1909.
249 *R. G. Saisselin:* Opera. In: *Ders.:* The Rule of Reason and the Ruses of the
       Heart. A Philosophical Dictionary of Classical French Criticism, Critics, and
       Aesthetic Issues. Cleveland/London 1970, 139-150.

3.   Theater als Institution (Materielle Organisation, Schauspieler, Publikum)

250 Album Théâtre classique. La vie théâtrale sous Louis XIII et Louis XIV. Ico-
       nographie réunie et commentée par *S. Chevalley.* Paris 1970 (Bibliothèque de
       la Pléiade).
251 *E. Belmas:* La police du théâtre à l'âge classique. In: Théâtre et spectacles hier
       et aujourd'hui. Epoque moderne et contemporaine (Actes du 115ᵉ Congrès
       des Sociétés Savantes, Avignon 1990). Paris 1991, 293-302.
252 *S. W. Deierkauf-Holsboer:* L'histoire de la mise en scène dans le théâtre fran-
       çais de 1600 à 1673. Paris 1960.
253 *M. Descotes:* Le public de théâtre et son histoire. Paris 1964.
254 *A. Howe* (Hg.): Le théâtre professionnel à Paris, 1600-1649. Documents du
       minutier central des notaires de Paris. Paris 2000.
255 *W. Kirsop:* Le théâtre français du XVIIᵉ siècle, ou La bibliographie matérielle
       mise à l'épreuve. In: La bibliographie matérielle, hrsg. von R. Laufer. Paris
       1983, 87-101.
256 *J. Lough:* Writer and Public in France. From the Middle Age to the Present
       Day. Oxford 1978.
257 *P. Mélèse:* Le théâtre et son public à Paris sous Louis XIV (1659-1715). Paris
       1934; Reprint Genf 1976.
258 *G. Mongrédien:* Dictionnaire biographique des comédiens français du XVIIᵉ
       siècle. Paris 1961.
259 *G. Mongrédien:* La vie quotidienne des comédiens au temps de Molière. Paris
       1966.
260 *G. Mongrédien/J. Robert:* Les comédiens français du XVIIᵉ siècle. Dictionnaire
       biographique suivi d'un inventaire des troupes (1590-1710) d'après des do-
       cuments inédits. Paris ³1981.
261 *A. Villiers:* L'acteur comique. Paris 1987.
262 *R. W. Vince:* The Classical Theatre of France. In: *Ders.:* Renaissance Theatre.
       A historiographical handbook. Westport (Conn.) 1984, 139-180.
263 *M.-F. Wagner/Cl. Le Brun-Gouanvic* (Hg.): Les arts du spectacle au théâtre
       (1550-1700). Paris 2001.
264 *M.-F. Wagner/Cl. Le Brun-Gouanvic* (Hg.): Les arts du spectacle dans la ville
       (1404-1721). Paris 2001.

4. Forschungsberichte zu Molière

265 R. Albanese, jr.: Molière devant la socio-critique. In: 271, 57-68.
266 M. Bourbeau-Walker (Hg.): Molière et la nouvelle critique. In: PFSCL XI, 20, 1984, 13-92.
267 G. Couton: Etat présent des études sur Molière. In: IL 25, 1973, 7-9.
268 A. Eustis: Existe-t-il un Molière moderne? In: 271, 29-32.
269 H. G. Hall: The Present State of Molière Studies. In: 284, 728-746.
270 H.C. Knutson: Molière et la nouvelle critique. Vingt ans après. In: PFSCL XI, 20, 1984, 15-35.
271 F. L. Lawrence (Introd.): Visages de Molière. In: OeC VI, 1, 1981, 8-132.
272 W. Leiner: Contributions américaines aux études moliéresques, 1959-1972. In: RN XV, Suppl. 1, 1973/74, 168-186.
273 J. Morel: Quoi de nouveau sur Molière?. In: 311, 81-85.
274 N. Peacock: Cent ans de recherches sur Molière: 1890-1990. In: 285 I, 45-61
275 R. Picard: Etat présent des études moliéresques. In: IL 10, 1958, 53-56.
276 L. Romero: Molière hic et nunc. Criticism in the Last Decade. In: RN XV, Suppl. 1, 1973/74, 151-167.
277 L. Romero: Molière: Traditions in Criticism, 1900-1970. Vorwort von J. Guicharnaud. Chapel Hill (NC) 1974 (North Carolina Studies) .
278 P. Saintonge/R. W. Christ: Fifty Years of Molière Studies (1892-1941). Baltimore 1942.
279 P. Saintonge/R. W. Christ: Thirty Years of Molière Studies. A Bibliography, 1942-1971. In: 284, 747-826.
280 M.-O. Sweetser: Domaines de la critique moliéresque. In: 271, 9-28.

5. Sammelbände und Sondernummern

a) ›Molière‹

281 R. Baader (Hg.): Molière. Darmstadt 1980 (Erträge der Forschung 261).
282 J.-L. Barrault u. a. (Hg.): Molière. Paris 1976 (Coll. Génies et Réalités).
283 Molière: Stage and Study. Essays in Honour of W. G. Moore, hrsg. von W. D. Howarth/M. Thomas. Oxford 1973.
284 Molière and the Commonwealth of Letters. Patrimony and Posterity; hrsg. von R. Johnson jr./E. Neumann/G. T. Trail. Univ. of Mississippi 1975.
285 Le Nouveau Moliériste; hrsg. von R. McBride/ N. Peacock. Glasgow/Ulster I 1994; II 1995; III 1996-1997; IV-V 1998-1999.

b) Zeitschriftensondernummern

286 CAIEF 16, März 1964, 181-303: Molière.
287 XVIIe siècle 34, 1957: Versailles et la musique française.
288 XVIIe siècle 98-99, 1973: Molière-Lully.
289 XVIIe siècle 127, 1980: Aspects et contours du libertinage.
290 L'Esprit créateur 6, 1966, 135-222: Molière.
291 Europe 385-386, Mai-Juni 1961: Le jeune Molière.
292 Europe 441-442, Jan.-Febr. 1966: Molière combattant.

293   Europe 523-524, Nov.-Dez. 1972: Gloire de Molière.
294   Europe Mai-Juni 1961; Jan.-Febr. 1966; Nov.-Dez. 1972: Tout sur Molière.
295   Littératures classiques, Supplément annuel 1993: Molière des *Fourberies* au *Malade imaginaire*, hrsg. von P. Ronzeaud.
296   Littératures classiques 21, 1994: Théâtre et musique au XVIIe siècle, hrsg. von Ch. Mazouer.
297   Littératures classiques 27, 1996: L'esthétique de la comédie, hrsg. von G. Conesa.
298   Littératures classiques 38, 2000: Molière, *Le Misanthrope, Georges Dandin, Le Bourgeois gentilhomme*, hrsg. von Ch. Mazouer.
299   PFSCL XXVII, 53, 2000: Molière and the moralist tradition (Kentucky foreign language conference). Introduction by M. S. Koppisch.
300   RHLF 72, 1972, 769-1093: Molière.
301   RSH 152, Okt.-Dez. 1973: Molière et le théâtre classique.

c)   Kolloquien, Symposien

302   S. *Bamforth* (Hg.): Molière. Proceedings of the Nottingham Molière Conference, Dez. 1993. Nottingham 1994 (Nottingham French Studies 33, Spring 1994).
303   P. *Carile* (Hg.): Mentalità francesi nel Seicento. Bari/Paris 1991 (Quaderni del Seicento francese 10).
304   Centre de civilisation française de l'Université de Varsovie: L'ancien théâtre en France et en Pologne. Actes du colloque de Varsovie, Okt. 1987. Warschau 1992.
305   CMR XVII: Les provinciaux sous Louis XIV. Actes du Ve colloque de Marseille, Jan. 1975. Marseille 1975.
306   CMR XVII: Le XVIIe siècle et la recherche. Actes du VIe colloque de Marseille, Jan. 1976. Marseille 1976.
307   CMR XVII: La mythologie au XVIIe siècle. Actes du XIe colloque de Marseille, Jan. 1981. Marseille 1982.
308   CMR XVII: Les visages de l'amour au XVIIe siècle. Actes du XIIIe colloque de Toulouse, Jan. 1983. Toulouse 1984.
309   CMR XVII: La culture des femmes au XVIIe siècle et aujourd'hui: de la *Précieuse* à l'*Ecrivaine*. Actes de la journée de rencontres dans le cadre des »Années Sévigné«, Marseille, Nov. 1994. Tübingen 1995 (PFSCL XXII, 43, 1995).
310   Chr. *Delmas/Fr. Gevrey* (Hg.): Nature et culture à l'âge classique. Actes de la journée d'études du Centre de recherches »Idées, thèmes et formes, 1580-1789«. Toulouse 1997.
311   G. *Dotoli* (Hg.): Il Seicento francese oggi. Situazione e prospettive della ricerca. Atti del convegno di Monopoli, Mai 1993. Bari 1994 (Quaderni del Seicento francese 11).
312   G. *Dotoli* (Hg.): Politique et littérature en France aux XVIe et XVIIe siècles. Actes du colloque de Monopoli, Sept./Okt. 1995. Bari 1997 (Quaderni del Seicento francese 12).
313   Fr. *Lagarde* (Hg.): L'esprit en France au XVIIe siècle. Actes du 28e congrès annuel de la NASSCFL, Austin, Texas, April 1996. Paris/Seattle/Tübingen, 1997 (PFSCL, Biblio 17-*101*).

314   *I. Richmond/C. Venesoen* (Hg.): Présences féminines. Littérature et société au
      XVIIe siècle français. Actes de London, Canada, 1985. Paris/Seattle/Tübin-
      gen 1987 (PFSCL, Biblio 17-*36*).
315   *A. Sancier* (Hg.): Les genres insérés. Actes du colloque du Centre d'Etude des
      Interactions Culturelles de Lyon, Dez. 1997. Lyon 1998.
316   *Ch. Wentzlaff-Eggebert* (Hg.): Le langage littéraire au XVIIe siècle. De la
      rhétorique à la littérature. Tübingen 1991.

d)   Festschriften chronologisch

317   Mélanges historiques et littéraires sur le XVIIe siècle offerts à Georges Mon-
      grédien par ses amis. Paris 1974.
318   Mélanges offerts à Paul Bénichou. Le statut de la littérature; hrsg. von M.
      Fumaroli. Genf 1982.
319   Mélanges pour Jacques Scherer. Dramaturgies, langages dramatiques. Paris
      1986.
320   Mélanges offerts à Wolfgang Leiner. Ouverture et dialogue; hrsg. von U.
      Döring/A. Lyroudias/R. Zaiser. Tübingen 1988.
321   Mélanges offerts à Frédéric Deloffre. Langue, littérature du XVIIe et du XVI-
      IIe siècle; hrsg. von R. Lathuillière. Paris 1990.
322   Hommages à Jean-Pierre Collinet; hrsg. von J. Foyard/G. Taverdet. Dijon
      1992.
323   Mélanges en hommage à Robert Garapon. L'art du théâtre; hrsg. von Y. Bel-
      lenger u. a. Paris 1992.
324   Mélanges en l'honneur de Jacques Truchet. Thèmes et genres littéraires aux
      XVIIe et XVIIIe siècles; hrsg. von N. Ferrier-Caverivière. Paris 1992.
325   Mélanges offerts à Marie-Odile Sweetser. Création et récréation. Un dialogue
      entre littérature et histoire; hrsg. von C. L. Gaudiani/J. van Baelen. Tübin-
      gen 1993.
326   Diversité, c'est ma devise. Studien zur französischen Literatur des 17. Jahr-
      hunderts. Festschrift für Jürgen Grimm zum 60. Geburtstag; hrsg. von Fr.-R.
      Hausmann/Chr. Miething/M. Zimmermann. Paris 1994 (PFSCL, Biblio 17-
      86).
327   Mélanges en l'honneur de Roger Guichemerre. Visages du théâtre français au
      XVIIe siècle. Paris 1994.
328   La »guirlande« di Cecilia. Studi in onore di Cecilia Rizza a cura di R. Galli
      Pellegrini. Fasano 1996.
329   Mélanges offerts à Claude Abraham. Car demeure l'amitié; hrsg. von F. As-
      saf/A. H. Wallis. Paris/Seattle/Tübingen 1997 (PFSCL, Biblio 17-*102*).
330   Le labyrinthe de Versailles. Parcours critiques de Molière à La Fontaine. A la
      mémoire d'Alvin Eustis; hrsg. von M. Debaisieux. Amsterdam/Atlanta (Ga.)
      1998.

6.   Sekundärliteratur zu Molière

a)   Biographien; Gesamtdarstellungen

331   *A. Adam:* Molière. In: *Ders.:* Histoire de la littérature française du XVIIe siècle.
      Bd. 3., Paris 1952, 181-418.

332 *R. Albanese, jr.:* Le dynamisme de la peur chez Molière: une analyse sociocul-
    turelle de *Dom Juan, Tartuffe* et *L'école des femmes*. Univ. of Mississippi 1976.
333 *O. Bloch:* Molière. Philosophie. Paris 2000.
334 *G. Bordonove:* Molière génial et familier. Paris 1967
335 *Cl. Bourqui:* Les sources de Molière. Répertoire critique des sources littéraires
    et dramatiques. Paris 1999.
336 *R. Bray:* Molière, homme de théâtre. Paris 1954; ⁵1963.
337 *P. Brisson:* Molière. Sa vie dans ses œuvres. Paris 1942; ⁵1966.
338 *J. Cairncross:* Molière bourgeois et libertin. Paris 1963.
339 *J. Cairncross* (Hg.): L'humanité de Molière. Paris 1988.
340 *C. E. J. Caldicott:* La carrière de Molière entre protecteurs et éditeurs. Ams-
    terdam/Atlanta (Ga.) 1998.
341 *J. Calvet:* Molière est-il chrétien? Paris 1950.
342 *S. Chevalley:* Molière en son temps, 1622-1673. Paris/Genf 1973.
343 *S. Chevalley* (Hg.): Molière. Genf 1973 (Les Dossiers Molière).
344 *S. Chevalley:* Molière, sa vie, son œuvre. Une iconographie commentée. Paris
    1984.
345 *G. Conesa:* Le dialogue moliéresque. Etude stylistique et dramaturgique. Paris
    1983.
346 *R. Cornelissen:* Drama und Sprechakttheorie. Die Aufforderungsintensität der
    Komödien Molières. Stuttgart 1985.
347 *A. Couprie:* Molière. Paris 1992.
348 *P. Dandrey:* Molière ou l'esthétique du ridicule. Paris 1992.
349 *G. Defaux:* Molière ou les métamorphoses du comique. De la comédie mo-
    rale au triomphe de la folie. Lexington (Ky.) 1980.
350 *R. Duchêne:* Molière. Paris 1998.
351 *S. Dulait:* Inventaire raisonné des autographes de Molière. Genf 1967.
352 *A. Eustis:* Molière as Ironic Contemplator. Den Hague/Paris 1973.
353 *R. Fernandez:* Vie de Molière. Paris 1929; ²1979 unter dem Titel: Molière ou
    l'essence du génie comique.
354 *G. Forestier:* Molière (en toutes lettres). Paris 1990.
355 *J. F. Gaines:* Social structures in Molière's theater. Columbus (Ohio) 1984.
356 *R. Garapon:* Le dernier Molière. Des *Fourberies de Scapin* au *Malade ima-
    ginaire.* Paris 1977.
357 *L. Gossman:* Men and Masks. A Study of Molière. Baltimore 1963.
358 *J.-L. Grimarest:* La vie de M. de Molière; krit. Ausgabe von G. Mongrédien.
    Paris 1955; Reprint Genf 1973.
359 *J. Guicharnaud:* Molière, une aventure théâtrale. Paris 1963.
360 *H.G. Hall:* Comedy in context. Essays on Molière. Jackson (Miss.) 1984.
361 *H. Heiss:* Molière. Leipzig 1929; Reprint Darmstadt 1967.
362 *R. Horville:* Molière et la comédie en France au XVIIᵉ siècle. Paris 1983.
363 *W. D. Howarth:* Molière. A Playwright and his Audience. Cambridge Univ.
    Press 1982.
364 *J. D. Hubert:* Molière and the Comedy of Intellect. Berkeley/Los Angeles
    1962.
365 *R. Jasinski:* Molière. Paris 1969 (Connaissance des Lettres).
366 *M. Jurgens/E. Maxfield-Miller:* Cent ans de recherche sur Molière, sur sa fa-
    mille et sur les comédiens de sa troupe. Paris 1963.

367 *H. C. Knutson:* The Triumph of Wit. Molière and restoration comedy. Columbus 1988.

368 *B.-M. Kylander:* Le vocabulaire de Molière dans les comédies en alexandrins. Göteborg 1995.

369 *Ch. V. de La Grange:* Registre; hrsg. von B.-E. et G.-P. Young. 2 Bde. Paris 1947.

370 *Ch. V. de La Grange:* Extraits des receptes et des affaires de la comédie depuis Pasques de l'année 1659 (Registre 1659-1685); hrsg. von S. Chevalley. Genf 1972.

371 *R. Laubreaux:* Molière. Ecrits de Molière sur le théâtre. Témoignages, textes critiques, chronologie, répertoire, bibliographie, illustrations. Paris 1973.

372 *J.-L. Loiselet:* De quoi vivait Molière. Paris 1950.

373 *T. Malachy:* Molière. Les métamorphoses du carnaval. Paris 1987.

374 *F. Mallet:* Molière. Paris 1986; ⁵1990.

375 *G. Michaut:* La jeunesse de Molière. Les débuts de Molière à Paris. Les luttes de Molière. 3 Bde. Paris 1922-1925; Reprint Genf 1968.

376 *G. Mongrédien:* La vie privée de Molière. Paris 1950.

377 *G. Mongrédien:* Recueil des textes et des documents du XVIIᵉ siècle relatifs à Molière. 2 Bde. Paris 1965.

378 *G. Mongrédien* (Hg.): Comédies et pamphlets sur Molière. Paris 1986.

379 *G. Mongrédien/J. Vanuxem:* Recueil des textes et des documents du XVIIᵉ siècle relatifs à Molière. In: *286*, 123-142.

380 *W. G. Moore:* Molière, a New Criticism. Oxford 1949; ⁵1964.

381 *P.H. Nurse:* Molière and the comic spirit. Genf 1991.

382 *H. de Phalèse:* Les mots de Molière. Les quatre dernières pièces à travers les nouvelles technologies. Paris 1992.

383 *A. Simon:* Molière par lui-même. Paris 1957.

384 *A. Simon:* Molière. *Qui êtes-vous?* Lyon 1987.

385 *A. Simon:* Molière ou la vie de Jean-Baptiste Poquelin. Paris 1995.

386 *J. von Stackelberg:* Molière. Eine Einführung. München 1986.

387 *H. Stenzel:* Molière und der Funktionswandel der Komödie im 17. Jahrhundert. München 1987.

388 *L. Thoorens:* Le dossier Molière. Paris 1964.

389 *J. Truchet* (Hg.): Thématique de Molière. Six études suivies d'un inventaire des thèmes de son théâtre. Paris 1985.

390 *M. Vernet:* Molière: côté jardin, côté cour. Paris 1991.

b) Einzelaspekte

391 *N. Akiyama:* Le spectacle en mouvement dans les deux premières comédies en un acte de Molière: *Les précieuses ridicules* et *Sganarelle.* In: *285* III, 129-138.

392 *R. Albanese, jr.:* Pour une sociologie de la comédie moliéresque. In: Revue du Pacifique 1, 1975, 5-12.

393 *R. Albanese, jr.:* Une socio-critique du mythe royal sous Louis XIV: *Tartuffe* et *Amphitryon.* In: *Ph. Crant* (Hg.): Mythology in French Literature. Univ. of South Carolina 1976, 17-27.

394 *R. Albanese, jr.:* Quelques héros criminels chez Molière. In: FF 1, 1976, 217-225.

395 *J.-M. Apostolidès:* Molière and the sociology of exchange. In: Critical Inquiry XIV, 1987/88, 477-492.

396 *J. Brody:* Esthétique et société chez Molière. In: *J. Jacquot* (Hg.): Dramaturgie et société; Bd. 1. Paris 1968, 307-326.

397 *J. Brody: Dom Juan* et *Le misanthrope* ou l'esthétique de l'individualisme chez Molière. In: *334*, 109-140; bereits auf Englisch in: PMLA 84, 1969, 559-576.

398 *J. Cairncross:* ›Impie en médecine‹: Molière et les médecins. In: *340*, 187-202; auch in: *286*, 269-284; 301-303.

399 *J. Cairncross:* Molière subversif. In: *339*, 11-21.

400 *S. Chaouche:* La gestuelle ›civile‹ dans *Le misanthrope, George Dandin* et *Le bourgeois gentilhomme.* In: Op. cit. 13, 1999, 59-70.

401 *J. Clarke:* Les théâtres de Molière à Paris. In: *285* II, 247-272.

402 *J.-P. Collinet:* Molière épistolier. In: *285* II, 211-225.

403 *A. Couprie:* Les marquis dans le théâtre de Molière. In: *339*, 23-42; auch in: *389*, 47-87.

404 *P. Dandrey:* L'éloge paradoxal de Gorgias à Molière. Paris 1997.

405 *P. Dandrey:* La médecine et la maladie dans le théâtre de Molière. Paris 1998. Bd. 1: Sganarelle et la médecine ou De la mélancolie érotique. Bd. 2: Molière et la maladie imaginaire ou De la mélancolie hypocondriaque.

406 *P. Dandrey* (Hg.): Molière / Trois comédies ›morales‹. *Le misanthrope – George Dandin – Le bourgeois gentilhomme.* Paris 1999.

407 *G. Defaux:* Un point chaud de la critique moliéresque. Molière et ses raisonneurs. In: TLL 18, 2, 1980, 115-132.

408 *M. Descotes:* Molière et le conflit des générations. In: *300*, 786-799.

409 *J. Emelina:* Les valets et les servants dans le théâtre comique en France de 1610 à 1700. Grenoble 1975.

410 *M. Fumaroli:* Sacerdos sive rhetor, orator sive histrio. Rhétorique, théologie et moralité du théâtre en France de Corneille à Molière. In: *323*, 311-348.

411 *R. Garapon:* Recherches sur le dialogue de Molière. In: RHT 1, 1974, 63-71.

412 *G. Gouvernet:* Le type du valet chez Molière et ses successeurs Regnard, Dufresny, Dancourt et Lesage. Caractères et évolution. New York/Bern 1985.

413 *M. Greenberg:* Molière: Corpus politicum. In: *330*, 85-100.

414 *R. Guichemerre:* Molière imitateur de lui-même: La ›retractatio‹ dans ses dernières comédies. In: *327*, 175-187.

415 *H. G. Hall:* Molière Satirist of Seventeenth-Century Medecine. Fact and Fantasy. In: Proceedings of the Royal Society of Medecine 80, Juni 1977, 423-431.

416 *R. W. Herzel:* The Function of the ›Raisonneur‹ in Molière's Comedy. In: MLN 90, 1975, 565-575.

417 *R. Horville:* La cohérence des dénouements de *Tartuffe,* de *Dom Juan* et du *Misanthrope.* In: RHT 3, 1974, 240-245.

418 *R. Horville:* Diversité et relativité du pouvoir dans le théâtre de Molière. In: *312*, 429-449.

419 *R. Horville:* Le féminisme dans le théâtre français du XVIIᵉ siècle. In: *80*, 213-224.

420 *G. D. Jackson:* Gestes, déplacement et texte dans trois pièces de Molière. In: PFSCL XI, 20, 1984, 37-59.

421 *R. Kenny:* Molière et ses égyptiens. In: *285* II, 189-209.

422 *D. Klenke:* Herr und Diener in der französischen Komödie des 17. und 18. Jahrhunderts. Eine ideologiekritische Studie. Frankfurt am Main 1992.

423 R. Landy: George Dandin et Le bourgeois gentilhomme: le mariage de la comédie et du ballet. In: 298, 159-177.

424 Fr. L. Lawrence: The ›Raisonneur‹ in Molière. In: 290, 156-166.

425 R. Lebègue: La bi-polarité des personnages de Molière. In: RHT 1, 1974, 53-59.

426 Fr. Lebrun: Se soigner autrefois. Médecins, saints et sorciers aux XVIIe et XVIIIe siècles. Paris 1983.

427 O. Leplâtre: Le misanthrope, Georges Dandin, Le bourgeois gentilhomme ou Les comédies de la mondanité. Paris 1999.

428 F. Mallet: La religion de Molière. In: 285 II, 35-55.

429 Ch. Mazouer: L'Eglise, le théâtre et le rire au XVIIe siècle. In: 323, 349-360.

430 Ch. Mazouer: Molière et l'ordre de l'Eglise. In: 80, 145-58.

431 Ch. Mazouer: Les heures du jour et de la nuit chez Molière. In: 285 I, 221-233.

432 Ch. Mazouer: Les défenseurs ecclésiastiques de Molière au XVIIe siècle. In: 285 II, 57-68.

433 Ch. Mazouer: L'espace de la parole dans Le misanthrope, George Dandin et Le bourgeois gentilhomme. In: 285 IV-V, 191-202.

434 Ch. Mazouer: Trois comédies de Molière. Etude sur Le misanthrope, George Dandin et Le bourgeois gentilhomme. Paris 1999.

435 Ch. Mazouer: Le misanthrope, George Dandin et Le bourgeois gentilhomme: trois comédies écrites pour la scène. In: 298, 139-158.

436 R. McBride: La question du ›raisonneur‹ dans les Ecoles de Molière. In: XVIIe Siècle 113, 1976, 59-75.

437 Ph. Met: Inclusion et exclusion. Le corps dans les comédies-ballets de Molière. In: PFSCL XX, 38, 1993, 37-52.

438 W. G. Moore: Raison et structure dans la comédie de Molière. In: 300, 800-805.

439 W. G. Moore: Molière's Theory of Comedy. In: 290, 137-144.

440 Y. Moraud: La conquête de la liberté de Scapin à Figaro. Valets, servantes et soubrettes de Molière à Beaumarchais. Paris 1981.

441 J. Morel: Molière et les honnêtes gens. In: 221, 277-288.

442 F. W. Müller: Molière und die Anciens. In: RJb 10, 1959, 119-146; auch in: 281, 114-150.

443 F. Népote-Desmarres: Ordre et désordres: à la genèse logique du théâtre de Molière. In: 80, 135-44.

444 M. Nerlich: Notizen zum politischen Theater von Molière. In: Lendemains 2, 1977, 27-61.

445 M. Nerlich: Essay über die Einheit des Ortes und Molière. In: Lendemains 22, 1981, 49-62.

446 B. Parent: Variations comiques. Les réécritures de Molière par lui-même. Paris 2000.

447 I. Pihlström: Le médecin et la médecine dans le théâtre comique français du XVIIe siècle. Uppsala 1991.

448 J. Prest: Molière et le phénomène du marquis ridicule. In: 285 IV-V 135-142.

449 M. Raynaud: Les médecins au temps de Molière. Paris 1861.

450 K. Ringger: La poétique de Molière. In: ASNS 215, 1978, 49-72.

451 L. Romero: Baroque Perspectives on Molière. In: Ph. Crant (Hg.): Authors and their Centuries. Univ. of South Carolina 1974, 41-49.

452 L. *Romero:* Molière's ›Morale‹. Debates in Criticism. In: *284*, 706-727.

453 *J. Scherer:* Pour une sociologie des obstacles au mariage dans le théâtre français du XVIIᵉ siècle. In: *J. Jacquot* (Hg.): Dramaturgie et société; Bd. 1. Paris 1968, 297-305.

454 *J. Scherer:* La bourgeoisie comme idée reçue dans le théâtre de Molière. In: RHT 3, 1974, 272-279.

455 *K. Schoell:* Abhängigkeit und Herrschaft in der Molièreschen Komödie. In: Poetica 12, 1980, 167-181.

456 *J. Serroy:* »Vous a-t-on point dit comme on le nomme?«: Alceste, Dandin, Jourdain, entre titrologie et onomastique. In: *298*, 9-17.

457 *J. von Stackelberg:* Molière und die Gesellschaftsordnung seiner Zeit. Versuch einer Bestimmung des gesellschaftlichen Standorts. In: GRM 25, 1975, 257-275; auch in: *281*, 232-258.

458 *H. Stenzel:* Molière und der Funktionswandel der Komödie im 17. Jahrhundert. In: Lendemains 22, 1981, 63-77.

459 *M.-O. Sweetser:* Reprises, variations, réécriture sur un thème comique de Molière. In: *330*, 32-51.

460 *P. Szondi:* Molière in der Perspektive einer ›lecture sociologique‹. Versuch einer Rekonstruktion. In: *Ders.*: Die Theorie des bürgerlichen Trauerspiels im 18. Jahrhundert. Frankfurt am Main 1973; ⁴1979, 199-267.

461 *L. Thirouin:* Les dévots contre le théâtre ou de quelques simplifications fâcheuses. In: Litt. classiques 39, 2000, 105-121.

462 *R. W. Tobin:* Tarte à la crème. Comedy and gastronomy in Molière's theater. Columbus 1990.

463 *J. Truchet:* Molière ou l'élégance. In: *323*, 189-198.

464 *J. Truchet: Tartuffe, Les femmes savantes, Le malade imaginaire*: trois drames de l'imposture. In: *285* II, 95-105.

465 *J. Truchet/A. Couprie:* Inventaire thématique général du théâtre de Molière. In: *389*, 191-294.

466 *C. Venesoen:* La relation matrimoniale dans l'œuvre de Molière. Paris 1989.

467 *A. Villiers:* L'acteur Molière et l'expression du tragique. In: RHT 1, 1974, 27-52.

468 *Ph. A. Wadsworth:* Studies of Molière and his Sources. In: OeC 6, 1, 1981, 69-76.

7. Théorie des Komischen

469 *H. Bergson:* Le rire. Essai sur la signification du comique. Paris 1901.

470 *R. Grimm/K. L. Berghahn* (Hg.): Wesen und Formen des Komischen im Drama. Darmstadt 1975 (Wege der Forschung 62).

471 *C. S. Gutkind:* Molière und das komische Drama. Halle 1928.

472 *M. Gutwirth:* Molière ou l'invention comique. La métamorphose des thèmes. La création des types. Paris 1966.

473 *K. Hölz:* Die gespaltene Ordnung in Molières Komödien oder vom problematischen Grund des Lachens. In: RZLG 4, 1980, 386-412.

474 *Ch. Mauron:* Psychocritique du genre comique. Paris 1964.

475 *R. McBride:* Une philosophie du rire. In: *285* I, 95-117; II, 145-161.

476 W. G. *Moore:* Molières Theory of Comedy. In: *290,* 137-144.
477 J. *Morel:* Rire au XVIIᵉ siècle. In: *221,* 257-262.
478 J. *Morel:* Le comique moliéresque. In: *221,* 263-267.
479 M. *Pfister:* Bibliographie zur Gattungspoetik (3). Theorie des Komischen, der Komödie und der Tragikomödie (1943-1972). In: ZfSL 83, 1973, 240-254.
480 R. *Preisendanz/R. Warning* (Hg.): Das Komische. München 1976 (Poetik und Hermeneutik VII).
481 D. *Romano:* Essai sur le comique de Molière. Bern 1950.
482 R. *Warning:* Komik und Komödie als Positivierung von Negativität (am Beispiel Molière und Marivaux). In: *H. Weinrich* (Hg.): Positionen der Negativität. München 1975 (Poetik und Hermeneutik VI), 341-366.

8. Wirkungsgeschichte

483 R. *Albanese, jr.:* Molière à l'Ecole républicaine. De la critique universitaire aux manuels scolaires (1870-1914). Saratoga (Calif.) 1992.
484 R. *Albanese, jr.:* Molière: objet des polémiques scolaires au XIXᵉ siècle. In: *80,* I 149-157.
485 J. *Audiberti:* Molière. Paris 1954 (Livre de poche 3484).
486 G. *Blaikner-Hohenwart:* Der deutsche Molière. Molière-Übersetzungen ins Deutsche. Frankfurt am Main 2001.
487 P. *Bonvallet:* Molière de tous les jours. Echos, potins et anecdotes. Paris 1985.
488 C. E. J. *Caldicott:* Le Molière du Moliériste: la récupération populaire d'un auteur de la Cour. In: *285* I, 9-21.
489 J. *Carmody:* Rereading Molière. Mise en scène from Antoine to Vitez. Ann Arbor (Mich.) 1993.
490 Collection moliéresque. Paris 1867-1890. 37 Bde. Reprint Genf 1968/69.
491 J.-P. *Collinet:* Lectures de Molière. Paris 1974.
492 M. *Corvin:* Molière et ses metteurs en scène d'aujourd'hui. Pour une analyse de la représentation. Lyon 1985.
493 P. *Dandrey:* Situation de Molière en 1683-1685. Diffusion, réception et influence de son œuvre dans la vie culturelle française. In: *85,* 376-392.
494 M. *Delon:* Lectures de Molière au XVIIIᵉ siècle. In: *293,* 92-102.
495 M. *Descotes:* Les grands rôles du théâtre de Molière. Paris 1960.
496 M. *Descotes:* Molière et sa fortune littéraire. Paris 1970.
497 M. *Descotes:* Nouvelles interprétations moliéresques. In: OeC 6, 1, 1981, 33-55.
498 A. *Grewe:* Was macht den Klassiker zum Klassiker? Konstanten der Molière-Rezeption. In: *W. Voßkamp* (Hg.): Klassik im Vergleich. Normativität und Autorität europäischer Klassiken. Stuttgart 1992, 242-258.
499 M.-F. *Hilgar:* Onze mises en scène parisiennes du théâtre de Molière, 1989-1994. Paris/Seattle/Tübingen 1997 (PFSCL, Biblio 17-*107*).
500 Th. A. *Keck:* Molière auf deutsch. Eine Bibliographie deutscher Übersetzungen und Bearbeitungen der Komödien Molières. Hannover 1996.
501 Komödie und Tragödie. Übersetzt und bearbeitet; hrsg. von U. Jekutsch/F. Paul/B. Schultze/H. Turk. Tübingen 1994.
502 Le Moliériste. Revue mensuelle; hrsg. von G. Monval. 10 Bde. Paris 1879-1889.

503   *H. P. Salomon: Tartuffe* devant l'opinion publique. Paris 1962.
504   *K. Schoell:* Molière und die deutsche Romanistik heute. In: RZLG 13, 1989,
      208-215.
505   *H. Stenzel:* Molière nach 300 Jahren? Anmerkungen zu Genese und Funktion
      einer Kanonisierung als ›Klassiker‹. In: *G. Berger/H.-J. Lüsebrink* (Hg.): Lite-
      rarische Kanonbildung in der Romania. Beiträge aus dem Deutschen Roma-
      nistentag 1985. Rheinfelden 1987, 127-143.
506   *Ch. Strich/R. Charbon/G. Haffmans:* Über Molière. Zürich 1973.
507   *Ph. Tomlinson* (Hg.), French ›Classical‹ Theatre Today. Teaching, Research,
      Performance. Amsterdam/Atlanta (Ga.) 2001.
508   *M. Wagner:* Molière and the Age of Enlightenment. Banbury 1973.
509   *D. Whitton* (Hg.): Molière mis en scène. In: OeC XXII, 2, 1997.

Namenregister

Sachregister

Den folgenden Stichwörtern liegt ein weit gefasstes Bedeutungsfeld zugrunde; sie schließen daher vielfach Begriffe mit gleicher oder verwandter Bedeutung ein. Die kursiv gesetzten Zahlen verweisen auf die Seiten, auf denen die jeweiligen Stichwörter ausführlicher behandelt bzw. bibliographische Informationen gegeben werden.

Werkregister

Sammlung Metzler

Printed in the United States
By Bookmasters